Andrea Habeney
Mörderbrunnen

MÖRDER BRUNNEN

ANDREA HABENEY

rectoverso

Bibliografische Information der Deutschen Nationalbibliothek
Die Deutsche Nationalbibliothek verzeichnet diese Publikation in
der Deutschen Nationalbibliografie; detaillierte bibliografische Daten
sind im Internet über http://dnb.d-nb.de abrufbar.

ISBN 978-3-944527-00-0

Das Werk einschließlich aller seiner Teile ist urheberrechtlich
geschützt. Jede Verwertung ist ohne Zustimmung des Verlags unzulässig. Dies gilt insbesondere für Vervielfältigungen, Übersetzungen,
Mikroverfilmungen und die Einspeicherung und Verarbeitung in
elektronischen Systemen.

© Andrea Habeney
© rectoverso, 2013
Am Rech 14
66386 St. Ingbert
Tel: (0 68 94) 1 66 41 63
Fax: (0 68 94) 1 66 41 64

Umschlagfoto: Dietmar Schmidt
Druck und Bindung: Faber, Mandelbachtal

Zufrieden fuhr er nach Hause und parkte seinen Sportwagen in der Garage. Einen Moment blieb er ruhig sitzen und genoss in seiner Erinnerung noch einmal das Gefühl, wie es war, den Schal um ihren Hals zu legen und langsam immer fester zuzuziehen.

Ihn würde sie nicht mehr abweisen und auch sonst niemanden.

Ihre Leiche angemessen zu präsentieren war anstrengend, aber Kunst war eben manchmal auch Arbeit.

Jetzt noch ein kleiner Abstecher in seinen Garten und dann vielleicht ein Sektfrühstück mit Räucherlachs.

Es ging doch nichts über einen entspannten Sonntag.

Tag 1, Sonntag

Die Kinder waren wie immer nach vorne gelaufen, während die Eltern ihnen langsam folgten. Jeden Sonntag liefen sie den gleichen Weg, immer den Waldlehrpfad Weilruh im Stadtwald zwischen Frankfurt und Neu Isenburg. Hier gab es wenigstens etwas zu sehen, so dass der ungeliebte Spaziergang nicht allzu langweilig war. Die ewig gleichen Bäume interessierten sie zwar schon lange nicht mehr, aber die Klettereinrichtungen hatten noch nichts von ihrem Unterhaltungswert verloren.

Und da war auch noch das Mörderbrünnchen, das sie wie alle Kinder magisch anzog. Die Umgebung war gruselig, die sumpfigen Wasserlachen und die halb kahlen Bäume, die vereinzelt herum standen. Aber das Mörderbrünnchen selbst war das Spannendste, heutzutage nur noch ein niedriger Kreis aus Steinquadern, kaum einen halben Meter hoch, gerade so niedrig, dass der siebenjährige Jan sich darüber beugen und hinein schauen konnte.

Jedes Mal musste der Vater ihnen die Geschichte aufs Neue erzählen, die Geschichte von der Wasserfee, die den Mörder ihres Geliebten hier ertränkt hatte.

Heute hatte er noch weniger Lust dazu als sonst. Es begann langsam zu regnen und seine Frau und er wären lieber umgekehrt, doch zumindest bis zum Mörderbrünnchen mussten sie noch durchhalten, vorher würden sie die Kinder nicht nach Hause bekommen.

Jan und seine Schwester Marie waren so weit vorausgelaufen, dass die Eltern sie nicht mehr sehen konnten. Plötzlich ertönte weiter vorne auf dem Weg ein Schrei. Entsetzt blickten sich die Eltern an und rannten los. Nach kurzer Zeit tauchte vor ihnen das Mörderbrünnchen auf und ebenso ihre beiden Kinder, die wie angewurzelt daneben standen. Kreidebleich hatten sie sich an den Händen gefasst.

„Was ist denn los? Warum schreit ihr denn so?"

„Die Wasserfee! Da drin! Sie will uns bestimmt holen!"

„Was soll der Unsinn? Du weißt doch, dass es die Wasserfee nicht gibt! Das ist nur eine Geschichte!"

„Doch sie ist da drin! Wirklich!" heulte Jan, während seine Schwester stumm daneben stand.

„Jetzt sei nicht albern", schaltete sich die Mutter ein. „Komm, sie sind ja richtig hysterisch. Das kommt von den ganzen Geschichten, die du ihnen immer erzählst."

„Also wirklich, die Geschichten erzähl ich ihnen schon seit Monaten. Warum sollten sie jetzt plötzlich Angst haben?" Die Mutter zuckte nur mit den Schultern.

„Los, gehen wir einfach nach Hause. Sie beruhigen sich dann schon."

„Ich schaue nur mal schnell in den Brunnen. Wer weiß, was sie da drinnen gesehen haben."

Er beugte sich über den Brunnen und sprang mit einem Satz zurück.

„Ruf die Polizei an! Schnell!"

„Was ist denn los?"

„Da liegt wirklich jemand drin, sieht aus wie eine Leiche!"

Kommissarin Becker hatte sich gerade ein spätes Frühstück gegönnt, als ihr Handy klingelte. Seufzend nahm sie den Anruf an. Sonntags konnte das nichts Gutes bedeuten.

„Jenny, wir haben eine Leiche."

„Morgen Logo, sowas hab ich schon befürchtet. Muss das denn immer sonntags sein?"

„Tut mir leid. Ich hab's mir nicht ausgesucht. Im Stadtwald, in der Nähe des Goetheturms. Wie schnell kannst du da sein?"

„Gibst du mir eine halbe Stunde? Wo muss ich genau hin?"

„Kennst du den kleinen Parkplatz gegenüber der Einfahrt zum Jacobiweiher? Park da. Ich schicke jemanden hin, der dich abholt."

„Gut, bis gleich."

Na toll, jetzt regnete es auch noch. Ideale Voraussetzungen, um im Wald herumzukriechen. Mit angeschalteten Scheinwerfern und Scheibenwischern bog sie auf den angegebenen Parkplatz an der Darmstädter Landstraße ein. Früher war sie hier oft spazieren gegangen. Als sie noch einen Freund hatte, der Waldspaziergänge mochte. Rasch schüttelte sie den

Gedanken ab. Ach ja, und ihr Walkingkurs startete zwar ein Stück entfernt am Goetheturm, führte jedoch auch durch dieses Waldgebiet. Sie sollte wirklich mal wieder hingehen, wobei sie Walking eigentlich noch nie gemocht hatte.

Ihr neuer Kollege Sascha Meister erwartete sie wie versprochen mit einem Regenschirm.

„Guten Morgen, Frau Kommissarin!"

Sie seufzte innerlich, nickte ihm jedoch freundlich zu. Zwei Monate war er schon in ihrer Abteilung und sie hatte ihn immer noch nicht dazu bewegen können, sie beim Vornamen zu nennen. Das wäre ja nicht ganz so schlimm, wenn sie sich dadurch nicht so furchtbar alt vorkäme.

„Dann mal los. Wie weit ist es denn zur Fundstelle?"

„Etwa fünf Minuten. Die Leiche liegt in einem kleinen Brunnen. Vielmehr in dem, was davon übrig ist."

„Etwa im Mörderbrünnchen?"

„Ja, kennen Sie das?", fragte er erstaunt.

„Na sicher, ich bin ja schließlich von hier. Als Kind war ich fasziniert davon. Wer hat die Leiche denn gefunden?"

„Eine Familie Bruckmeier, die hier ihren üblichen Sonntagsspaziergang gemacht hat. Vater, Mutter und zwei Kinder. Die Kinder haben reingeschaut und sind natürlich zu Tode erschrocken."

„Klar, die dachten bestimmt, die Wasserfee würde sie holen."

„Die Wasserfee?"

„Ach, vergessen Sie's. Wobei, vielleicht ist es wichtig, da gibt es eine alte Sage über den Brunnen, daher der Name. Ich druck sie Ihnen nachher mal aus. Ah, da sind wir ja schon."

„Naja, eigentlich bin ich ja auch aus Frankfurt, aber das kenn ich nicht."

Schon von Weitem sah sie den Trubel, der sich in ähnlicher Weise bei jedem Leichenfund abspielte. Die Spurensicherung war bereits eingetroffen und hatte über dem Brunnen eine Art großen Schirm aufgespannt. Ein Fotograf war gerade dabei, Bilder aus allen Richtungen vom Inhalt des Brunnens und von dessen Umgebung zu machen.

Ein junger Streifenpolizist kam ihr in Begleitung eines Ehepaars um die dreißig und zweier kleiner Kinder, die sich an die Hand ihrer Mutter klammerten, entgegen. Sie nickte ihnen zu, verzichtete jedoch darauf, sie zu befragen. Das sollte ihr Kollege Logo Stein schon gemacht haben.

Dieser kam ihr auch schon entgegen geschlendert.

„Hi Jenny, siehst ja, die Spusi ist schon da. Die Familie, die die Leiche gefunden hat, lasse ich gerade heimbringen, die waren völlig fertig."

„Hi Logo, was haben wir denn nun?"

„Soweit man sehen kann, handelt es sich um eine Frau, blond, eher jung. Vielmehr ist noch nicht zu sagen, da der Mörder sie richtiggehend in den Brunnen hinein gequetscht hat. Wenn die Fotos gemacht sind, holen wir sie raus. Das heißt, wenn der Prof endlich auftaucht."

Jenny seufzte, sonntags morgens konnte das dauern. Der diensthabende Pathologe, von allen nur Prof genannt, war dafür bekannt, nur sehr ungern vor Mittag aufzustehen.

Sie trat vorsichtig an den niedrigen Brunnenrand heran und spähte hinein. Ihr Blick fiel zuerst auf einen Wust verschmutzter blonder Haare. Zwei schmale nackte Schultern waren zum Teil noch sichtbar, der Rest blieb verborgen.

„Na hoffentlich kommt der bald, ich hab keine Lust lange hier in Regen und Matsch zu stehen. Meine Füße sind jetzt schon klitschnass."

„Sascha ist schon wieder zum Parkplatz gelaufen. Hoffentlich kommt auch bald jemand vom Forstamt, um die Tür da vorne zu öffnen, damit der Leichenwagen hierher fahren kann. Hast du vielleicht eine Zigarette?"

„Ich rauche doch schon lange nicht mehr. Ich denke, du auch nicht?"

„Tu ich ja auch nicht. Aber es beruhigt so schön, eine in der Hand zu halten."

„Du spinnst echt."

Logo grinste. Seine neue Freundin tat ihm offensichtlich gut. Bereits fünf Jahre arbeitete Jenny mit ihm zusammen bei der Frankfurter Mordkommission, aber so gut gelaunt wie in letzter Zeit hatte sie ihn lange nicht mehr erlebt. Sie vermutete stark, dass auch der Entschluss, mit dem Rauchen aufzuhören und ein paar Kilo abzunehmen, mit seiner neuen Liebe zusammenhing.

„Da, da kommen sie."

„Glaub bis hierher können sie aber nicht fahren, nur bis zum Hauptweg."

„Naja, das Stück werden sie sie tragen können. Oh, unser Herr Professor ist aber gar nicht begeistert." Jenny musste ein Grinsen unterdrücken, als sie den Gerichtsmediziner, der stets wie aus dem Ei gepellt am Tatort erschien und eigentlich Dr. Eduard Schwind hieß, durch den Schlamm staksen sah.

„Hast du ihm nicht gesagt, dass der Tatort mitten im Wald ist?"

„Muss ich wohl vergessen haben."

„Das wird er dir nicht so schnell verzeihen. Guten Morgen, Prof."

„Und was bitte, soll an diesem Morgen gut sein? Zum einen hätte es mir völlig gereicht, euch morgen zu sehen oder auch einfach überhaupt nicht, zum anderen ruiniere ich mir gerade meine neuen Wildlederschuhe. Ist keiner von euch auf die Idee gekommen, mir zu sagen, dass die Leiche im Sumpf liegt?

„Sorry, sie liegt außerdem im Brunnen, nicht im Sumpf."

„Mir völlig schnurz, los holt sie raus da, damit ich wieder heimkomme. Vielleicht sind die Schuhe noch zu retten."

Vorsichtig hoben die Mitarbeiter der Spurensicherung die Leiche aus dem Brunnen. Es handelte sich tatsächlich um eine junge blonde Frau, die zunächst auf dem Boden auf einer Plane abgelegt wurde. Auf den ersten Blick waren keine offensichtlichen Verletzungen zu erkennen. Jenny und Logo traten näher heran und blickten dem Prof, der sich schon über die Leiche beugte, über die Schultern.

„Macht mal Platz. Ihr erfahrt früh genug, was mit ihr passiert ist. Am liebsten wäre mir, ihr würdet schon mal zurück fahren, dann steht ihr mir wenigstens nicht im Weg herum. Ja, ja, um der Frage zuvor zu kommen, ich mach die Obduktion gleich heute. Sobald ich etwas weiß, sag ich Bescheid."

Jenny und Logo blickten sich an. Die Aussicht war verführerisch, im warmen Büro zu warten, statt hier im Regen zu stehen.

„Er hat recht, lass uns ins Büro fahren. Da können wir schon mal die Vermisstenmeldungen durchsehen. Irgendwo muss die Frau ja herkommen. Sie scheint höchstens Anfang zwanzig zu sein und die Haarfarbe ist eindeutig blond. Vielleicht sucht sie schon jemand. Lange kann sie nicht hier gelegen haben. Ich möchte nicht wissen, wie viele Leute jeden Tag in diesen Brunnen gucken. Ich frage mich, wie er sie hierher geschleppt hat und warum."

Sie liefen durch den Regen zum Parkplatz zurück und stiegen beide in ihre Autos. Zwanzig Minuten später hatten sie das Präsidium in der Frankfurter Innenstadt erreicht. Als Jenny das Büro betrat, sah sie erleichtert, dass Logo schon dabei war, Kaffee zu kochen.

„Den kann ich jetzt gut gebrauchen. Ich hatte heute erst drei Tassen."

„Ich würde verrückt werden mit so viel Koffein."

„Ach was, ohne würde ich gar nicht wach. So, was haben wir denn? Was meinst du, wie weit soll ich zurückgehen in den Vermisstenmeldungen?"

„Also für mich sah sie ganz frisch aus. Guck doch erst mal die neuesten durch. Kann natürlich sein, dass sie schon länger vermisst und jetzt erst ermordet wurde."

„Bis jetzt wissen wir ja nicht mal, ob sie ermordet wurde."

„Naja, Jenny, selbst wird sie sich nicht nackt in den Brunnen gefaltet haben."

„Nee, wohl nicht. Überhaupt, dieser vermaledeite Brunnen. Was soll das? Der muss die in der Nacht vom Parkplatz dahin geschleppt haben, sonst wäre er doch gesehen worden. Umständlicher geht's wohl nicht. Das muss doch einen Grund haben."

„Vielleicht finden sich ja Spuren in dem Matsch. Wobei da mittlerweile so viel Leute rumgetrampelt sind…"

„Da glaub ich auch nicht dran. Hoffentlich kann uns der Prof nachher mehr sagen. Ob das mit dem Brunnen eine Bedeutung haben soll? Eine Nachricht? Oder ist es vielleicht doch ein verrückter Selbstmord? Ist ja schließlich eine romantisch-tragische Liebesgeschichte, die sich um das Ding rankt. Vielleicht hat das jemanden inspiriert."

„Hm, dann muss sie aber nackt durch den Wald gelaufen sein, um sich da rein zu quetschen und umzubringen. Tut mir leid, das kann ich mir schlecht vorstellen."

„Ich auch nicht, Logo. Aber ich finde hier nichts. Keine junge blonde Frau ist als vermisst gemeldet. Zumindest nicht hier in der Umgebung."

„Gut, ich fang schon mal an, den Bericht zu schreiben. Ich geh grad mal zu Sascha rüber und schau, ob er schon das Protokoll der Vernehmung von den Bruckmeiers geschrieben hat."

Jenny nickte nur abwesend und schenkte sich eine große Tasse Kaffee ein. Keine Zigaretten … kein Problem, kein Alkohol … auszuhalten, kein Kaffee … niemals. Kurz überlegte sie, in die Gerichtsmedizin rüberzufahren und dem Prof bei der Obduktion über die Schulter zu schauen, verwarf die Idee aber gleich wieder. Sie verstand eh nichts von der Sache und war durchaus bereit, auf die Auskünfte des Profs zu vertrauen. Und überhaupt, wieder durch die halbe Stadt nach Sachsenhausen, das war bei Regen auch am Sonntag kein Vergnügen. Auch eines der ungeklärten Geheimnisse der Menschheit, warum neunzig Prozent der Autofahrer beim ersten Regentropfen den größten Teil ihrer ohnehin schon kümmerlichen Autofahrkünste verloren.

Stimmt, sie wollte Sascha ja diese Legende vom Brünnchen ausdrucken. Während der PC hochfuhr, schaute sie versonnen aus dem Fenster. Dauerregen. Was war das nur für ein besch… Sommer.

„So, googeln wir mal." Der Begriff Mörderbrünnchen ergab schon etliche Treffer. Anders als bei vielen alten Legenden wurde die Geschichte ziemlich einheitlich erzählt.

Im Brunnen lebte einmal angeblich eine Wasserfee, die in einen Jäger verliebt war. Dieser wollte ihr sieben Jahre treu sein und sie dadurch erlösen, so dass sie seine Frau werden konnte. Sie gab ihm einen Ring, der seinen Schimmer verlieren würde, sollte er ihr je untreu werden. Aus Neid und Hass wurde er jedoch von einem anderen Jäger ermordet und der Mörder, der selbst in die Wasserfee verliebt war, zeigte dieser den Ring als Beweis, dass ihr Liebster untreu gewesen sei. Die Fee jedoch erkannte die Täuschung und erwürgte ihn. In mondhellen Nächten soll man sie noch Weinen und Klagen hören.

Logo kam zurück und hatte Sascha gleich im Schlepptau.

„Na, hat die Befragung der Familie was gebracht?"

„Nee, ganz normale Spaziergänger, die da fast jede Woche langlaufen. Die Kinder haben in den Brunnen geguckt und sich zu Tode erschrocken. Ich hab sie vorhin heimgebracht. Der Bericht ist schon fertig."

„Sehr schön. Hier, ich hab dir für alle Fälle mal die Geschichte ausgedruckt. Man weiß ja nie. Vielleicht hat sie doch was mit dem Fall zu tun. Merkwürdig ist das alles schon."

„Also Jenny, vielleicht sollten Sascha und du nochmal heimgehen. Wir können eh nicht viel machen, bevor das Obduktionsergebnis da ist. Und das dürfte frühestens heut Abend vorliegen, wahrscheinlich eher morgen früh."

Jenny nickte. „Gut, dann fahr ich wieder nach Hause. Genug zu tun habe ich noch. Bügeln zum Beispiel." Sie verzog das Gesicht. „Wollen wir nicht doch tauschen?"

„Ne, lieber nicht, das bekäme deinen Klamotten nicht gut."

„Ruf mich aber an, wenn sich was Neues ergibt."

„Okay."

„Gut, dann bis morgen früh."

In aller Ruhe fuhr Jenny zurück nach Sachsenhausen. Sie bewohnte hier eine kleine Zweizimmerwohnung im Mittleren Hasenpfad, einer Gegend, die sie sich eigentlich nicht hätte leisten können. Nur durch eine Versicherungszahlung, die sie als Entschädigung für eine Verletzung im Dienst erhalten hatte, konnte sie die Anzahlung leisten und die monatlichen Kreditraten bezahlen. Das Besondere an der Wohnung war der kleine eigene Garten, in den sie jetzt unglücklich schaute. Eigentlich hätte sie so viel machen müssen, Rasen mähen zum Beispiel, doch immer, wenn sie gerade keinen Dienst hatte, regnete es. Naja, dann würde sie eben doch bügeln, ein paar Sachen zumindest. Sie musste es ja nicht gleich übertreiben. Danach den Krimi im Fernsehen anschauen und dann war eh schon wieder Zeit, ins Bett zu gehen. Wo war nur der Sonntag hin?

Tag 2, Montag

Am nächsten Morgen traf Jenny in aller Herrgottsfrühe auf der Dienststelle ein. Irgendwie ließ ihr die Sache keine Ruhe. Ihr Kollege Logo kam auch wenige Minuten später und gähnte herzhaft.

„Eigentlich hätte ich gleich hierbleiben können. Das lohnt sich gar nicht nach dem Sonntagsdienst für die paar Stunden heimzufahren."

„Stell dir doch ein Feldbett hier auf. Aber denk nicht, dass ich dich mit Kaffee wecke."

„Schon klar. Wahrscheinlich eher mit kaltem Wasser. Apropos Kaffee, gibt's schon welchen?"

„Gleich fertig. Übrigens, der Bericht vom Prof ist schon da. Dann lass mal schauen. Todesursache…"

Sie blätterte durch die Seiten.

„Hier, erdrosselt. Mit einem weichen Schal oder ähnlichem. Also war es wirklich Mord. Und sie wurde nicht am Fundort ermordet, sondern war schon einige Stunden tot, als man sie in den Brunnen verfrachtete. Kann man irgendwie über die Leichenstarre feststellen. Die Todeszeit legt er mit Samstag, später Nachmittag, fest. Vergewaltigt wurde sie nicht. Sonst steht nichts Besonderes drin. Anfang zwanzig schätzt er sie und gepflegt. Hm, gibt nicht viel her. Bis jetzt vermisst sie keiner. Warum hat der die Leiche bloß durch den halben Wald geschleppt?"

Logo zuckte mit den Schultern.

„Vielleicht irgendeine Grufti-Geschichte? Satanismus oder so?"

„Da ist doch kein Friedhof."

„Hm, nein, aber immerhin ein altes gruseliges Gemäuer, äh Mauerwerk, ach du weißt schon, was ich meine."

„Nicht wirklich, nee. Also ich glaub da nicht dran. Überhaupt ist das alles irgendwie so professionell. Im Bericht steht, dass sich gar keine Spuren an der Leiche fanden. Nichts, was nicht aus dem Brunnen stammt. Keine Haare, keine Fusseln. Der muss sie irgendwie komplett verpackt haben. Nee, das war geplant von vorne bis hinten. Da stecken keine Jugendlichen dahinter, denen ein Streich schiefgegangen ist. Wenn wir nur wüssten, was das mit dem Brunnen auf sich hat."

„Am wichtigsten ist jetzt erst mal, sie zu identifizieren. Ihre Fingerabdrücke sind nicht in unserer Datei. Die Fotos sollten bald fertig sein, dann können wir mit ihnen an die Öffentlichkeit gehen. Der Wald wird heute nochmal großräumig abgesucht. Wenn wir wenigstens wüssten, ob der Kerl vom gleichen Parkplatz kam wie wir."

„Also, ich kenn die Gegend. Das wäre die Stelle, wo er am nächsten mit dem Auto herankommt. Der Wald ist von allen Seiten umzäunt und parken kann man nur noch an ganz wenigen Stellen, von denen es viel weiter ist."

„Wir könnten rumfragen, ob einem Spaziergänger etwas aufgefallen ist."

„Das Forstamt ist auf jeden Fall sicher, dass alle Tore, durch die ein Auto fahren kann, durchgehend verschlossen waren und noch sind. Die haben das heute Morgen kontrolliert."

„Wie schwer war die Frau denn?"

„Warte, hier steht's, etwa achtundfünfzig Kilo. Naja, die werden auch ganz schön schwer, wenn man sie weit durch den Wald trägt. Und eingewickelt hat er sie ja wohl auch noch, sonst hätte er Spuren auf ihr hinterlassen."

Jenny blätterte nochmal zurück.

„Guck mal, der Prof hat hier noch einen Zettel reingelegt. Er schreibt: *Dies ist inoffiziell. Bildschön war das Mädel.* Und wie soll uns das jetzt weiterhelfen? Naja, trotzdem gut zu wissen. Ah, morgen Sascha."

„Morgen, Frau Kommissarin, hier sind die Bilder."

„Gib gleich mal her."

Er schaute über Jennys Schulter, während sie die Bilder vor sich auf dem Tisch ausbreitete.

„Wow, die ist ja wirklich bildhübsch."

„War", murmelte sie trocken.

„Oh ja, Entschuldigung." Er ließ den Kopf hängen.

Meine Güte, dachte Jenny, nicht nur, dass sie einen Mordfall mit einer unbekannten Leiche am Hals hatte, dauernd musste sie sich auch noch um die Befindlichkeiten ihrer spätpubertierenden Kollegen kümmern.

„Schon okay, Sascha, du hast ja recht."

Erleichtert blickte er auf. „Ich hab das nicht nur so daher gesagt. Gucken Sie sie mal richtig an. Eine Schönheit. Solche Frauen sieht man sonst nur im Fernsehen."

Jenny trat wieder an den Tisch.

„Schau mal Logo, unser Kleiner hat wirklich recht. Sie sieht aus wie ein Model. Wirklich ungewöhnlich schön, wenn man sich die postmortalen Veränderungen wegdenkt. Die Figur muss auch nahezu perfekt gewesen sein. Und wenn ich als Frau das sage..."

Logo nickte. „Stimmt. So eine Schönheit muss doch irgendwo vermisst werden."

„Vielleicht denkt jemand, sie wäre übers Wochenende weggefahren? Wie dem auch sei, früher oder später wird sich hoffentlich jemand melden."

„Vielleicht können wir noch ein Bild in die Mittwochausgabe des Sachsenhäuser Boten bringen. Wir müssen ja nichts Genaues schreiben, nur, dass eine nicht identifizierte Tote gefunden wurde."

„Gute Idee. Hoffentlich kriegen die das hin."

„Glaub schon, ich kenn da jemanden, der ist immer sehr hilfsbereit. Ich fahr gleich mal mit einem Foto da vorbei. Bis nachher."

Die Redaktion des Sachsenhäuser Boten befand sich in einem Hinterhaus in der Nähe der Einkaufsmeile Schweizer Straße. Zum Glück gab's im Hof zwei Parkplätze, von denen einer überdies frei war. Parken hier in der Gegend war ansonsten zu jeder Uhrzeit nahezu unmöglich.

Jenny quetschte ihren ramponierten Golf hinein und betrat die Redaktion über eine steile Metalltreppe, auf der Zeitungsstapel lagen. Suchend blickte sie sich um.

„Tommy, hi", winkte sie durch den geschäftigen Raum.

„Schatz!", rief der dunkelhaarige junge Mann, der sich gerade über einen Schreibtisch gebeugt hatte und kam auf sie zu.

„Was führt dich zu mir? Gibst du endlich meinem heißen Werben nach?"

Er drückte sie an sich. Lachend befreite sie sich.

„Ja, wenn du aufhörst, schwul zu sein, sofort."

„Cara", rief er und schnalzte missbilligend mit der Zunge. „Was für ein hässliches Wort. Sag lieber, ich bin dem zweitschönsten Geschlecht zugeneigt."

„Ah ja, schöne Worte zeichnen den Journalisten aus. Aber Spaß beiseite, ich bin beruflich hier und möchte dich um einen Gefallen bitten. Wir haben eine Tote und keine Ahnung, wer sie ist. Kannst du noch ein Bild in die morgige Ausgabe bringen?"

„Eine Tote, wie schrecklich. Ermordet wahrscheinlich, sonst wärst du ja nicht hier. Schaurig. Aber wenn es der Wahrheitsfindung dient. Ich schau mal, was ich machen kann. Das kriegen wir schon hin. Hast du ein gutes Foto?"

Sie kramte in ihrer Tasche.

„Hier, das ist eigentlich ziemlich gut finde ich."

„Zeig mal. Aber, Cara, mein Gott, die kenne ich doch."

„Was? Wer ist das?"

„Warte, lass mich mal überlegen. Ich bin ganz sicher, dass ich das Gesicht kürzlich gesehen habe. Aber wo…"

„Mensch, überleg. Das ist wichtig. Unheimlich wichtig sogar."

„Jaja, das weiß ich ja. Lass mir nur einen Moment Zeit. Es ist noch nicht lange her, also wo war ich in letzter Zeit? Ich schau mal in meinen Terminplaner."

Er trat an den Schreibtisch und blätterte durch eine schwarze Kladde. „Hier, jetzt fällts mir wieder ein. Da hab ich sie gesehen. Aber nicht im Original, sondern auf einem Bild."

„Auf einem Bild? Meinst du jetzt ein Foto?"

„Nein, ein richtiges Bild, also will sagen ein gemaltes. Öl auf Leinwand, wenn ich mich recht erinnere."

„Bist du da ganz sicher? Handelt es sich nicht vielleicht um eine ähnliche Frau?"

„Ne, schau dir mal dieses Gesicht an. Wunderschön geschnitten. Und diese Lippen. Das vergisst man doch nicht."

„Okay und wo war das?"

„Auf dieser Vernissage, auf der ich vor etwa vierzehn Tagen war. In der Brückenstraße gibt's so eine kleine Galerie."

„Das ist doch nicht weit von hier. Meinst du, die haben jetzt geöffnet?"

Der Reporter blickte auf seine Armbanduhr. „Das nehme ich doch an. Soll ich mit dir hinfahren?"

„Darum wollte ich dich gerade bitten", lächelte Jenny.

„Dann los."

Zehn Minuten später bogen sie in die schmale Brückenstraße ein, wo sich kleine Galerien und esoterische Läden aneinander reihten.

„Park am besten hier an der Seite, einen Parkplatz findest du hier doch nicht. Da drüben, da ist es."

Einen Moment später betraten sie die Galerie, die den klangvollen Namen Moonlight trug und in deren Schaufenster ein einziges abstraktes Bild hing. Innen erwies sich der Laden, wenn auch nicht als groß, so doch als wesentlich größer als von außen vermutet. Zielstrebig lief Tommy nach hinten durch und deutete auf ein fast mannshohes Gemälde an der Wand.

„Da schau, ist sie das oder nicht?"

Jenny verglich das Foto in ihrer Hand mit der Person, die auf dem Bild dargestellt war. Es handelte sich eindeutig um dieselbe Frau. Gemalt war sie in stehender Pose, seitlich, den Blick über die linke Schulter dem Betrachter zugewandt.

Hinter ihnen ertönte ein dezentes Räuspern.

„Kann ich den Herrschaften vielleicht helfen? Ich sehe, sie bewundern unseren Gascon. Ein hiesiger Künstler. Sehr erfolgversprechend."

„Becker, Kriminalpolizei", stellte Jenny sich vor und kramte ihren Ausweis heraus.

„Könnten Sie mir nähere Auskunft über den Künstler oder sein Modell geben? Zum Beispiel, wo ich ihn finden kann?"

„Oh, das kann ich sicher. Über sein Modell weiß ich nichts, aber die Adresse des Künstlers habe ich natürlich. Da müsste ich allerdings in meinen Unterlagen nachschauen."

„Dann tun Sie das bitte. Das wäre sehr freundlich."

Murmelnd verschwand der Mann nach nebenan, wo Jenny sein Büro vermutete.

„Du hattest tatsächlich recht. Wer hätte das gedacht, dass wir unsere Leiche über ein Bild identifizieren."

Der Galeriebesitzer kehrte zurück und reichte ihr einen Zettel.

„Hier bitte, die Adresse von Herrn Gascon. Tagsüber dürften Sie ihn allerdings im Städel antreffen. Er arbeitet dort als Kurator."

„Vielen Dank, das wär's erst mal."

„Auf Wiedersehen, die Herrschaften."

Die beiden verließen den Laden und blieben noch kurz in der Sonne stehen, die ausnahmsweise mal hervorgekommen war.

„Du hast was gut bei mir. Da hast du uns eine Menge Zeit erspart. Ich muss sofort wieder ins Präsidium. Und dann werden wir wohl Herrn Gascon mal besuchen."

„Kein Problem, ich hab dir gerne geholfen. Fahr ruhig direkt weiter, ich lauf das Stück zurück. Tschau Süße."

„Tschau Tommy!"

Eine halbe Stunde später war Jenny wieder im Präsidium und erzählte Logo und Sascha, was sie herausgefunden hatte.

„Das ist ja ein Ding", staunte Logo. „Da fragst du den erstbesten Kumpel und der kennt unsere Leiche."

„Ja, Glück gehabt. Wolln wir gleich mal zu dem Herrn Künstler fahren? Der müsste uns doch sagen können, wer sein Model ist, vielmehr war."

„Klar, Sascha kann ja hier die Stellung halten. Bis nachher."

Durch den beginnenden Nachmittagsverkehr fuhren sie über die Untermainbrücke nach Sachsenhausen zurück. Das Städel, Frankfurts berühmtes Kunstmuseum, befand sich am Museumsufer, direkt am Main. Am Empfang erkundigten sie sich.

„Der Herr Gascon befindet sich im Kuratorium, da darf ich sie aber nicht alleine hinlassen. Ich rufe ihn an, dann kann er sie hier abholen."

„Na hoffentlich dauert das nicht so lange", brummelte Logo und fing sich einen mahnenden Blick von Jenny ein.

„Der Herr Gascon kommt gleich."

Sie dankten dem Angestellten und liefen im Foyer des Museums herum, um sich die Wartezeit zu vertreiben.

„Echt eindrucksvoll, warst du schon mal drin, Jenny?"

„Na klar, schon oft, als Kind mit meinen Eltern und dann auch mit der Schule. Und vor ein paar Jahren hab ich mir die

Rembrandtausstellung angeschaut. Da mussten wir Schlange stehen bis zur nächsten Straßenecke. Furchtbar. Dabei ist das gar nicht so mein Geschmack. Ich mag die Impressionisten lieber."

„Ähm, aha, also ich habs gar nicht so mit Malerei."

Bevor Jenny sich eine Antwort überlegen musste, kam ein etwa vierzigjähriger, äußerst gutgekleideter Mann auf sie zu. „Sind Sie die Herrschaften von der Polizei? Sie wollten zu mir?"

„Wenn Sie Herr Gascon sind? Das ist mein Kollege Stein, ich bin Kommissarin Becker."

„Sehr erfreut, worum geht es denn?"

„Sollen wir nicht irgendwo hingehen, wo es etwas privater ist?"

„Oh ja, natürlich, bitte kommen Sie mit in mein Arbeitszimmer."

Mit elastischen Schritten lief er vor ihnen die Treppe hinauf und Jenny konnte nicht umhin, den einen oder anderen Blick auf seinen straffen Hintern und seine breiten Schultern zu werfen. Nachdem sie einem langen Gang gefolgt und noch ein paar Stufen hinaufgestiegen waren, öffnete er eine Tür zur Linken und ließ sie in ein konservativ eingerichtetes Arbeitszimmer vorangehen. Er selbst ließ sich in einem Sessel hinter einem Schreibtisch aus dunklem Holz nieder und bot ihnen die Plätze davor an.

„Also ich muss zugeben, dass ich äußerst neugierig und gespannt bin, was die Polizei von mir möchte."

„Nun Herr Gascon, dann komme ich gleich zur Sache. Könnten Sie sich bitte dieses Foto hier anschauen. Kennen Sie die junge Frau darauf?"

Sie reichte es ihm über den Schreibtisch, er nahm es und blickte kurz darauf.

„Natürlich kenne ich sie. Das ist Manuela, Manuela Wagner, sie ist in meiner Kunstvorlesung. Mein Gott, ist sie… ist sie tot?"

„Ja, ich muss Ihnen leider mitteilen, dass ihre Leiche gestern Morgen im Stadtwald gefunden wurde."

„Das ist ja furchtbar. Ich habe sie letzte Woche noch gesehen. Sie war noch so jung, gerade zweiundzwanzig. Was ist denn passiert?"

„Genaues können wir noch nicht sagen, sicher ist jedoch, dass sie ermordet wurde."

„Wie furchtbar, wer tut nur so etwas?"

Er fuhr sich mit einer wohlgeformten Hand über die Augen.

„Entschuldigen Sie bitte, das nimmt mich doch sehr mit."

„Das verstehen wir natürlich. Sagen Sie, in welcher Beziehung standen Sie zu Manuela Wagner?"

„Ach, das wissen Sie gar nicht? Vielleicht wissen Sie ja, dass ich auch an der Uni Gastdozent bin. Ich lese über Kunst, speziell über den Vergleich zwischen klassischer und moderner Kunst. Sie war in meiner Vorlesung. Sie müssen außerdem wissen, dass ich auch male. Wie Sie sehen, ist, oh, war Manuela eine außergewöhnliche Schönheit. Sie erwies mir die Ehre, sie malen zu dürfen."

Jenny wechselte einen Blick mit Logo.

„Ja, es ist tatsächlich so, dass wir eben erst den richtigen Namen von Frau Wagner von Ihnen erfahren haben. Und ich hoffe, dass Sie uns auch mit ihrer Adresse dienen können."

„Ach, Sie wussten gar nicht, wer sie ist? Und wie kamen Sie an das Bild?"

„Tja das ist eine lange Geschichte. Können Sie uns vielleicht noch etwas mehr über Frau Wagner sagen?"

„Gerne, ein wenig. Ich kannte sie ja nicht näher, aber beim Modell stehen haben wir uns manchmal unterhalten. Sie kommt ursprünglich aus dem Rheingau, aus Kiedrich und ist zum Studieren nach Frankfurt gekommen. Das ist jetzt ihr zweites Studienjahr und sie wohnt mit einer Freundin zusammen in Bockenheim. Soviel ich weiß, hat sie keinen Freund, zumindest hat sie nie von einem erzählt. Tja, viel mehr fällt mir momentan gar nicht ein."

„Wo hat sie Ihnen denn eigentlich Modell gestanden?"

„Normalerweise bei mir zu Hause. Ich habe da ein kleines Atelier eingerichtet. Da male ich meine Bilder."

„Waren Sie jemals in der Wohnung von Frau Wagner?"

„Nein, ich habe sie nur einmal nach Hause gefahren, weil ich sowieso in ihre Richtung musste."

„Gut, das ist ja schon eine ganze Menge. Bitte schreiben Sie uns jetzt die Adresse auf, dann lassen wir Sie auch schon in Ruhe, Es kann aber sein, dass wir noch weitere Fragen an Sie haben."

„Natürlich, jederzeit gerne, wenn ich helfen kann."

Er kramte in einem Taschenkalender.

„Hier, hier habe ich sie. Florastraße 10, ich schreibe Ihnen auch die Telefonnummer auf."

„Danke vielmals. Ach, wissen Sie vielleicht, ob sie ein Auto hatte?"

„Ich bin sicher, sie hatte keines. Sie kam immer mit der Bahn. Nach dem Modellsitzen hab ich sie dann oft zur S-Bahn gefahren."

„Wie nett von Ihnen. Dann entschuldigen Sie bitte die Störung und vielen Dank, das war sehr hilfreich."

„Aber ich bitte Sie. Warten sie, ich bringe Sie noch hinaus."

Nachdem sie sich von Herrn Gascon verabschiedet hatten, standen sie noch kurz vorm Städel, um sich zu beratschlagen.

„Was machen wir nun, solln wir gleich in die Wohnung fahren? Und ruf doch mal im Kommissariat an. Die sollen die Eltern in Kiedrich ausfindig machen und einen Beamten hinschicken, um sie zu informieren. Dann müssen sie herkommen und ihre Tochter identifizieren. Mann, ich möchte nicht in ihrer Haut stecken."

Jenny seufzte. „Zumindest müssen wir es ihnen diesmal nicht sagen." Sie setzte sich auf eine niedrige Mauer und starrte auf den Main hinaus, während Logo mit der Dienststelle telefonierte.

„He, träum nicht. So gut sah er auch wieder nicht aus!" grinste Logo.

„Spinner! Komm wir fahren los."

Männer ... natürlich hatte er so gut ausgesehen, der Herr Gascon. So ein kleines bisschen wie George Clooney. Und charmant war er auch noch. Und er trug keinen Ehering. Träumen durfte man ja wohl noch.

Es ging schon auf den Nachmittag zu, als sie die angegebene Adresse im Studentenstadtteil Bockenheim erreichten.

„Ob wir nochmal irgendwo hinkommen, wo man gut parken kann..."

„Komm, fahr da vorne in das kleine Parkhaus. Die paar Meter können wir laufen. Schließlich regnets ja mal nicht."

Florastraße Nummer 10 war ein älteres Haus, an dem die Farbe abblätterte und bei dem an den meisten Briefkästen mehrere Namen standen.

„Da, Wagner und Riedel, dritter Stock."

Logo stöhnte.

„Komm, ein bissl Sport tut dir gut."

„Ja, Bierglas stemmen vielleicht", grummelte er.

Sie klingelten, doch es tat sich nichts.

„Hm, Frau Riedel scheint nicht da zu sein. Vielleicht ist sie verreist. Das würde auch erklären, warum sie Manuela Wagner nicht vermisst hat."

„Ich klingel mal nebenan."

Hier hatten sie mehr Erfolg, der Türöffner summte fast unmittelbar, nachdem sie geklingelt hatten. Zügig stiegen sie die ausgetretenen Stufen in den dritten Stock hinauf. Der strubbelige, noch vom Waschen feuchte Kopf einer jungen Frau spähte durch die Tür auf der linken Seite des Treppenabsatzes.

„Ach Bullen, was wollen Sie denn?"

Jenny wechselte einen Blick mit Logo. Beide waren immer wieder begeistert von der freundlichen Anrede. Aber der Ausdruck war ja mittlerweile fast gesellschaftsfähig. „Guten Tag Frau, äh", Jenny spähte auf das fast unleserliche Namensschild über der Klingel.

„Nennen Sie mich Clyde", verlangte die Blondine, ohne sie hereinzubitten und rubbelte mit ihrem Handtuch in ihren Haaren.

„Was liegt an?"

„Nun, äh, Clyde, es geht um Ihre Nachbarin, genauer gesagt um Manuela Wagner. Kennen Sie sie?"

„Ach naja, kennen wäre zu viel gesagt. Wir sagen uns im Treppenhaus halt mal Hallo."

„Wissen Sie vielleicht, wann Sie sie das letzte Mal gesehen haben?"

„Nee, das muss irgendwann letzte Woche gewesen sein."

„Sie hat doch eine Mitbewohnerin, oder?"

„Ja, aber die ist fast nie da. Die wohnt die meiste Zeit bei ihrem Freund. Ich hab sie schon Wochen nicht gesehen."

„Gut, danke, Sie haben uns sehr geholfen."

„Kein Ding. Wars das dann?"

„Ja sicher, schönen Tag noch."

Der behandtuchte Kopf nickte nur und verschwand in der Wohnung.

„Gut, dann lass uns den Schlüsseldienst bestellen." Gegenüber ging die Tür nochmal auf.

„Hab noch was vergessen. Wollen Sie vielleicht rein?"

„Ja sicher, sagen Sie nicht, Sie hätten einen Schlüssel."

„Doch, seit Manuela sich mal ausgesperrt hat. Hier. Warum fragen Sie eigentlich nach ihr? Ist was nicht in Ordnung?"

„Könnte man so sagen, es tut mir leid, aber sie ist tot."

„Tot?"

„Ja, und jetzt entschuldigen Sie uns bitte."

Die junge Frau nickte und schloss die Tür. Jenny blickte Logo an.

„Dann lass uns mal reingehen. Ich ruf schnell die Spurensicherung an, dann können die sich schon mal auf den Weg machen."

Sie schloss die Tür auf und betrat als erste die Wohnung. Durch einen kleinen Flur gelangten sie in eine Wohnküche, die nicht aussah als sei sie in letzter Zeit benutzt worden. Von der Küche ging es direkt in ein kleines Bad.

„Guck mal Logo. So was gibt's noch?"

„Ich hab so was noch nie gesehen. Eine Badewanne in der Küche?"

„Ja, das nennt man ein Frankfurter Bad. Keine Ahnung warum. Vielleicht war das typisch für Frankfurt."

„Also ich find's scheußlich. Wer will schon in der Küche baden?"

„Ich bestimmt nicht. Komm, lass uns weiter schauen." Sie gingen zurück in den Flur und öffneten die nächste Tür. „Das ist bestimmt das Schlafzimmer der Freundin. Sieht aus, als hätte seit Wochen niemand hier geschlafen. Dann muss das nächste ihres sein."

Das Zimmer daneben schien eindeutig benutzt zu werden. Das Bett war nachlässig gemacht und auf ihm lag ein aufgeschlagenes Buch. Kunstgeschichte. Das musste wirklich Manuela Wagners Zimmer sein. Sie durchsuchten es oberflächlich, fanden aber nichts, was einen Hinweis auf ihren Mörder hätte geben können.

„Logo, schau mal, ob du einen Terminkalender oder was Ähnliches findest. Irgendwo muss sie doch ihre Termine aufschreiben. Und wo ist ihr Computer? Jeder hat doch heute einen Computer und ein Student erst recht. Im anderen Zimmer stand auch keiner."

„Vielleicht hat sie einen Laptop, der mit ihren anderen Sachen verschwunden ist. Müssen wir herausbekommen. Das könnte uns zum Mörder führen."

„Ihre Mitbewohnerin müsste das wissen, wir müssen sie nur bei ihrem Freund auftreiben."

„Na, das sollte ja nicht so schwierig sein. Aber lass uns erst mal hier weiter schauen. Vielleicht finden wir ja noch was. Schau du doch mal in den Küchenschubladen. Da hatte meine Mutter immer alles Wichtige."

„Also hier ist nichts. Entweder hatte sie auch noch einen Freund, bei dem sie den größten Teil der Zeit gewohnt hat oder der Mörder hat die ganzen Sachen mitgenommen. Das würde bedeuten, dass er hier in der Wohnung war. Na gut, ich glaube nicht, dass wir hier noch etwas finden werden. Die Spusi müsste gleich hier sein. Ruf doch mal Sascha an, dass wir nicht mehr reinkommen heute. Dann setz ich dich gleich an deinem Auto ab."

„Gute Idee. Bin ich wenigstens mal zu einer vernünftigen Zeit zu Hause und krieg ein bisschen Schlaf. Heute können wir eh nicht mehr viel machen. Und morgen früh suchen wir die Freundin. Die Kollegen von der Spätschicht können mittlerweile im Haus rumfragen, ob Frau Wagner in letzter Zeit mit irgendjemandem gesehen wurde. Ah, ich glaube da kommt die Spusi. Hallo Kollegen. Wir sind schon weg. Stehen euch sowieso nur im Weg rum."

Jenny setzte Logo an seinem Auto ab und fuhr auf direktem Weg nach Hause. Im Feierabendverkehr dauerte das fast eine dreiviertel Stunde. Da das schöne Wetter sich hielt, arbeitete sie noch ein bisschen im Garten und schaute sich dann im Fernsehen den Krimi um Viertel nach acht an. Nichts ging doch über Schulfernsehen.

Tag 3, Dienstag

Am nächsten Morgen trafen sie sich um acht Uhr im Kommissariat. Logo gähnte ausführlich.

„War die Nacht nicht lang genug?"

„Wir waren noch im Kino und anschließend noch eine Kleinigkeit essen. Bis wir dann zu Hause waren, war's doch wieder zwölf Uhr."

„Ich glaube langsam, so ein Single-Dasein hat auch Vorteile."

„Aber definitiv auch Nachteile. So, gibt's denn was Neues?"

„Den Bericht von der Spusi. Etwas Besonderes haben sie nicht gefunden. Fingerabdrücke von mehreren Leuten, aber die müssen erst noch abgeglichen werden. Die meisten werden Frau Wagner und ihre Freundin gehören. Aber hier ist was Interessantes. Die Kollegen von der Nachtschicht haben die Nachbarn befragt. Die Wagner ist in letzter Zeit öfter mit einem Mann gesehen worden. Mit einem ausgesprochen gut aussehenden Mann."

„Könnte das dein Professor sein oder vielmehr der Herr Privatdozent? Wobei, hat er nicht gesagt, er wäre nie bei ihr zu Hause gewesen?"

„Ja, das hat er behauptet. Er hätte sie nur einmal nach Hause gefahren."

„Dann sollten wir den Nachbarn ein Bild von ihm zeigen. Mal schauen, ob wir eins von ihm im Internet finden, wo er doch ein bekannter Maler ist. Dann müssen wir ihn nicht wieder belästigen. Wobei, irgendwie kommt es mir vor, als würdest du ihn gar nicht so ungern belästigen."

„Blödmann!"

Logo lachte.

„Was haben denn die Kollegen in Kiedrich bei den Eltern erfahren?"

„Kaum etwas. Die waren natürlich am Boden zerstört, aber gesehen haben sie ihre Tochter schon seit einigen Monaten nicht mehr. Sie hat zwar ab und zu angerufen, aber das Verhältnis war wohl nicht sehr eng. Und um deiner Frage zuvorzukommen: Sie hat niemals von einem Mann erzählt, nur ein bisschen von der Universität."

„Ob sie noch irgendwo gearbeitet hat? Die Wohnung sah ja nicht aus, als hätte sie viel Geld gehabt."

„Die Kollegen schreiben, dass auch die Eltern eher bescheiden leben. Sie kommen heute Vormittag, um ihre Tochter zu identifizieren. Sollen wir mit ihnen sprechen?"

„Ich glaube nicht, dass das im Moment nötig sein wird. Vielleicht müssen wir sie später nochmal befragen. Den Herrn Gascon aber müssen wir noch mal anrufen. Ich wüsste gerne, ob er Frau Wagner für das Modell stehen bezahlt hat und wenn ja wie viel."

„Vielleicht hat sie davon gelebt, vom Modell stehen meine ich. Ob sie auch für andere Maler gearbeitet hat?"

„Naja, die werden wohl nicht alle das gleiche Motiv malen wollen. Obwohl, ich habe das schon im Fernsehen gesehen. Manche von den Modellen arbeiten zum Beispiel in Unterrichtsstunden für angehende Künstler."

„Das müsste der Gascon doch wissen, wenn er sich regelmäßig mit ihr unterhalten hat. Haben wir denn schon eine Ahnung, wo sich ihre Freundin aufhält?"

„Ich habe vorhin Sascha losgeschickt, um das rauszufinden. Sie muss ja irgendwie gemeldet sein. Vielleicht finden wir wenigstens heraus, wer ihre Eltern sind und die wissen vielleicht, wo sie sich aufhält. Ah, da kommt er ja."

„Guten Morgen, Frau Kommissarin."

Jenny verdrehte die Augen, ohne dass Sascha es sehen konnte.

„Guten Morgen, Sascha. Hast du etwas herausbekommen?"

„Ja, wer die Eltern von dieser Frau Riedel sind. Die wissen aber auch nicht, wie ihr neuer Freund heißt oder wo er wohnt. Allerdings konnten sie mir den Namen einer Freundin sagen, mit der sie studiert. Also einer anderen meine ich, nicht Frau Wagner."

„Prima, dann fahr gleich mal zur Universität und frag ein bisschen herum. Vielleicht findest du ja diese Freundin. Und vielleicht findest du noch mehr über Frau Wagner heraus, mit wem sie so zusammen war, ob sie eine gute Studentin war und überhaupt, was so über sie erzählt wird."

Sascha errötete vor Stolz.

„Ich mach mich sofort auf den Weg."

Und weg war er. Jenny lächelte hinter ihm her. Es war schon ein paar Jahre her, dass sie selbst so enthusiastisch an eine so einfache Aufgabe herangegangen war.

„Hältst du das für klug, Jenny, ihn alleine loszuschicken?"

„Ach klar. Es wird Zeit, dass er selbstständig wird. Und er macht seine Sache doch gut, das schafft er schon."

Logo blickte etwas zweifelnd, aber nickte letztendlich doch. Es klopfte an der Tür.

„Herein!"

Frank Henrich, ein Kollege ebenfalls von der Mordkommission, streckte den Kopf herein.

„Moin, ihr beiden. Ich weiß ja, ihr habt noch mit der Leiche vom Sonntag zu tun, aber da kam gerade ein Anruf von der Wasserschutzpolizei. Die haben auch eine Leiche. Könnt ihr das vielleicht übernehmen? Die anderen sind voll ausgelastet durch diese Bandenschießerei im Bahnhofsviertel."

Jenny seufzte. „Na gut, wenn's nicht anders geht. Um was geht's denn da?"

„Da hängt einer an der Alten Brücke an einem Seil."

„Hört sich eher nach Selbstmord an."

„Dachte ich auch erst, aber die sagen, er hängt unten drunter. Und da kann er sich nicht selbst hingehängt haben."

„Unten drunter? Komm Logo, das wollen wir uns mal anschauen. Ist die Spusi schon unterwegs? Und der Prof?"

„Denen habe ich auch Bescheid gesagt. Danke, dass ihr das übernehmt. Tschau."

Sorgsam wusch er sich die Hände. Fast hätte er sich noch an dem rauen Seil verletzt.

Vielleicht sollte er sich einfachere Methoden überlegen, um seine Kunstwerke zu präsentieren. Aber schließlich gab es ja historische Vorbilder. Wobei er sich ja schon gewisse künstlerische Freiheiten herausnahm.

Er lächelte. Das Betäubungsmittel, das er dem Jungen der die unnachahmliche Dummheit besessen hatte, ihn bestehlen zu wollen, verabreicht hatte, hatte genau im richtigen Moment nachgelassen, so dass er das Erhängen bei nahezu vollem Bewusstsein erlebt hatte. Extra langsam hatte er das Seil hochgezogen und den mehrere Minuten dauernden Todeskampf genossen. So etwas passierte halt, wenn man seine Seele so früh dem Teufel verkaufte.

Ob er wohl wieder hinfahren sollte, um den Polizisten ein wenig zuzuschauen? Lieber nicht. Nach dem ersten Mord tappten sie zwar völlig im Dunkeln, doch die reizende Polizistin schien gar nicht so unfähig zu sein. Nun, man würde sehen.

Jenny schnappte sich ihre Jacke, und sie liefen los in den Innenhof, um ihren Dienstwagen zu holen. Eine Viertelstunde später parkten sie am Südende der Alten Brücke. Sie liefen die Treppe hinunter zum Tiefkai, wo das Streifenboot der Wasserschutzpolizei festgemacht war.

„Tach Kollegen. Hi Oliver."

„Hi Jenny, lange nicht gesehen. Wie geht's dir? Kommt an Bord."

„Gut geht's. Das ist mein Kollege Logo oder kennt ihr euch?"

„Nein, bis jetzt nicht. Hallo."

Vorsichtig kletterten sie an Bord. „Was habt ihr denn nun für uns?"

„Wart mal, ich zeig's euch. Jan du kannst ablegen." Das Boot legte ab und brachte sie in einem Bogen etwa zur Mitte der Brücke.

„Das gibst doch nicht. Wie kommt der denn da hin?"

„Ja, genau das ist die Frage. Alleine jedenfalls nicht."

Unter der Brücke an einem der Stahlträger baumelte an einem armlangen Seil eine männliche Leiche.

„Ich kann mir ehrlich gesagt nicht vorstellen, wie ihn dort jemand fest gemacht hat. Man kommt da sicher nur mit einem Boot hin und auch nur mit einem größeren. Fahr mal direkt drunter, Jan. Schau, ich will ihn jetzt nicht anfassen, aber ich bin schon nicht der Kleinste und komme nicht einmal an das Seil heran."

Jenny und Logo blickten sich an. Was war das jetzt wieder? Ein kryptischer Mordfall jagte den nächsten.

„Könnt ihr nochmal anlegen bitte? Da kommt gerade die Spusi. Ah, und der Prof ist auch dabei. Mal sehen, was die dazu sagen."

Das Polizeiboot legte noch einmal an, um die Mitarbeiter der Spurensicherung an Bord zu nehmen, und bezog dann unterhalb der baumelnden Leiche Stellung. Der Prof stand breitbeinig an Deck und starrte nach oben.

„Was ist das hier schon wieder? Ihr macht das doch, um mich zu ärgern, oder? Könnt ihr mir nicht mal eine normale

Leiche präsentieren, so einen schönen Totschlag in der Familie oder so was? Wie soll ich denn überhaupt da hochkommen? Hat jemand eine Leiter dabei? Na, egal. Macht erst mal Fotos aus allen Richtungen. Dann schneiden wir ihn ab und lassen ihn irgendwie runter."

„Hier, eine Leiter haben wir zwar nicht, aber zumindest einen Tritthocker. Damit müsste man schon an das Seil drankommen."

Der Prof warf einen zweifelnden Blick auf das Ding, der Fotograf jedoch nahm es sofort in Beschlag und zog es hier- und dorthin um seine Fotos zu machen. Als er endlich fertig war, kletterte der Prof mühsam nach oben und säbelte mit einem Messer an den Seilen herum.

„Fangt ihn mir ja auf."

Mit einem leisen Knarren rissen die letzten Fasern des Seiles durch und der Körper fiel in die Arme der Wartenden. Vorsichtig legten sie ihn auf das Deck, auf dem eine Plane ausgebreitet war. Jenny und Logo beugten sich nach vorne und betrachteten die Leiche. Es handelte sich um einen braunhaarigen jungen Mann etwa Anfang oder Mitte zwanzig, gekleidet in Jeans, dunkelblaues T-Shirt und weiße Turnschuhe. Seine Gesichtszüge wären hübsch gewesen, wären sie nicht durch den Erstickungstod aufgequollen und verzerrt.

„Näheres gibt's natürlich erst nach der Obduktion, aber das sieht tatsächlich aus, als wäre er erstickt und das erst vor wenigen Stunden."

„Verstehe ich nicht", wandte sich Jenny an ihren Kollegen von der Wasserschutzpolizei. „Der muss doch schon ein paar Stunden da hängen? Wieso hat ihn keiner gesehen? Wenn einer drunter durchfährt, stößt er doch fast dagegen."

„Das verstehe ich auch nicht. Zumal heute viel Verkehr herrscht. Wahrscheinlich gucken die alle nur auf ihr Radar. Wir können mal überprüfen, welche Schiffe heute Nacht und heute Morgen hier durchgekommen sind und sie anfunken, ob ihnen etwas aufgefallen ist."

„Das wäre nett von euch. Und wie um alles in der Welt hat ihn einer da oben fest gemacht? Und noch dazu, ohne dabei gesehen zu werden. Kommt man da von oben dran?"

„Keine Chance. Das geht nur von hier unten, von einem Boot aus, einem hohen und mit einer Leiter."

„Aber das müsste doch irgendjemand mitbekommen haben."

„Nicht unbedingt, wenn er es im Dunkeln getan hat. Anders kann ich es mir nicht vorstellen. Aber warum ihn erst jetzt jemand entdeckt hat, keine Ahnung."

„Kann man irgendwie rausbekommen, wer heut Morgen den Main hoch und runter geschippert ist?"

„Naja, zumindest die von der Berufsschifffahrt. Privatleute sind so früh morgens kaum welche unterwegs. Interessant dürften aber nur die sein, die mainaufwärts geschippert sind, die anderen müssen ja den Brückenbogen auf der rechten Seite durchfahren. Da können sie eigentlich nicht viel erkannt haben."

„Ah, und die, die flussauf gefahren sind, die kann man rausfinden?"

„Ja, da brauchen wir nur bei der Schleuse anzurufen und nachfragen, wer da heute geschleust hat. Dann können wir die Schiffe anfunken. Wenn die Schiffsleute direkt befragt werden sollen, müsst ihr aber warten bis sie wieder hier sind. Oder ihnen nachfahren. Das kostet die viel Geld, wenn sie irgendwo vor Anker gehen müssen."

„Es würde ja schon reichen, wenn ihr sie vielleicht fragen könntet, ob sie überhaupt was gesehen haben. Wenn einer ja sagt, überlegen wir, wo und wie wir ihn am besten vernehmen."

„Gut, wir kümmern uns gleich drum, wenn hier alles fertig ist. Jan, funk schon mal die Schleuse an."

„Seltsam, das ist der zweite merkwürdige Todesfall diese Woche. Auch beim Letzten hatten wir keine Ahnung, wie die Leiche an ihren Fundort gelangt ist."

„Vielleicht hängen die irgendwie zusammen?"

„Ich wüsste nicht wie, aber möglich ist alles. Warten wir mal ab, bis die hier identifiziert ist. Prof, können Sie mal schauen, ob er irgendwas in den Taschen hat, womit wir ihn identifizieren können?"

„Hab ich schon, alles leer."

„Warum wusste ich das?", seufzte Jenny. „Wir gehen dann, okay?"

„Jaja, warum seid ihr noch nicht weg?"

„Dann schippert uns mal bitte zurück, Kollegen. Schönen Job habt ihr hier übrigens. Den ganzen Tag auf dem Main auf und ab trödeln. Das würd ich auch gerne."

„Kein Problem, es ist gerade eine Stelle ausgeschrieben."

„Ich überlegs mir! Tschüss, macht's gut."

„Tschüss Jenny, tschüss Logo."

„Lass uns mal zurückfahren. Irgendwie hab ich ein Déjà-vu-Gefühl. Schon wieder die Vermisstenmeldungen durchschauen. Haben wir das nicht gestern erst?", seufzte sie.

„Na, vielleicht identifizieren wir den hier genauso schnell wie Manuela Wagner"

„Dein Wort in Gottes Gehörgang. Wolln wir uns auf dem Weg eine Pizza holen? Zeit zum Mittagessen."

„Gute Idee, dann fahren wir aber den Bogen hoch zum Amalfi. Die haben immer noch die Beste."

Den Nachmittag verbrachten sie zunächst mit Routinearbeiten wie dem Durchsehen der Vermisstenmeldungen, während sie auf den Obduktionsbefund warteten. Gegen drei Uhr kam Sascha zurück und berichtete, was er in der Universität herausgefunden hatte.

„Manuela Wagner war wohl recht still und hatte, obwohl sie so fantastisch aussah, kaum nähere Freunde oder Bekannte. Ihre Mitbewohnerin war diejenige, die ihr am Nächsten stand, sie war aber heute nicht in der Uni. Die Noten von Manuela bewegten sich im oberen Mittelfeld, den Professoren ist sie mehr durch ihr Aussehen aufgefallen. Das ist so ein Riesenbetrieb, ich bin sicher, wenn sie nicht so gut ausgesehen hätte, hätten die Profs gar nicht gewusst, wer sie ist. So konnten sie sich aber erinnern, dass sie am Freitagmorgen noch in den Vorlesungen gewesen ist." Er legte eine kurze Pause ein.

„Ich hab mich auch nach Herrn Gascon erkundigt. Die weiblichen Studenten schwärmen wohl alle mehr oder weniger für ihn. Er ist sehr beliebt und gilt als gerechter Lehrer. Es ist allgemein bekannt, dass er malt und gelegentlich Studentinnen und übrigens auch Studenten bittet, ihm Modell zu stehen. Er bezahlt sie aber nur mit einem besseren Taschengeld. Und in dem Zusammenhang kam es nie zu irgendwelchen Auffälligkeiten. Dann war ich noch in Manuelas Haus und hab ein Foto von ihm herumgezeigt, aber keiner hat ihn erkannt. Nur eine ältere Dame war sich nicht ganz sicher. So, das war's erst mal."

„Puh", meine Jenny anerkennend. „Gute Arbeit Kleiner, entschuldige, ich meine Sascha. Du hast eine Menge herausbekommen."

„Danke, Frau Kommissarin." Er errötete leicht.

Jenny seufzte unhörbar. Bald würde sie einen neuen Vorstoß hin zum „Du" und „Jenny" machen. Logo grinste in sich hinein, nickte Sascha aber anerkennend zu. „Jetzt trink erst mal in Ruhe einen Kaffee. In der Zeit erzählen wir dir von der neusten Leiche."

Kurz brachten sie Sascha auf den aktuellen Stand.

„So, was solln wir jetzt als erstes machen, wo bleiben denn nur die Fotos?"

„Ich geh rüber, Herr Kommissar, und frag, wann sie fertig sind. In den Vermisstenmeldungen steht wohl nichts?"

„Nee, alle, die die letzten Tage vermisst wurden, passen nicht ins Bild."

Jenny schenkte sich noch eine Tasse Kaffee ein. „Ich fahr jetzt zu Gascon. Das lässt mir keine Ruhe. Die muss dem doch tagelang Modell gestanden haben. Dabei erfährt man doch etwas übereinander. Irgendetwas stimmt da nicht."

„Tu das, stocher einfach ein bisschen herum. Ich versuch weiterhin, die Freundin von ihr zu finden. Bis nachher."

Jenny hatte von unterwegs im Städel angerufen und erfahren, dass der Dozent heute nicht arbeitete und auch nicht in der Universität war. Kurzentschlossen hatte sie sich die Adresse geben lassen und war auf dem Weg zu ihm nach Hause.

Paul Gascon wohnte ebenfalls in Sachsenhausen, doch seine Wohngegend unterschied sich erheblich von der ihren. Seine Villa befand sich auf dem Lerchesberg, einer der teuersten Wohngegenden Frankfurts. Sie folgte einer Seitenstraße, die von breiten Auffahrten gesäumt war. Nummer 36.

Ah, hier war es. Der Vorplatz vor seinem Eingang war so groß, dass er Platz zum Parken von fünf bis sechs Autos bot. Momentan stand dort nur ein dunkelblauer Porsche. Sie parkte ihren Golf daneben, der im Vergleich dazu geradezu schäbig aussah, und klingelte an der Haustür. Ein melodischer Gong ertönte im Inneren des Hauses und es dauerte nur einen Moment, bis der Hausherr die Tür öffnete. Sie konnte nicht umhin zu bemerken, dass er auch in Freizeitkleidung und mit verstrubbelten Haaren ausgesprochen gut aussah. Sein charmantes Lächeln tat ein Übriges.

„Guten Tag, Frau Kommissarin, das ist aber eine Überraschung. Bitte, kommen Sie doch herein."

Er bat sie in eine weiß gefliese Diele, von der mehrere Türen abgingen. „Bitte geradeaus ins Wohnzimmer. Setzen Sie sich doch. Kann ich Ihnen etwas zu trinken anbieten?"

„Ein Wasser wäre nett."

„Kommt sofort."

Nach wenigen Augenblicken kam er mit zwei Gläsern in der Hand zurück, setzte sich ihr gegenüber auf die helle Ledercouch und reichte ihr ein Glas.

„Nun? Womit kann ich Ihnen heute dienen?"

„Ich würde gerne nochmal mit Ihnen über Manuela sprechen. Es ist so schwer, Näheres über sie zu erfahren. Sie sagten, Sie hätten sie einmal nach Hause gefahren? Haben Sie sie bis zur Tür gebracht oder auf der Straße raus gelassen?"

„Wenn ich mich recht erinnere, habe ich sie unten raus gelassen. In der Gegend kann man ja nie gescheit parken, ohne gleich aufgeschrieben zu werden."

„Sie haben also ihre Mitbewohnerin nie kennengelernt?"

„Nicht dass ich wüsste. Sie hat auch fast nichts von ihr erzählt."

„Und fällt Ihnen jetzt, wo sie etwas Zeit hatten, noch irgendetwas ein, das Frau Wagner Ihnen während ihrer Sitzungen erzählt haben könnte und das uns weiter helfen könnte?"

„Nein, leider nicht, ich habe mir schon den Kopf zerbrochen. Kann es sein, dass der Täter sie ganz zufällig ausgewählt hat?"

„Ja, das kann natürlich sein. Sie scheint Samstag verschwunden zu sein. Am Freitag in der Uni wurde sie zum letzten Mal gesehen. Leider haben wir bis jetzt keine Ahnung, wo sie die Zeit dazwischen verbracht hat."

„Hm, ja, da kann ich Ihnen leider nicht helfen."

„Bitte verstehen Sie die Frage nicht falsch, aber könnte ich bitte Namen und Adresse der anderen Studenten bekommen, die Ihnen Modell gestanden haben?"

Er runzelte die Stirn. „Natürlich. Es ist mir schon klar, dass sie mich überprüfen müssen und dass ich vielleicht sogar als Verdächtiger gelte. Ich helfe Ihnen so gut es geht."

„Ich wünschte alle, mit denen ich zu tun habe, hätten so vernünftige Ansichten", seufzte Jenny. „Dann frage ich gleich auch noch, wo Sie Samstagabend waren."

Er lächelte zerknirscht. „Nun, ich würde Ihnen jetzt gerne erzählen, ich wäre mit einem Haufen interessanter Leute etwas trinken gewesen, aber in Wirklichkeit war ich alleine zu Hause und hab gelesen. Zeugen gibt's leider keine."

Jenny lächelte verständnisvoll. „Reine Formsache. Das war's dann auch schon. Vielen Dank, dass Sie sich Zeit genommen haben."

„Es war mir ein Vergnügen Frau Kommissarin. Ich bringe Sie noch zur Tür."

Jenny stand noch einen Augenblick in der Einfahrt und genoss die Sonne. Viel war ja nicht rausgekommen bei dem Gespräch. Konnte oder wollte er ihr nicht mehr erzählen? Und sprach die Tatsache, dass er kein Alibi hatte, für oder gegen ihn? Sie runzelte die Stirn. Irgendjemand musste doch weitere

Informationen über Manuela Wagner haben. Wo war nur diese Mitbewohnerin? Sie zückte ihr Handy und wählte die Nummer des Kommissariats.

„Hi Sascha, ich bins. Hast du irgendwas rausbekommen über Manuela Wagners Mitbewohnerin oder deren Freund? Ah? In Niederrad wohnt er. Dann gib mir doch mal die Adresse. Ich fahr gleich hin, ist ja nicht weit von hier. Danke dir." Na ein Glück. Die Eltern der Mitbewohnerin hatten in den Unterlagen ihrer Tochter Handynummer, Name und Adresse ihres Freundes gefunden. Das Handy war zwar ausgeschaltet, aber vielleicht waren sie ja bei ihm zu Hause.

Über die Niederräder Landstraße an der Rennbahn vorbei gelangte sie nach Niederrad und bog Richtung Uniklinik ab. Sie fand auf Anhieb die richtige Straße und auch gleich das richtige Haus mit, es war kaum zu fassen, einem Parkplatz direkt vor der Tür.

An der Eingangstür waren etwa zwanzig Klingelschilder, von denen nur zwei oder drei deutsche Namen trugen. Einer davon war der gesuchte, Frank, in der obersten Reihe. Mit einem Stoßgebet, dass das Haus einen Aufzug haben möge, klingelte sie. Nach einer schier endlosen Zeit wurde der Türöffner betätigt.

„Ganz oben", klang eine Stimme durchs Treppenhaus. War ja klar. Seufzend stieg sie die Stufen empor, fünf Stockwerke, naja, das lieferte ihr zumindest eine Ausrede, mal wieder aufs Walking zu verzichten.

Im fünften Stock roch es nach abgestandenem Essen und ungewaschener Kleidung. Der Flur, von dem vier Eisentüren abgingen, war dunkel und schmutzig.

Während sie noch versuchte, das nächstgelegene Türschild zu entziffern, öffnete sich die hinterste Tür und der Kopf eines jungen Mannes, geziert mit einer schrill bunten Punkfrisur, schaute heraus.

„Was wollnsn?"

Jenny wühlte in ihrer Hosentasche nach ihrer Marke. „Herr Wagenschmidt? Ich suche Ihre Freundin, Frau Riedel. Man hat mir gesagt, ich könne sie eventuell hier finden."

„Wer sagtn sowas?"

„Ihre Eltern."

„Ach die. Na dann komme mal rein, wenn's sein muss. Aphrodite, da is jemand für dich!"

Aphrodite? Nach Jennys Informationen hieß die Gesuchte Brigitte. Vorsichtig betrat sie den Flur der Wohnung, in der es nach abgestandener Luft und Hasch roch. Der Junge war durch eine Tür am anderen Ende verschwunden und sie folgte ihm vorsichtig.

Die Tür führte in ein Wohnzimmer, das so vollgestellt und unaufgeräumt war, dass Jenny einen Moment brauchte, um das junge Mädchen zu erkennen, dass sich zwischen einem Berg Kissen auf der Couch fläzte. Sie war komplett schwarz gekleidet, weiß wie die Nacht und grellschwarz geschminkt. Gruftis, Jenny seufzte.

„Hi", grüßte sie höflich und zückte ihren Ausweis, den das Mädchen nur verständnislos anstarrte.

„Die is von der Polente", bemerkte der Junge hilfreich. „Deine Eltern hamm sie geschickt."

Das schien zu dem Mädchen durchzudringen.

„Ach die, was wolln Sie denn von mir? Ich bin über achtzehn, die können mich nicht mehr zurückholen lassen."

„Das liegt mir auch völlig fern. Ich habe nur ein paar Fragen an Sie. Sind Sie Brigitte Riedel? Ihr Freund hier nannte Sie vorhin Aphrodite."

„So heiß ich jetzt. Kann ja keiner verlangen, dass ich den Scheißnamen, den mir meine Alten verpasst haben, behalte."

„Okay, verstehe. Ich bin hier wegen Ihrer Mitbewohnerin Manuela Wagner. Sie wurde ermordet."

Das weckte die Aufmerksamkeit des Mädchens endgültig und auch ihr Freund starrte die Kommissarin verblüfft an.

„Ermordet, echt? Das is ja n Ding."

„Ja, können Sie mir sagen, wann Sie Frau Wagner zum letzten Mal gesehen haben? Die Nachbarn meinten, Sie wären länger nicht in der Wohnung gewesen."

„Die müssens ja wissen. Haben ja nix zu tun, als die ganze Zeit rumzuspionieren. Ich war letzte Woche da, um was zu holen, da war Manuela aber in der Uni. War ja so ein fleißiges Streberlein. Oh Entschuldigung, sowas sollte ich wohl nicht sagen, jetzt, wo sie tot ist."

„Sie verstanden sich also nicht besonders gut?"

„Doch, eigentlich schon. Nur dass sie dauernd in die Uni rannte, war nicht mein Ding. Aber jedem das Seine."

„Ich dachte, Sie studieren auch Kunst?"

„Irgendwas muss man ja machen, damit einem die Eltern die Bude bezahlen. Ab und zu geh ich sogar mal hin. Aber bald zieh ich ganz hierher. Dann isses egal."

„Wie kam's denn, dass Sie sich mit Frau Wagner die Wohnung teilten?"

„Naja, wir waren beide zum Besichtigungstermin da. Eigentlich war die Bude für uns zu teuer, da haben wir spontan überlegt, sie zusammen zu mieten. War ja groß genug."

„Und das war wann?"

„So vor 'nem halben Jahr, als das Semester anfing."

„Kannten Sie denn Freunde oder Bekannte von Frau Wagner? Hatte sie eine Beziehung?"

„Die? Nee, die war sich viel zu fein für jeden. Außer für ihren Professor, der durfte sie malen. Danach ist sie völlig abgehoben."

„Abgehoben?"

„Naja, sie hielt sich halt für was Besseres, rümpfte immer die Nase über meine Klamotten, dabei kam sie selbst vom Dorf. Sie hätten mal sehen sollen, in was die am Anfang rumlief. Aber am Ende hatte sie lauter tolle Klamotten. Nicht mein Stil, aber teuer."

„Ach und woher hatte sie die?"

„Keine Ahnung, vielleicht hat sie so viel Geld bekommen dafür, dass der alte Knacker sie malen durfte. Vielleicht is sie auch mit ihm in die Kiste. Gesagt hat sie nichts."

„Haben Sie ihn mal gesehen? Ich meine, bei Ihnen zu Hause?"

„Nee, glaub nicht, dass der da mal war. Der hat die ja immer bei sich gemalt. Aber Manuela hat daraus ein Riesengeheimnis gemacht. Hat immer nur vielsagend gelächelt und gemeint, vielleicht würde sie bald nicht mehr studieren, sie bräuchte das ja nicht mehr. Aber ich hab sie ja nur noch alle paar Wochen gesehen."

„Wer könnte uns denn noch etwas über sie erzählen?"

„Weiß ich echt nich. Aber sie hatte keine richtige Freundin oder so. Eigentlich hat sie von niemandem erzählt. Wir haben auch gar nicht viel gesprochen, nur über so alltägliche Sachen, wer sauber macht oder was in der Uni los war. Manchmal hat sie mir ihre Mitschriften gegeben."

„Okay, vielen Dank schon mal. Seltsam, dass niemand näheren Kontakt zu ihr hatte. Es kann sein, dass ich Sie nochmal was fragen muss. Ich nehme an, ich finde Sie dann hier."

„Ja, ich häng meistens hier rum. Da muss ich jetzt echt mal nach der Wohnung sehen und mein Zeugs da raus holen. Gekündigt hab ich sie eh schon. Äh, kann ich da jetzt rein oder so? Im Fernsehen sieht man ja immer, dass so Wohnungen versiegelt werden oder wie das heißt."

„Keine Angst, die Spurensicherung war schon drinnen und hat sie wieder freigegeben. Ich befürchte allerdings, dass sie auch Ihre Sachen durchsucht haben. Es konnte ja zunächst keiner genau sagen, was zum Eigentum von Frau Wagner und was zu Ihrem gehörte."

„Ach, das macht nix, hab sowieso nix Wichtiges mehr da. Was ist denn mit Manuelas Sachen?"

„Die Eltern waren gestern hier und haben sie identifiziert. Soviel ich weiß, wollen sie in ein paar Tagen nochmal wiederkommen und die Sachen ihrer Tochter abholen. Apropos, eine wichtige Frage hätte ich noch. Wir haben keinen PC und keinen Laptop in der Wohnung gefunden. Hatte Frau Wagner keinen?"

„Doch klar, einen Laptop. Der war nicht da? Er lag immer auf ihrem Schreibtisch. Mitgenommen hat sie ihn eigentlich nur selten."

„Okay, das hilft uns weiter."

„Meinen Sie, äh, dass der Mörder in unserer Wohnung war?", fragte das Mädchen mit weit aufgerissenen Augen. Endlich schien ihr klar geworden zu sein, dass ihre Mitbewohnerin nicht einfach weg, sondern tatsächlich ermordet worden war.

„Leider wissen wir noch sehr wenig. Wir haben zumindest nichts gefunden, das auf die Anwesenheit des Mörders hindeutet."

„Allein geh ich da auf jeden Fall nicht hin."

„Das wäre vielleicht besser, denn die Schlüssel von Frau Wagner konnten bis jetzt nicht aufgefunden werden. Wissen Sie zufällig, wie sie aussehen?"

„Klar, es war ein Anhänger dran, in Form einer Kuh. Vom Dorf halt, sag ich ja. Sie hing unheimlich an ihm. Das war son handgearbeitetes Ding, sah eher aus wie ein Steinbock so mit langen gedrehten Hörnern."

„Gut, dann danke ich Ihnen erst mal. Wiedersehen. Ich finde allein raus."

Erleichtert atmete sie auf, als sie das schmutzige Treppenhaus hinter sich gelassen hatte und vor dem Haus stand. Wenn das Gespräch auch zu keinen bahnbrechenden Ergebnissen geführt hatte, so wussten sie nun zumindest, dass das Opfer in der letzten Zeit vor ihrem Tod über ungewöhnlich viel Geld verfügt hatte. Und ebenso, dass sie noch mehr erwartete. Und es gab einen Laptop, nach dem sie nun suchen konnten. Und einen Kuhanhänger!

Schwierig blieb hingegen, die letzten Stunden beziehungsweise Tage vor ihrem Tod zu rekonstruieren. Wieso hatte ein so junges attraktives Mädchen so wenig soziale Kontakte? War sie einfach schüchtern? Oder hatte sie etwas zu verbergen? Zum Beispiel eine Liebschaft mit einem reichen Mann, einem Privatdozenten vielleicht? Der Gedanke missfiel Jenny zwar, aber das bedeutete nicht, dass er nicht der Wahrheit entsprechen konnte. Herr Gascon war ihr ausgesprochen sympathisch, aber sie hatte schon mehrmals die Erfahrung machen müssen, dass sich Unmoral und Gewalttätigkeit hinter harmlosen Fassaden verstecken und selbst erfahrene Polizeibeamte täuschen konnten.

Mit einem Blick auf die Uhr entschied sie sich, zurück ins Präsidium zu fahren. Sie war gespannt, was Logo und Sascha zwischenzeitlich herausgefunden hatten. Wenn die beiden nicht schon nach Hause gefahren waren, schließlich war es schon nach achtzehn Uhr.

Auf dem Weg holte sie sich am Bahnhof etwas zu essen. In der Dienststelle angekommen traf sie auf Logo, der ebenfalls gerade die Tür hereinkam.

„Na, wie war's bei deinem Professor?" grinste er.

„Witzig! Das ist nicht mein Professor und außerdem ist er Privatdozent, das ist was ganz anderes."

„Na egal, hast du noch etwas aus ihm rausbekommen?"

„Nee, der weiß wirklich nichts, glaub ich. Gibt's denn etwas Neues zu dem Jungen?"

„Ja, wir haben ihn identifiziert. Seine Fingerabdrücke sind in der Kartei. Ganz schönes Früchtchen. Wurde schon wegen Autodiebstahls verhaftet, als er grade mal sechzehn war."

„Dann besteht bestimmt kein Zusammenhang zwischen den beiden Leichen, das passt ja gar nicht. Hat er Angehörige?"

„Ist im Heim großgeworden. Hat zwar zeitweise bei Pflegeeltern gelebt, kam aber nicht zurecht mit ihnen. Seit einem Jahr hat er eine Lehre als KFZ Mechatroniker, wie das heute heißt, angefangen und in so einer Art Wohnheim gelebt. Ich fahr da gleich vorbei, willst du mit? Die Spurensicherung ist schon durch."

„Nee, mach das mal alleine. Ich hab noch so viel zu schreiben. Ist denn irgendwas von der Wasserschutz reingekommen?"

„Die haben nur kurz Bescheid gesagt, dass sie alle Boote, die am Sonntagmorgen die Alte Brücke passiert haben, kontaktiert haben. Keiner hat was gesehen. Sie wollen aber nochmal an Bord gehen, wenn die wieder hier liegen oder vorbeifahren und denen noch etwas genauer auf den Zahn fühlen. Vielleicht will der eine oder andere nur keine Schwierigkeiten haben und hält deswegen dicht."

„Tja", seufzte Jenny „immer das Gleiche. Jeder hat Angst, irgendwo reingezogen zu werden. Wo ist denn Sascha?"

„Den hab ich in die Gerichtsmedizin geschickt, wird Zeit, dass er sich mal eine Obduktion anschaut. Um sechzehn Uhr wollten die anfangen. Der is ja frisch, da wird's nicht so schlimm."

Jenny guckte zweifelnd. „Schön ist sowas nie. Allerdings geht's mir furchtbar auf die Nerven, wenn sie in den Kriminalromanen immer alle umfallen. Als wären wir alle Weicheier."

„Ich hab schon die eine oder andere grüne Nase gesehen", grinste Logo hämisch. „Unter anderem munkelt man, unser Chef hätte sich bei seiner ersten Leiche gar nicht gut gehalten."

„Das hätte ich sehen wollen. Wann kommt der überhaupt zurück? Nächste Woche, oder?"

„Nee, erst übernächsten Montag. Der liegt noch schön am Strand. Naja, nervt er uns auch nicht."

„Wär aber gut, wenn wir ihm Ergebnisse vorzeigen könnten, wenn er zurückkommt. Ich wunder mich schon, dass noch keiner von der Staatsanwaltschaft hier war."

„Die lassen sich noch früh genug blicken. Leider können wir noch nicht mal aussagekräftige Spuren präsentieren, geschweige denn Hinweise auf einen Täter. Immerhin hatte der Junge, Kai Kiesewetter heißt er übrigens, bestimmt ein paar Feinde. Aber seit wann machen sich Kleinganoven solche Mühe, wenn sie jemanden umbringen wollen?"

„Du hast Recht, das passt überhaupt nicht zusammen. Warten wir, was die Spurensicherung sagt. Ich fahr mal los und schau mir an, wo der Knabe gewohnt hat und morgen früh fahr ich in der Werkstatt vorbei und befrag seine Kollegen. Jetzt ist da sicher keiner mehr."

Tag 4, Mittwoch

Am nächsten Morgen traf sich Jenny mit ihren Kollegen gegen halb zehn im Präsidium zur Lagebesprechung.
„Wissen wir schon Näheres über den Jungen?" fragte Jenny. „Wer hat ihn zuletzt gesehen?"
„In der Werkstatt hab ich nicht viel erreichen können. Der Chef war nicht da und der Auszubildende in der Berufsschule. Was er am Wochenende getrieben hat, lässt sich nur schwer nachvollziehen. Sein Freundeskreis ist nicht gerade bekannt für Auskunftsfreudigkeit der Polizei gegenüber. Samstagabends schien er sich oft im Cocoon herumzutreiben, zumindest wenn er genug Geld hatte. Ich glaube nicht, dass es viel Sinn hat, da nach ihm zu fragen. Das Ding fasst über tausend Leute und stockdunkel es ist auch noch."
„Aber Fragen schadet nichts. Sascha, fahr mit einem Foto hin und frag zumindest mal die Mitarbeiter. Gerade die Türsteher haben oft einen guten Blick. Ist der Bericht der Spurensicherung schon da?"
„Ja, Frau Kommissarin, hier. Ist tatsächlich durch Erhängen gestorben aber vorher war er schon betäubt. Man hat Beruhigungsmittel in seinem Blut gefunden, etwas Ähnliches wie Valium. Ansonsten hatte er gar keine Spuren an sich, nur ein paar alltägliche Fasern. Der Mörder muss sehr vorsichtig gewesen sein, genau wie bei der anderen Leiche. Das Seil, an dem er hing, bekommt man auch in jedem Baumarkt."

„Hm, hilft uns nicht weiter. Konnte der Prof herausfinden, wann und was er zuletzt gegessen hat?"

„Ja, hier. Innerhalb von zwei Stunden vor seinem Tod und zwar richtig fein. Man hat Reste von Hummer in seinem Magen gefunden."

„Hummer? Konnte er sich doch gar nicht leisten. Oder er hatte gerade ein gutes Geschäft gemacht", meinte Logo.

„Oder jemand hat ihn eingeladen, der Mörder zum Beispiel. Das wär eine Möglichkeit. Man müsste doch heraus finden können, wo man Hummer serviert bekommt. Sascha, kannst du das übernehmen?"

„Ja sicher, Frau Kommissarin, ich kümmere mich gleich drum."

„Ach nee, du solltest ja ins Cocoon fahren, lass Logo das machen."

„Sein Handy haben wir übrigens nirgends gefunden", rief Logo dazwischen, „und in seiner Bude, Wohnung kann man das nicht nennen, war auch kein PC."

„Also ich weiß nicht, beide Leiche und Tatorte weisen keine Spuren auf. Bei beiden wissen wir nicht, wie die Leichen an die ungewöhnlichen Orte gekommen sind. Bei beiden fehlen Handy und Computer. Irgendwie sind das doch ziemlich viele Ähnlichkeiten."

„Die Opfer kamen aber aus völlig unterschiedlichen Milieus, die erste war nackt, der zweite war angezogen. Ich finde nicht, dass da sehr viel übereinstimmt."

„War auch nur ne Idee. Du hast recht. Gut, Sascha fährt ins Cocoon, du suchst nach Hummer! Macht dir bestimmt Spaß, oder? Ich glaub, ich fahr bei den Kollegen von der Wasserschutz vorbei. Wir können die die ganze Arbeit doch nicht alleine machen lassen."

„Du hoffst ja nur, dass sie mit dir Boot fahren."

„Klar, du hast mich durchschaut. Vielleicht hab ich ja Glück."

„Ich drück die Daumen und bin dann mal weg."

„Tschau Logo."

Jenny stopfte ihr Notizbuch in die Hosentasche und griff nach ihrer Jacke. Das Wetter war viel besser geworden, aber am und auf dem Wasser ging ein kühler Wind. Im Berufsverkehr quälte sie sich über den Alleenring Richtung Frankfurter Osten. Es dauerte fast eine halbe Stunde, bis sie in die Einfahrt der Station der Wasserschutzpolizei im Osthafen einbog. Als sie gerade klingeln wollte, sah sie durch die Glastür den Kollegen Oliver Bergen auf sie zu kommen.

„Jenny, hi, was machst du denn hier? Beinahe hättest du uns verpasst. Bist du wegen der Sache an der Alten Brücke da?"

„Ja, ich wollte mich nochmal erkundigen, ob sich noch jemand von den Schiffsbesatzungen gemeldet hat. Es kann doch nicht sein, dass niemand was gesehen hat."

„Also gemeldet hat sich niemand. Etwa zwanzig Berufsschiffe sind heute Morgen durchgekommen. Wir können sie natürlich nach und nach alle befragen, vielleicht rücken die nur nicht von selbst mit der Sprache raus. Manchen von denen wollen mit der Polizei nichts zu tun haben und eine ganze Menge versteht kaum Deutsch."

„Verstehe, das verkompliziert die Sache. Mir ist immer noch nicht klar, wie ihn jemand überhaupt da oben hingekriegt hat."

„Wir wollten eh gerade Streife fahren. Und du fährst doch gerne Boot, oder?"

„Au ja, weißt du doch!"

„Na, dann komm. Jan haben wir irgendwo eine Leiter? Wir könnten mal ausprobieren, ob das hinhaut, wenn man drauf klettert."

„Unten in der Schiffshalle ist ne Trittleiter, die packen wir ein."

Gemeinsam kletterten sie über die Kaimauer und auf die nagelneue Hessen 6. „Tolles Boot!"

„Ja, ganz schön Power. Reichst du die Leiter runter?"

„Augenblick."

„Nimmst du sie ab, Jenny? Dann mache ich schon mal den Motor an."

Oliver verschwand im Führerhaus und kurz darauf sprangen die Dreihundert-PS-Motoren brummend an. Jan reichte ihr die Leiter und machte das Boot vom Ufer los, bevor er hineinkletterte.

„Geh ruhig zu Oliver ins Führerhaus, da siehst du am meisten."

Jenny nickte und ging nach vorne. Langsam steuerte er das Polizeiboot aus dem Hafenbecken.

„Da rechts liegt das Feuerwehrboot."

„Schon toll, sieht vom Wasser ganz anders aus. Müssen wir eigentlich durch eine Schleuse?"

„Nein, in Richtung Innenstadt nicht. In die andere liegt die Schleuse Offenbach. Hier können wir etwas schneller fahren."

Er schob die Hebel vor und das schwere Boot nahm Fahrt auf. Bald hatten sie die Hafenanlage verlassen und fuhren in den Stadtbereich. Links und rechts erstreckte sich das Tiefkai, das voller spazierender Menschen und Radfahrer war. Andere saßen in der Morgensonne und genossen den ersten Kaffee im Freien.

„Im Sommer ist hier bestimmt die Hölle los."

„Allerdings, da siehst du kaum den Boden vor lauter Menschen. Die liegen dicht an dicht auf der Wiese."

„Bietet sich ja an, wenn man hier in der Stadt wohnt."

„Wird auch immer attraktiver. An jedem Eck gibt es mittlerweile Gastronomie. Da vorne liegt sogar ein Dönerboot."

„Unglaublich. Verkauft der an die Schiffe, oder wie?"

„Jo, da kannste von Bord aus Döner kaufen, die Schiffsleute freuen sich. Die können ja nicht mal eben irgendwo anlegen und zum Schnellimbiss laufen."

„Ich hab mich immer schon gefragt, wie die so leben."

„Wie in normalen Wohnungen, kaufen ein, wenn sie länger irgendwo anlegen. Es gibt aber auch kleine Boote, bei denen man sich versorgen kann, sogar ein Tankboot gibt's. Und manche Schleusenwärter verkaufen auch Lebensmittel, einer hier in der Gegend hält sogar Hühner an der Schleuse und verkauft die Eier an die Schiffsleute."

„Jetzt veräppelst du mich!"

„Nee", grinste Oliver, „guck, da vorne kommt schon die Alte Brücke. Wir müssen von dieser Seite aus unter dem rechten Brückenbogen durchfahren. Von da aus sieht man nichts von der Stelle, wo die Leiche hing. Also fahren wir durch, drehen ein Stück weiter unten und fahren auf der anderen Seite wieder zurück. Dann kannst du dir selbst ein Bild machen, was jemand gesehen haben könnte."

Jenny nickte und blickte hinaus. Sie liebte es, auf dem Wasser zu sein, ob auf dem Meer oder hier auf dem Main. Ob sie zu alt war, um noch bei der Wasserschutzpolizei aufgenommen zu werden? Sie grinste und schüttelte über sich selbst den Kopf.

„Was ist?"

„Ach nichts."

„Jetzt fahren wir gegen den Strom auf die Brücke zu. Da rechts ist die Stelle, wo die Leiche hing. Schwer zu sagen, wie gut die aus einem Führerhaus zu sehen war. Ich leg das Boot hier am Brückenpfeiler an, Jan kannst du übernehmen?"

„Klar."

Oliver ging mit Jenny nach draußen und schnappte sich die Trittleiter.

„Hier drüben sind wir ziemlich genau unter der Stelle."

Er stieg hinauf und streckte die Arme aus. „Hm, also so komm ich nicht oben dran, geschweige denn, dass ich das Seil irgendwo festbinden und die Leiche hochziehen könnte."

„Vielleicht hat er es drüber geworfen?"

„Das dürfte die einzige Möglichkeit sein. Seil drüber, Kopf durch die Schlinge und den Körper hochziehen. War er eigentlich schon vorher tot?"

„Nein, aber betäubt. Gewehrt hat er sich also nicht."

„Dann könnte das geklappt haben. Ich versuch das mal mit dem Seil." Oliver kletterte von der Leiter und suchte sich ein Stück Tau. „Das dürfte die richtige Dicke haben. Mal sehen."

Mit Schwung warf er das Ende nach oben, verfehlte aber die Strebe. „Gar nicht so einfach. Aber auf jeden Fall machbar. Wahrscheinlich mit einem Gewicht am Ende des Seils, damit er es besser werfen konnte."

„Meinst du, das konnte jemand alleine machen? Ich meine, immerhin musste jemand das Boot steuern."

„Nicht unbedingt. Wenn er ein kleineres Boot hatte, kann er es hier an den Ringen festgemacht haben, wo er auch das Seil verknotet hat. Die Brückenpfeiler werden vom Wasser aus inspiziert. Dafür sind die Ringe angebracht."

„Okay, und von der Kraft her? Immerhin musste er die Leiche hochziehen. Allerdings war an dem Jungen nicht viel dran."

„Das dürfte kein Problem gewesen sein, hätte sogar eine Frau schaffen können. Der Knoten, mit dem das Seil hier unten befestigt worden ist, ist übrigens ein Seemannsknoten. Ein Pahlstek. Der ist gängig."

„Das hilft mir schon viel weiter, danke. Warum macht sich bloß jemand so ne Mühe und noch dazu für einen Kleinganoven."

„Vielleicht hat er jemandem ins Handwerk gepfuscht?"

„Dann hätten sie ihn einfach umgebracht. Aber extra nachts hier rauszufahren und den Aufwand zu betreiben, ihn hier aufzuknüpfen, das kann ich mir nicht vorstellen."

„Hast Recht. So, ich bring dich zurück zu deinem Wagen, okay? Wir müssen dann auch weiter nach Höchst, da sind sie wieder illegal am Angeln."

Eine halbe Stunde später saß Jenny wieder wohlbehalten in ihrem Auto und überlegte, was sie als Nächstes tun sollte.

Irgendwie musste der Mörder an ein Boot gekommen sein. Ob er selbst eins besaß? Mist, sie hätte die Kollegen von der Wasserschutz fragen sollen, ob sie von einem gestohlenen Boot gehört hatten. Jenny wusste nur, dass es etliche Bootsvereine entlang des Mains gab. Ob man da irgendwie nachvollziehen konnte, wer wann mit seinem Boot rausgefahren war? Zumindest wenn einer nachts oder am frühen Morgen unterwegs war, könnte das jemand mitbekommen haben.

Sie griff zu ihrem Handy und wählte Saschas Nummer. „Hi Sascha, ich bins, wo bist du gerade?"

„Ich bin noch hier im Cocoon Club, Frau Kommissarin. Ich warte auf einige Mitarbeiter, die bald eintreffen sollen. Bis jetzt hab ich noch nicht viel erfahren."

„Wenn du fertig bist, kümmere dich doch mal um die Bootsvereine hier in der Gegend. Mach eine Liste und fahr alle ab. Wir müssen wissen, ob jemand in der Nacht mit dem Boot rausgefahren ist oder ob eins gestohlen wurde."

„Ja, mach ich, Frau Kommissarin."

So, jetzt würde sie sich erst mal ein spätes Frühstück im Palmcafe genehmigen.

Bei Milchcafe und Schinkenbrötchen klingelte ihr Handy und die Anrufkennung zeigte die Nummer ihres Kollegen Logo.

„Hi, Logo", meldete sie sich kauend. „Was gibt's?"

„Hi, ich bin gerade nochmal in der Werkstatt. Viel haben die mir nicht erzählt. Wie zu erwarten war, war unser Junge nicht der zuverlässigste Mitarbeiter und der Chef hat schon drüber nachgedacht, sich von ihm zu trennen. Am Freitag hat er ganz normal bis fünfzehn Uhr gearbeitet, am Montag ist er nicht mehr erschienen. Die Kollegen beschreiben ihn als Angeber, der dauernd erzählt hat, er käme bald ans große Geld. Außerdem hat er versucht, ihnen irgendwelche Sachen anzudrehen. Aber warum ich anrufe, er wurde manchmal von einem Kumpel besucht, der Ricky heißt und diese Woche auf der Dippemess jobbt. Bist doch gerade in der Nähe, oder?"

„Ich bin mittlerweile in Sachsenhausen und gönne mir ein spätes Frühstück aber egal, über den Kaiserleikreisel bin ich ruck zuck an der Dippemess. Wie find ich den? Da ist doch noch alles zu, oder?"

„Heut ist Familientag, die machen schon um zwölf Uhr auf. Und lach nicht, er arbeitet in der Geisterbahn, die sollte ja zu finden sein."

„Nee, oder? Wenn einer das in 'nem Krimi schreibt, denkt jeder, wie unrealistisch. Okay, bis später auf der Dienststelle."

„Tschau, ich bin dann weiter Hummer suchen."

Sie trank in Ruhe ihren Kaffee aus und machte sich auf den Weg zu einem der größten Frankfurter Volksfeste, der Dippemess. Vom ursprünglichen Dippe- also Geschirrmarkt war schon lange nicht mehr viel übrig. Der Großteil des Festes bestand aus Fahrgeschäften und Fressbuden. Jenny war längere Zeit nicht mehr dort gewesen und es zog sie auch nicht hin. Sie war mehr der Wädchestagtyp, ein eher traditionelles Fest, das im Wald stattfand und bei dem im Schatten der Bäume viele Livebands spielten.

Um diese Zeit waren in der Nähe des Festes noch etliche Parkplätze zu finden, abends ein Ding der Unmöglichkeit. Sie parkte am Ostpark und lief gemächlich über die Straße zum Festplatz. Die Geisterbahn stand wie immer in der Mitte des Geländes und war schon in Betrieb. Vor ihr hatte sich eine Schlange kichernder Kinder gebildet und die Figuren auf dem Dach bewegten sich steif.

Jenny bahnte sich einen Weg zur Kasse und zückte ihren Ausweis. „Entschuldigen Sie bitte, bei Ihnen soll ein Ricky arbeiten, den müsste ich sprechen."

„Das is unsere neue Aushilfe, der müsste hinten sein. Gehen Sie einfach um die Bahn rum und klopfen sie an die Tür."

„Danke."

Klopfen brauchte Jenny nicht, denn vor besagter Tür saß ein pickliger Junge und schrubbte ausgebaute Sitzbänke.

„Hallo, sind Sie Ricky?"

Erschrocken sprang er auf.

„Äh, was, wer sind Sie?"

Der Junge sah aus, als wolle er gleich davon stürzen. Bereit, ihn festzuhalten, zückte Jenny ihre Marke und stellte sich vor.

„Becker, Kripo Frankfurt. Ich habe ein paar Fragen Ihren Freund Kai Kiesewetter betreffend."

„Kai? Was ist mit ihm?"

„Es tut mir leid, Ihnen mitteilen zu müssen, dass er tot ist?"

„Tot? Mann, das gibt's doch nicht. Also ich meine, ich hab ihn doch gerade..."

„Gesehen? Na, wann denn?"

„Also, ja, gesehen hab ich ihn Samstagabend, aber Montag hab ich mit ihm telefoniert."

„Ah, er war nicht bei der Arbeit am Montag?"

„Genau, ich hab da vorbeigeschaut und er war nich da. Da hab ich ihn angerufen."

„Und worüber haben Sie gesprochen? Hat er Ihnen gesagt, warum er nicht zur Arbeit gegangen ist?"

„Ach naja, der is öfter nicht zur Arbeit. Hat gesagt, er hätte keinen Bock gehabt und überhaupt würde er bald gar nicht mehr hingehen."

„Hatte er denn eine andere Stelle?"

„Nee, er meinte, er bräuchte gar keinen Job mehr. Aber das war nix Neues, er hat immer sowas erzählt von wegen, dass er bald ans große Geld käme und sowas."

„Und Sie meinen, da war nichts dran?"

„Ach Quatsch, der hatte nie Geld. Hat ab und zu mal was gek ... äh."

Jenny grinste. „Keine Angst, wir wissen, dass Herr Kiesewetter gestohlen hat, darum geht es uns nicht, wir wollen nur seinen Mörder finden."

„Mord? Mensch, ermordet hat ihn jemand? Wer macht denn sowas?"

„Tja, das versuchen wir rauszufinden. Hat er Ihnen am Montag irgendetwas erzählt, was er an dem Tag noch vorhatte?"

„Nur dass er keine Zeit hätte. Und immer wieder, dass er bald Geld habe."

„Kennen Sie noch andere Freunde oder Bekannte von ihm? Hatte er eine Freundin?"

„Andere Bekannte? Nee irgendwie nich und ne Freundin? Was Festes sicher nich."

„Herr Kiesewetter hatte sehr teures Essen im Magen, als er gefunden wurde. Können Sie sich vorstellen, wieso?"

„Teures Essen? Nee, ganz bestimmt nicht. Normalerweise hat der nur Hamburger und son Zeugs gegessen."

„Gut, hier, ich geb Ihnen meine Visitenkarte. Falls Ihnen noch etwas einfällt, rufen Sie mich bitte an."

Jenny notierte sich seine Adresse und Telefonnummer und schlenderte über das Fest zu ihrem Auto zurück. Eine halbe Stunde später traf sie wieder auf der Dienststelle ein, wo Sascha schon am PC saß und eifrig schrieb. Bei ihrem Eintreten sprang er höflich auf.

„Bleib doch sitzen. Ich bin nicht die Queen."

Sie hätte sich am liebsten auf die Zunge gebissen, als sie Sascha erröten sah.

„Is nicht bös gemeint, aber wir sind ein Team. Du kannst mich auch wirklich duzen, ich würde mich echt freuen."

Jetzt war ihr junger Kollege hochrot im Gesicht.

„Ich will's versuchen, Frau K…, äh, Jennifer."

„Siehste, geht doch. Und tut gar nicht weh, oder? Wie war's denn im Cocoon? Soll n schicker Laden sein."

„Naja, tagsüber sieht's nich so toll aus, aber nachts bestimmt. Ich musste warten, bis die Leute auftauchten, die gestern Abend gearbeitet haben, aber sie waren recht kooperativ. Also von denen, die drinnen arbeiten, konnte sich keiner an ihn erinnern. Die Türsteher haben ihn auf dem Foto erkannt, aber auch nur, weil sie ihn nicht rein lassen wollten. Er passte nicht so richtig zum Niveau ihrer übrigen Gäste meinten sie."

„Kann ich mir vorstellen. Hab mich auch schon gewundert, dass er da verkehrt haben soll."

„Ich glaub auch, das hat er nur erzählt, um sich wichtig zu machen. Aber Samstag hat er wirklich versucht, reinzukommen und sich ziemlich aufgeregt, als sie ihn nicht rein gelassen haben. Er soll die Türsteher sogar bedroht haben, so auf die Art, sie würden schon sehen. Er käme bald wieder und dann wären sie froh, wenn er reinkäme. Die haben ihn natürlich nur ausgelacht."

„Kann ich mir vorstellen. Okay, also Samstag war er im oder vielmehr vor dem Cocoon, Montagmorgen hat er mit seinem Kumpel telefoniert und ihm erzählt, er hätte keine Zeit und käme bald zu Geld. Aber wie? Hat er ein größeres Ding geplant? In seiner Wohnung waren keine Hinweise auf irgendwas. Und wo und mit wem hat er Hummer gegessen am Abend?"

„Vielleicht findet Herr Stein was über den Hummer raus."

„Hoffentlich. Und wo wir schon dabei sind, ich glaube er würde sich freuen, wenn du ihn Logo nennst."

„Wieso eigentlich Logo?"

„Ach, das ist so lange her, dass er den Spitznamen hat, das weiß heut keiner mehr so genau. Ich glaub, er hatte mal die Angewohnheit auf jede Frage mit Logo zu antworten. Und seinen richtigen Namen hat mittlerweile jeder vergessen."

„Apropos vergessen, da war ein Anruf für Sie, ich meine dich. Dieser Herr Gascon wollte dich sprechen."

„Oh, wirklich? Hat er gesagt was er wollte?"

„Nein, er meinte, es wäre privat. Er wäre heut nicht mehr zu erreichen, aber es würde nicht eilen und er würde sich dann morgen nochmal melden."

„Na, da bin ich ja gespannt. Gibt's was Neues von dem Mädel im Brunnen?"

„Leider nein. Die Kollegen befragen immer noch alle möglichen Leute aus ihrem Umfeld, aber bisher konnten sie nicht herausfinden, wo oder mit wem sie den Samstag verbracht hat. Es sind auch keine weiteren Spuren gefunden worden."

„Was hatte sie denn eigentlich im Magen? Hab ich ganz überlesen glaub ich."

„Moment, ich schau mal nach. Ah, hier, man konnte es wohl nicht mehr genau feststellen, weil sie etliche Stunden vorher gegessen hatte. Der Prof meint, es müsste Fisch gewesen sein und Weißwein."

„Hm, kommt mir nicht gerade wie das typische Essen einer jungen Studentin vor. Ob sie irgendwo eingeladen war? Verdammt, wo sollen wir da nur ansetzen? Wir können doch nicht mit ihrem Foto in jeder Frankfurter Kneipe rumlaufen. Kam da eigentlich was in der Zeitung mittlerweile?"

„Nur ne kurze Meldung, dass im Stadtwald ne Leiche gefunden wurde. Über den Jungen stand heute natürlich mehr drin. Da sind schon Reporter aufgetaucht, als die Spurensicherung noch da war."

Jenny seufzte. „Manchmal ist die Presse ja nützlich. Vielleicht meldet sich jemand, der etwas beisteuern kann. Ich hoffe nur, dass sie die Geschichte nicht aufbauschen."

In diesem Moment kam Logo herein. Jenny sah sofort an seinem Gesicht, dass er etwas herausgefunden hatte.

„Bingo! Rate mal, wo er den Hummer gegessen hat."

„Komm schon, mach's nicht so spannend!"

„Im Goucho, das ist ein kleines, exklusives Steakhaus auf der Fressgaß. Steak und Hummer, fast vierzig Euro, dazu noch Vor- und Nachspeise, Wein und Cognac hinterher."

„Das Schickimicki Steakhaus. Ich kann mir das nicht leisten. Der war doch bestimmt nicht alleine da?"

„Nee, jetzt kommt's, mit einem ausgesprochen gut gekleideten distinguierten Mann in den Vierzigern. Leider ist das Lokal stockdunkel und sie haben sich an einen Zweiertisch in die hinterste Ecke gesetzt, der Ältere mit dem Rücken zum Gastraum. Es gibt praktisch keine Personenbeschreibung. So, hat unser Kleiner also einen Big Daddy gefunden. Fragt sich nur, ob er mit dem Geschäfte gemacht hat oder ob da andere Interessen bestanden."

„Du meinst sexuelle?"

„Kann doch sein. Steht was im Bericht vom Prof? Auf jeden Fall müssen wir seinen Kumpel nochmal danach fragen, ob Kiesewetter jemals homosexuelle Neigungen gezeigt hat oder sogar auf den Strich gegangen ist. Angehört hat sich's nicht so, aber wer weiß?"

Jenny gähnte und sortierte die Akten auf ihrem Schreibtisch. „Sascha, du wohnst doch in Bergen Enkheim, fahr doch auf dem Heimweg kurz auf der Dippemess vorbei und frag Ricky, ob er schon mal irgendwas davon mitbekommen hat, dass Kiesewetter schwule Neigungen hatte. Kannst du das machen?"

„Sicher, ist okay, muss aber bald los. Ich will nämlich heut Abend ins Kino."

„Ja klar. Was läuft denn?"

„Wir wollen uns Avatar angucken. Der soll ja nur im Kino mit 3D richtig gut rüberkommen."

„Na denn viel Spaß, wir sehn uns morgen früh."

„Tschüss, Herr Stein, äh, Logo, wenn's recht ist."

„Aber klar, tschau, viel Spaß!"

„Na siehste", grinste Jenny, als die Tür hinter Sascha ins Schloss fiel. „Kaum hat er ein bisschen Verantwortung, geht er aus sich heraus und wird lockerer. Morgen krieg ich raus, ob er ne Freundin hat!"

„Frauen!"

Gerade als Jenny ihre Tasche packen wollte, wurde die Tür mit Schwung wieder aufgerissen.

„Guten Abend, werte Kollegen."

„Na, da schau an, der Herr Staatsanwalt, nabend."

„Fein, dass ich Sie beide noch antreffe. Vielleicht könnten Sie mich kurz auf den aktuellen Stand bringen über die Mordfälle Brünnchen und Alte Brücke?"

Der junge Staatsanwalt Biederkopf, der erst vor einigen Monaten zu der Frankfurter Staatsanwaltschaft gestoßen war, war dafür bekannt, die Verbrechensfälle nach ihren Tatorten zu bezeichnen. Jenny war sich noch nicht sicher, ob sie ihn mochte. Mit seinem geschniegelten Äußeren war er ihr immer ein bisschen suspekt, andererseits hatte er sich ihnen gegenüber niemals negativ Verhalten und auch dienstlich hatte es bisher keine Probleme gegeben.

Die Kommissare informierten ihn über den Stand der Dinge.

„Mehr haben wir leider noch nicht. Beide Fälle zeichnen sich durch einen eklatanten Mangel an Spuren aus und das soziale Umfeld gibt bislang ungewöhnlich wenig her."

„Sollen wir vielleicht an die Öffentlichkeit gehen?", fragte der Staatsanwalt.

„Im Moment lieber noch nicht. Wir haben zu wenig Konkretes. Da melden sich wieder hunderte, die nur glauben, das Mädchen gesehen zu haben."

„Gut, dann erst mal nicht. Halten Sie mich bitte auf dem Laufenden, die Morde sind ja sehr ungewöhnlich."

„Machen wir, schönen Abend noch."

„So, jetzt mach ich mich aber endgültig auf den Heimweg. Vielleicht kann ich noch ein bisschen Rasen mähen, es hat ja seit Sonntag nicht mehr geregnet, ein Wunder."

„Ich werd gar nichts mehr machen, außer mich mit meinem Schatz auf die Terrasse setzen und Wein trinken. Naja, vielleicht auch noch was Essen."

„Sonst gar nichts? Na, wenn ich das mal glauben kann, also tschüss denn."

Grinsend machte sich Jenny auf den Heimweg und kaufte unterwegs noch ein paar Zutaten für einen griechischen Salat ein. Beim Rasenmähen ließ sie den Tag noch einmal Revue passieren. Viel war ja nicht bei den Befragungen herausgekommen. Sie sollten unbedingt die Kontaktpersonen der beiden Opfer nochmal vernehmen. Viel zu wenig wussten sie über deren Gewohnheiten. Und was wollte Paul Gascon von ihr? Privat hatte er gesagt, das konnte vieles bedeuten. Wahrscheinlich wollte er sie nur persönlich sprechen, weil sie ihn das letzte Mal vernommen hatte. Privat hörte sich trotzdem nett an. Er war zwar in einen Mordfall, den sie bearbeitete, verstrickt und es wäre gegen jede Dienstvorschrift, privaten Kontakt mit ihm zu haben, aber nett wäre es trotzdem. Sie schüttelte den Kopf über sich selbst und ging hinein, um sich den Salat zum Abendessen zu machen.

„Du bist wirklich schon zu lange Single", warf sie sich selbst vor.

Nach ihrer letzten Beziehung mit einem Kollegen, die damit geendet hatte, dass sie ihn im Umkleideraum seines Sportvereins mit ihrer besten Freundin beim Sex erwischt hatte, war ihr die Lust auf Männer gründlich vergangen. Zum Glück arbeitete er beim Zivilkommando und Begegnungen zwischen ihnen waren selten. Aber immerhin war das schon über ein Jahr her. Es hatte zwar weh getan, aber schließlich waren nicht alle Männer gleich. Der Verlust der Freundin hatte fast mehr geschmerzt. Ihr konnte sie einfach nicht verzeihen.

Dafür hatte er ihr ein unerwartetes Vermächtnis hinterlassen, seine Vogelspinne. Trotz mehrmaliger Aufforderung hatte er sie nicht abgeholt und Jenny wusste nicht, wo sie sie hätte loswerden sollen. Nun, zumindest musste sie ihr die Socken nicht hinterher räumen. In Memoriam an ihre ehemals beste Freundin hatte sie die Spinne Wilma getauft.

So ein Singleleben hatte unbestritten Vorteile, aber ab und zu vermisste sie doch jemanden, der zu Hause auf sie wartete und dem sie ihre Erlebnisse vom Tag erzählen konnte. Wilma war nicht wirklich kommunikativ.

So aß sie am Küchentisch zu Abend und setzte sich dann noch an den PC, um zu spielen, ein Hobby, dass sie aus Zeitgründen sehr eingeschränkt hatte.

Gegen dreiundzwanzig Uhr ging sie zu Bett und schlief schnell ein, wachte aber um sieben Uhr, als ihr Wecker klingelte, wie gerädert auf, weil sie irgendeinen Mist geträumt hatte. Das kannte sie schon. Der Fall ließ sie einfach nicht los.

Tag 5, Donnerstag

Um kurz nach acht traf sie auf der Dienststelle ein, wo Sascha und Logo schon beim ersten Kaffee saßen.

„Oh, oh! Sascha, schenk der Frau Kollegin schnell einen Kaffee ein. Die guckt so missmutig aus der Wäsche."

„Witzig", grummelte Jenny. „Hab so ein Zeug geträumt und dann klingelt mitten in der Nacht der Wecker. Stau war auch schon wieder. Warum fahren die alle wie die Deppen?"

„Vielleicht sind's ja welche. Setzt dich erst mal und trink in Ruhe einen Kaffee, dann sieht die Welt schon ganz anders aus."

„Wer´s glaubt. Sascha, hast du den Geisterbahntypen gefunden?"

„Ja, ganz einfach. Er hatte nie den Eindruck, dass Herr Kiesewetter homosexuell war oder auf den Strich ging. Können wir öfter mal Zeugen auf der Dippemess vernehmen? Die machen da echt leckeren Döner."

„Oh Mann, Sascha, dafür isses jetzt echt zu früh. Was habt ihr zwei Hübschen denn heut vor?"

„Ich mach erst mal Papierkram." Sagte Logo, „Da liegt ein Haufen Zeugs auf meinem Schreibtisch, das ich noch nicht mal angeschaut habe. Und den Bericht von gestern muss ich auch noch schreiben."

„Dann folge ich deinem Beispiel. Bringt ja nichts, es noch länger aufzuschieben", schloss sich Jenny an.

„Ah, Jenny, hier, ich hab deinen Professor mal überprüfen lassen, nur für alle Fälle."

„Den Gascon? Warum?"

„Naja, immerhin stand er mit dem Opfer in näherer Verbindung. Vielleicht war ja doch was zwischen ihnen."

„Hm, es deutet zwar nichts darauf hin, aber ... was steht denn drin?"

„Also geboren isser in Frankreich, hört man ja schon am Namen, aufgewachsen in Saarbrücken. Kunst hat er studiert in Frankfurt und ist dann hier geblieben. Guck mal, er ist achtundvierzig, zwei Jahre älter als du, passt ja."

„Was soll das denn wieder heißen?"

„Nix, ich will dich nurn bisschen aufziehen. Wird Zeit, dass du mal wieder einen Freund hast."

„Ach, und du findest, ein Beteiligter an einem Mordfall wär genau der Richtige?"

„Naja, zwei Fliegen mit einer Klappe. Da kannst du Arbeit und Vergnügen verbinden. Du gehst mit ihm aus und verhörst ihn gleichzeitig."

„Mann, du musst ja heute nen Clown gefrühstückt haben. Sascha, hör auf zu lachen."

„Tschuldigung", prustete er und verteilte dabei Brötchenkrümel auf dem Tisch.

„Ach, ihr nervt. Wir sollten uns mal die anderen Modelle vom Herrn Gascon vornehmen. Vielleicht kannten die Manuela Wagner?"

„Kann ich machen", erbot sich Sascha.

„Gut", seufzte Jenny, „dann fahr ich, wenn ich mit dem Papierkram durch bin, nach Kiedrich auf die Beerdigung. Die ist schon heute, obwohl die Leiche gestern erst freigegeben wurde. Ganz schön fix."

„Ich glaube verstanden zu haben, dass der Onkel des Mädchens eine Schreinerei mit Beerdigungsinstitut hat."

„Ach so."

„Nimmst du einen Fotografen mit?"

„Ich glaub kaum, dass der Mörder nach Kiedrich fährt. Aber ich nehm für alle Fälle meine Digicam mit und mach bei Bedarf selbst ein paar Fotos. Ein Fotograf lohnt nicht."

Sascha trabte ab und Jenny und Logo widmeten sich mit wenig Begeisterung der Schreibarbeit, die mittlerweile einen Großteil ihrer Zeit in Anspruch nahm.

Gegen zehn Uhr klappte Jenny die Ordner zu und packte ihre Tasche.

„Ich mach mich auf den Weg. Wer weiß, wie lange ich für die Strecke brauche bei dem Verkehr Richtung Rheingau Wenn du den Schreibkram fertig hast, versuch bitte ein bisschen mehr über die „Geschäfte" von Herrn Kiesewetter heraus zubekommen. Bis dann."

Jenny holte ihr Auto vom Parkplatz des Polizeipräsidiums und fuhr auf die A 66 Richtung Westen am Taunus entlang in den Rheingau. Noch vor Rüdesheim bog sie rechts ab nach Kiedrich. Die Kirche und der Friedhof waren leicht zu finden. Alles in allem hatte der Ort wohl nicht mehr als zehntausend Einwohner. Kurz vor elf betrat sie die Kirche, die nur mäßig gefüllt war, und setzte sich in die letzte Reihe. In der ersten Reihe saßen zwei ältere Ehepaare. Wohl die Eltern und Onkel und Tante, vermutete Jenny. Die zweite Reihe war frei, was darauf schließen ließ, dass keiner ihrer Verwandten oder näheren Freunde anwesend waren. In den anderen Reihen saßen vereinzelte Männer und Frauen, die neugierig oder unsicher in die Runde schauten. Der Pfarrer, ein älterer Mann mit weißen Haaren, begann mit seiner Rede, die kurz und unpersönlich gehaltenen war. Jenny hatte nicht den Eindruck, dass der Pfarrer das Mädchen gut gekannt hatte.

Das Ganze dauerte nicht länger als eine Viertelstunde und Jenny erhob sich gemeinsam mit den anderen, um den Sarg zum Grab zu begleiten. Jetzt konnte sie sich besser unter den Trauergästen umblicken, die sie zuvor nur von hinten gesehen hatte. Die beiden Paare, die in der ersten Reihe gesessen hatten, reihten sich direkt am Grab auf, während die anderen etwas dahinter Aufstellung nahmen. Nach ein paar kurzen Worten des Pfarrers folgte die obligatorische Zeremonie. Einige warfen Erde ins Grab und zogen dann daran vorbei, um zu kondolieren. Auf keinen Fall wollte Jenny an diesem Trauertag die Eltern belästigen, doch fiel ihr ein junges Mädchen auf, das etwa Manuelas Alter hatte. Sie folgte ihr langsam, als sie den Friedhof verließen, und auf dem Weg zum Auto sprach sie sie leise an.

„Entschuldigen Sie bitte, kann ich Sie einen Moment sprechen?"

Das Mädchen blickte erstaunt auf.

„Um was geht es denn? Ich glaube, ich kenne Sie nicht?"

„Kommissarin Becker aus Frankfurt. Ich würde Ihnen gerne ein paar Fragen zu Manuela Wagner stellen."

„Ja, natürlich. Aber warum ausgerechnet mir?"

„Naja, viele scheinen hier nicht zu sein, die Frau Wagner nahegestanden haben. Tatsächlich sind Sie die einzige in ihrem Alter. Waren Sie mir ihr befreundet?"

„Wir sind zusammen in die Schule gegangen und haben uns auch danach noch ab und zu gesehen. Seit sie nach Frankfurt gezogen ist, aber eigentlich gar nicht mehr."

„Frankfurt ist doch nicht weit weg?"

„Das nicht, aber Manuela hatte sich verändert. Seit sie nach Frankfurt ist, wollte sie mit unserem Dorfleben nichts mehr zu tun haben. Und als sie dann auch noch gemalt wurde, ich weiß, es hört sich böse an, aber ich meins nicht so, also, als sie dann noch Model wurde, wie sie es nannte…tja, das ist ihr irgendwie zu Kopf gestiegen."

„Hm, sowas hab ich mir schon gedacht. Waren Sie denn überhaupt mal in Frankfurt bei ihr?"

„Ja, aber nur einmal. Vor ein paar Monaten. Da hab ich sie in ihrer neuen Wohnung besucht."

„Haben Sie ihre Mitbewohnerin kennengelernt oder sonst jemanden aus dem Bekanntenkreis?"

„Nein, niemanden. Auch sie hat von niemandem gesprochen. Nur, dass sie jetzt als Model arbeitete. Naja, war ja auch ausgesprochen schön."

„Hat sie denn jemals von einem Freund gesprochen? Vielleicht hier, als sie noch in Kiedrich war?"

„Nein, das ist komisch. So schön wie sie war, aber einen Freund hatte sie nie. Als ich da war, hat sie nur von ihrem Professor geschwärmt, der der sie auch gemalt hat"

„Dr. Gascon? Was hat sie von ihm erzählt?"

„Ach, was für ein toller Lehrer er sei und was für ein begabter Maler. So allgemeines Zeugs halt."

„Hm, können Sie mir noch irgendetwas erzählen, das wichtig sein könnte?"

„Keine Ahnung, wie gesagt, wir hatten uns aus den Augen verloren. Wissen Sie, ich bin Kindergärtnerin und lebe nach wie vor hier im Ort. Dazwischen liegen Welten."

Jenny nickte nachdenklich und verabschiedete sich. Kurz stellte sie sich noch den Eltern vor, die sie verständnislos anblickten und, nachdem sie begriffen hatten, dass sie wegen des

Mordes an ihrer Tochter hier war, recht hoffnungslos nach neuen Erkenntnissen fragten.

Eine Einladung zum Leichenschmaus lehnte sie ab und machte sich gegen vierzehn Uhr wieder auf den Weg nach Frankfurt.

Im Präsidium traf sie nur Sascha an.

„Na, Kleiner, wie war's in der Welt der Kunst?"

Er grinste. „Nicht wirklich spannend. Die anderen Mädels, die Herr Gascon gemalt hat, sahen nicht annähernd so gut aus wie Frau Wagner. Sie hatten alle eher, äh, interessante Gesichter."

Nun musste Jenny grinsen. „Soso, interessante Gesichter! Und was erzählen die so?"

„Auch nichts Spannendes. Also Gascon war immer korrekt. Hat sie bei sich zu Hause gemalt und sie dafür bezahlt, allerdings weniger als Frau Wagner. Sonst gibt's nichts zu erzählen. Und auf der Beerdigung?"

„Nichts, nur eine Freundin von früher. Aber die hatte praktisch keinen Kontakt mehr zu Frau Wagner. Frankfurt und Kiedrich sind eben zwei verschiedene Welten, obwohl das gar nicht so weit auseinander ist."

„Die Entfernung spielt heut eh keine Rolle mehr, wo doch alles über Internet und Email geht."

„Stimmt. In ihrem Laptop könnten wir Kontakte und so finden, aber der Täter hat wahrscheinlich alles gelöscht."

„Gelöschte Sachen kann man rekonstruieren. Ich hab da eine Idee! Vielleicht finden wir heraus, über welchen Provider sie ins Internet gegangen ist und kommen so an ihren Email Speicher!"

„Sowas funktioniert?"

„Möglicherweise, ich weiß nicht, inwieweit die kooperieren. Ohne ihre Emailadresse und ihr Passwort wird's schwierig, aber versuchen könnte man es. Ich hab zum Beispiel AOL und speicher alle wichtigen Mails ab."

„Wir können ihre Mitbewohnerin fragen. Und in ihre Unterlagen bei der Uni können wir auch schauen, vielleicht hat sie ihre Email-Adresse angegeben. Dass wir aber auch gar nichts in ihrer Wohnung gefunden haben. Die meisten sind doch heutzutage bei verschiedenen Internetplattformen angemeldet."

„Ja, das muss jemand weggeräumt haben, anders kann ich mir das auch nicht vorstellen."

„Wo ist eigentlich Logo?"

„In die Gerichtsmedizin. Will mal nachhaken, womit der Junge betäubt wurde und wo man das Zeug bekommt."

„Okay, wenn sonst nichts ist, fahr ich jetzt nach Hause. Ich hab heut Nacht Dienst, da brauch ich nochn bisschen Ruhe vorher."

„Dann wünsch ich eine ruhige Nacht, falls wir uns nachher nicht mehr sehen."

Jenny fuhr nach Hause und überlegte, ob sie sich ein paar Stunden hinlegen sollte. Schlafen konnte sie zwar tagsüber meistens nicht, aber ausruhen half auch schon. Das Wetter hatte sich gehalten und mittlerweile zeigte das Thermometer an die achtundzwanzig Grad. Wenn es so weiter ging, würde es in Frankfurt unerträglich werden. Durch seine Lage in einer Senke vor dem Taunus war es hier meist wärmer als in anderen Teilen Deutschlands und dabei extrem schwül. Sie zog sich im Garten einen Liegestuhl unter den einzigen Baum und schnappte sich ein Buch. Wenn ihre Kollegen wüssten, dass sie Vampirbücher las! Aber Jeaniene Frost war und blieb eine ihrer Lieblingsautorinnen. Nach einiger Zeit döste sie doch ein, wurde aber rechtzeitig wach, um sich für den Nachtdienst fertig zu machen.

Zum Glück war nachts wenig los in der Mordkommission. Hauptsächlich erledigten sie liegengebliebenen Schreibkram. Entgegen der landläufigen Meinung passierten auch in einer Großstadt wie Frankfurt nicht dauernd Morde. Tatsächlich waren es etwa dreißig pro Jahr, wovon die meisten dem organisierten Verbrechen zuzuschreiben waren.

Jenny machte sich also auf eine gemütliche Nacht gefasst, als sie sich an ihren Schreibtisch setzte, doch diese Hoffnung wurde bald enttäuscht. Gegen einundzwanzig Uhr klingelte das Telefon.

„Hier Dietrich vom 1. Revier. Wir haben einen Toten und es handelt sich zweifelsfrei um Mord."

Jenny seufzte. „Was? Schon wieder?" rutschte es ihr heraus.

„Äh, ja, offensichtlich. Möchten Sie die Spurensicherung benachrichtigen oder soll ich das tun?"

„Machen Sie das, ich mach mich sofort auf den Weg. Wo liegt er?"

„Der hängt. Und zwar oben im Eschenheimer Turm."

„Wie bitte?"

„Sie haben schon richtig gehört. Kennen Sie den nicht?"

„Doch natürlich. Okay, ich bin in spätestens zwanzig Minuten da."

Kurz überlegte sie, ob sie Logo anrufen sollte, nahm aber Abstand davon. Sie konnte sich die Sache ja erst mal alleine anschauen. Vielleicht wars überhaupt kein Mord und die Kollegen vor Ort hatten überreagiert.

Sie schaffte es in einer Viertelstunde und sah von weitem schon Blaulicht und den abgesperrten Bereich um den Turm, der früher die alte Stadtmauer bewacht hatte.

Sie quetschte ihren Golf in eine Lücke zwischen einem Streifenwagen mit Blaulicht und dem Kombi der Spurensicherung und lief auf den Eingang des Turms zu. Der Kollege an der Absperrung kannte sie vom Sehen und winkte sie durch.

„Ganz oben, die Treppe rauf."

Der Turm stammte aus dem Anfang des fünfzehnten Jahrhunderts. Im Erdgeschoß war seit langem ein Restaurant, das jedoch einen separaten Eingang auf der anderen Seite hatte. Dies hier schien der Zugang zum eigentlichen Turm zu sein. Eine schmale Treppe wand sich in engen Kurven nach oben, um nach vier Stockwerken auf einer etwa zehnmal zehn Meter großen Plattform zu enden, die voller Menschen war.

In einer Ecke drängten sich die Mitarbeiter der Spurensicherung, während der Fotograf dabei war, Bilder zu machen. Der Kollege vom Streifendienst trat auf Jenny zu.

„Frau Becker?"

„Ja, das bin ich, was ist denn eigentlich passiert?"

„ Heut Abend gegen zwanzig Uhr dreißig hat ein junges Pärchen entdeckt, dass unten die Tür aufstand. Sie waren wohl neugierig und haben sich hier hochgeschlichen. Dann haben sie das hier gefunden und uns gleich angerufen."

Mit diesen Worten trat er beiseite und gab ihr die Sicht auf die Leiche frei. Der Fotograf beendete gerade seine Arbeit und Jenny trat näher. In der Mitte der Plattform befand sich eine Art Fahnenmast mit einem Wetterhahn drauf. An diesen Mast war eine nackte Leiche mit Seilen um Brust und Beine gefesselt. Der Kopf mit dem dunkelbraunen Haar war nach vorne gesunken, der Körper von oben bis unten blutverschmiert.

„Meine Güte! Soviel Morde haben wir sonst in einem halben Jahr."

„Ja, wirklich merkwürdig. Gibt's denn schon irgendetwas Neues?"

„Fast nichts. Und die paar Spuren, die wir haben, verlaufen im Sande."

Jenny nickte den Leuten von der Spusi zu, die ausschwärmten, um den Fundort und etwaige Spuren zu sichern. Vorher konnte Jenny sich die Leiche nicht näher anschauen.

„Der Prof ist hoffentlich auf dem Weg?"

„Der Prof?"

„Dr. Schwind meine ich, wir nennen ihn so."

„Ach, ist das der schicke?"

Jenny lachte. „Genau der, wenn man vom Teufel spricht."

Wie gerufen kam der Prof die Treppe hinauf, gekleidet in helle Leinenhosen, ein beiges Hemd und hell beige Wildlederschuhe. Mit mürrischem Gesichtsausdruck kam er auf Jenny zu.

„Geben Sie es zu, Frau Becker, das machen Sie absichtlich. Sie lassen mich beobachten und warten, bis ich mich einer besonders angenehmen Freizeitbeschäftigung hingebe, dann organisieren Sie von irgendwoher eine Leiche und lassen mich rufen."

„Mitnichten, Herr Doktor, ich wäre jetzt auch lieber irgendwo anders", antwortete sie lächelnd. „Immerhin ist es hier fast sauber und trocken und der Tote scheint auch frisch zu sein."

„Das macht es auch nicht besser. Ist die Spusi endlich durch? Was brauchen die nur immer so lange? Ich habe Gäste zum Abendessen und würde gerne den Nachtisch noch mitbekommen."

Jenny zwinkerte ihrem Kollegen vom Streifendienst, dem sichtlich ungemütlich wurde, beruhigend zu.

„Da dürfen Sie nichts drauf geben. So ist er immer."

„Das habe ich gehört, Frau Becker. Klar bin ich immer so. Ich werde ja auch immer gestört. Könnt ihr die Leichen nicht mal tagsüber finden? So am späten Vormittag wäre mir am liebsten!"

Der Leiter der Spusi trat zu ihnen.

„So, wir sind fertig. Sollen wir ihn losmachen oder wollen Sie ihn erst anschauen, Doktor?"

„Moment, ich werf einen kurzen Blick drauf."

Jenny folgte ihm, bis sie unmittelbar vor dem Mast standen. Das Bild des festgebundenen Mannes war bizarr und erinnerte irgendwie an einen Marterpfahl.

„Gut, bindet ihn vorsichtig los und legt ihn auf die Plane. Sieht aus wie Einschusslöcher und zwar eine ganze Menge. Naja, die zählen wir im Institut. Sonst keine Verletzungen. Dreht ihn mal, damit ich die Temperatur messen kann. Okay, mehr kann ich hier nicht machen, ab mit ihm in die Gerichtsmedizin. Nein, Frau Becker, ich sehe Ihnen die Frage schon am Gesicht an. Ich werde die Obduktion erst morgen früh durchführen, jetzt geh ich wieder zu meinen Gästen. Die Todeszeit sag ich Ihnen auch morgen, aber länger als einen Tag dürfte er nicht tot sein, ich tippe auf vierundzwanzig Stunden. Die Leichenstarre lässt schon wieder nach."

Mit resigniertem Gesicht stimmte Jenny zu. „Na gut, dann fahr ich wieder zurück und schau die Vermisstenmeldungen durch. Hier kann ich ja nichts mehr machen. Wie alt wird der ungefähr sein?"

„Also sicher deutlich über fünfzig, sehr gepflegt, würd mich wundern, wenn der nicht bei der Maniküre war."

„Hm, dann sollte ihn doch auch jemand vermissen."

Sie seufzte. Und wieder so ein merkwürdiger Fundort. „Den muss doch jemand hergebracht haben. Langsam kommt mir das spanisch vor."

„Das ist ja zum Glück euer Problem!"

„Tschau." Sie schaute noch kurz zu, wie die Leiche in einen Leichensack verpackt und abtransportiert wurde und verabschiedete sich dann. Mittlerweile war es nach halb elf und die Straßen waren leer, so dass sie innerhalb von zehn Minuten im Präsidium war.

Nachdem sie sich einen Kaffee gekocht hatte, nahm sie sich die Vermisstenmeldungen vor und wurde sofort fündig. Lothar Wegener, Autoverkäufer, dreiundfünfzig, vermisst seit heute Morgen. Seine Frau hatte die Polizei angerufen, als sein Bett beim Wecken leer war. Er wohnte im Westend, nicht weit vom Eschenheimer Turm.

Die Beschreibung passte auf die Leiche, soweit Jenny sie hatte betrachten können. Ein Foto des Vermissten war noch nicht online, also machte sie sich selbst auf den Weg in die Vermisstenabteilung. Dort saß ein verschlafener Kollege am PC und scannte Fotos ein.

„Da komm ich ja gerade richtig. Kann ich ein Foto sehen von dem vermissten Autoverkäufer? Wegener heißt er."

„Bin grad dabei, das einzuscannen. Hier."

„Das ist er. Die Leiche, die wir eben aus dem Eschenheimer Turm geholt haben. Ruf bitte in der Gerichtsmedizin an. Die sollen das mal vergleichen, bevor ich mit der Frau spreche."

Der Kollege nickte und wählte die Nummer.

„Hi, Schmidt hier, Vermisstenstelle, hab gerad ein Foto hochgeladen von Lothar Wegener. Ist das die neue Leiche? Ja, ich warte."

Er trommelte mit den Fingern auf dem Tisch, während der Mitarbeiter der Gerichtsmedizin der Bitte nachkam.

„Ja? Also definitiv? Okay, vielen Dank. Wir schicken jemanden zum identifizieren, so schnell wie möglich. Wann ist die Obduktion angesetzt? Um acht, in Ordnung. Eine ruhige Nacht wünsche ich."

Er legte auf und nickte Jenny zu. „Absolut sicher. Fährst du zu der Frau?"

Jenny seufzte. „Muss wohl. Ich hasse sowas, aber wer nicht? Vielen Dank auch!"

Missmutig ging sie zurück in ihr Büro, stellte das Telefon auf ihr Handy um und packte ihre Tasche. Beethovenstraße, äußerst noble Wohngegend. Aber das Ganze sah weder nach Raub, noch nach Entführung und Erpressung aus. Eher nach einer Hinrichtung. Vielleicht ein Racheakt? Naja, bisher wusste sie viel zu wenig über die Persönlichkeit des Opfers und etwaige Hintergründe. Deshalb ließ sie das Spekulieren.

Mittlerweile war es fast ein Uhr nachts, doch sie bezweifelte, dass Frau Wegener schlief, wenn der Ehemann vermisst wurde.

Sie brauchte nur zehn Minuten ins Westend und fand direkt vor dem herrschaftlichen Einfamilienhaus der Wegeners einen Parkplatz.

Kaum hatte sie geklingelt, wurde die Eingangstür auch schon aufgerissen. Der hoffnungsvolle Gesichtsausdruck der etwa fünfzigjährigen, verlebt wirkenden Frau, die in der Tür stand, schlug rasch in Enttäuschung und Angst um.

„Wer sind Sie? Ich dachte, es wäre mein Mann!"

„Becker, Kripo Frankfurt. Frau Wegener, kann ich einen Moment reinkommen?"

„Oh, nein, nein, ist was passiert mit ihm? Natürlich, kommen Sie rein!"

Sie standen in einer weiß gefliesten Diele, die mit einer Designergarderobe eingerichtet war. Weiter als bis hier reichte Frau Wegeners Geduld anscheinend nicht.

„Ich bitte Sie, sagen Sie es mir!"

„Frau Wegener, es tut mir leid. Wir haben heute die Leiche eines Mannes im Eschenheimer Turm gefunden. Nach dem Foto konnten wir ihn mit ziemlicher Sicherheit als Ihren Mann identifizieren."

Frau Wegener erbleichte. „Mein Mann? Im Eschenheimer Turm? Das kann nicht sein, das muss ein Irrtum sein."

„Ich fürchte nicht, möchten Sie sich vielleicht einen Moment setzen?"

„Setzen?" Frau Wegener starrte sie verwirrt an.

„Kann ich vielleicht jemanden anrufen, der Ihnen beisteht? Haben Sie Kinder?"

„Kinder?" echote sie verständnislos.

„Ja, Kinder oder andere Verwandte oder vielleicht eine Freundin, die sich um Sie kümmern können?"

„Wir haben einen Sohn, aber der lebt im Ausland. Lothar…er ist…er hat…ist er wirklich tot?"

„Leider sieht es so aus. Ich weiß, es wird schwierig für Sie, aber ich muss Sie bitten, mitzukommen und ihn zu identifizieren."

Das war der Moment, in dem der Tod ihres Mannes endgültig zu Frau Wegener durchdrang. Entsetzt starrte sie Jenny an und sackte in sich zusammen. Jenny griff schnell nach ihrem Ellbogen und führte sie zu einer kleinen Garderobenbank.

„Hier, setzten Sie sich. Brauchen Sie einen Arzt?"

Frau Wegener starrte sie an und fasste sich dann. „Nein, entschuldigen Sie, es geht schon wieder. Es war nur so ein Schock."

„Das ist verständlich. Soll ich ein Glas Wasser holen?"

„Nein, nein, geht schon. Sollen wir … müssen wir, also muss ich ihn gleich identifizieren?"

„Wenn möglich ja. Ihr Mann ist ermordet worden und er muss, ähm, Sie verstehen sicher, dass er untersucht werden muss."

„Ermordet? Aber wer..? Sie wollen ihn aufschneiden?"

„Ja, das muss sein. Die Spurensicherung kommt auch gleich und sieht sich Ihr Haus an. Und ich befürchte, ich muss Sie auch noch einiges fragen. Ich weiß, das ist jetzt sehr viel für Sie, aber je schneller wir mehr herausfinden, desto schneller fassen wir den Mörder Ihres Mannes."

„Ja, ja, sicher. Dann…wie geht es jetzt weiter?"

„Die Spurensicherung müsste jeden Moment da sein. Und wir fahren zwischenzeitlich ins Gerichtsmedizinische Institut. Schaffen Sie das?"

„Ja, es geht schon. Es ist nur so ein Schock. Ermordet sagten Sie?"

Jenny nickte.

„Gut, dann, ach, die Kollegen fahren gerade vor."

Sie öffnete die Tür und wartete, während Frau Wegener einige Dinge in eine kleine Handtasche packte.

„Na, Ihr seid ja schnell. Ich fahre jetzt mit Frau Wegener zur Identifizierung, da könnt Ihr euch in der Zwischenzeit gründlich umschauen. Bis nachher. Kommen Sie Frau Wegener."

Während sie durch die Nacht Richtung Niederrad ins Gerichtsmedizinische Institut fuhren, stellte Jenny vorsichtig einige Fragen. Frau Wegener hatte ihren Mann am Morgen zuvor das letzte Mal gesehen, als er zur Arbeit fuhr. Ihm gehörte ein Autohaus auf der Hanauer Landstraße. Nein, abends hatte sie ihn nicht vermisst, weil er oft lange arbeitete oder sich mit Geschäftskunden traf. Und normalerweise hörte sie ihn nicht heimkommen, weil sie fast immer ein Schlafmittel nahm. Außerdem hatten sie seit langem getrennte Schlafzimmer, er schnarchte. Erst als sie ihn zum Frühstück wecken wollte, stellte sie fest, dass sein Bett leer war. Nein, sie konnte sich nicht vorstellen, wer ihrem Mann etwas antun sollte und hatte keine Ahnung von seinen Geschäften. Jenny ließ sich sein Auto beschreiben und die Sachen, die er gewöhnlich bei sich trug, und dann waren sie am Institut angelangt.

Der Mitarbeiter, der Nachtdienst hatte, brachte sie zu der Bahre, auf der Lothar Wegener lag und deckte sein Gesicht auf.

„Ja", Frau Wegener wandte ihr Gesicht ab, „das ist mein Mann!" Gut, dachte Jenny, jetzt konnte sie weitere Schritte planen. Als erstes würde sie eine Fahndung nach seinem Wagen herausgeben, ein schokobrauner Jaguar sollte zu finden sein.

„Frau Wegener, die Spurensicherung wird in Ihrem Haus noch einige Stunden zu tun haben. Kann ich Sie zu jemandem bringen, wo Sie übernachten können? Auch, damit Sie nicht alleine sind?"

„Das wäre sehr nett", sie nahm ein Taschentuch und wischte sich die Tränen ab, „zu meiner Freundin, Inge Wilfert, wohnt auch im Westend. Moment, ich ruf sie kurz an."

Sie zog ihr Handy aus der Handtasche, wählte und wartete. „Inge? Entschuldige, dass ich dich wecke, kann ich vorbeikommen und bei dir schlafen? Was passiert ist? Lothar ist tot." Sie schnäuzte sich. „Ja, ermordet. Ich kann das noch gar nicht fassen. Eine Polizistin bringt mich gleich zu dir. Ja, danke. Ja, bis gleich."

Sie packte das Handy ein und schluchzte leise vor sich hin. Beide setzten sich in Jennys Wagen. Es herrschte kaum Verkehr auf Frankfurts Straßen. Während der Fahrt gab Jenny ihr einen Zettel.

„Frau Wegener, bitte schreiben Sie mir hier die Handynummer ihres Mannes drauf. Hatte er einen Laptop?"

„Schon, aber meistens hatte er nur so ein kleines Ding dabei, wie heißen die noch?"

„Ein I-Pod?"

„Ja, und er hat mir mal erklärt, dass man ihn damit überall finden könnte."

„Mit GPS also, das ist gut. So, da sind wir." Jenny parkte am Straßenrand. „Gute Nacht Frau Wegener. Bitte kommen Sie doch morgen gegen zehn Uhr aufs Revier im Polizeipräsidium an der Miquelallee, Zimmer fünf, erster Stock."

Frau Wegener nickte nur und ging auf die Haustür zu, die sich bereits für sie öffnete.

Jenny fuhr zurück ins Büro und gab die Fahndung nach dem Jaguar heraus. Und dann begann die übliche Warterei auf das Obduktionsergebnis und die Ergebnisse der Spurensicherung. Ohne sie gab es nichts zu tun. Müde legte sie sich daher auf das Sofa, das für solche Zwecke bereit stand. Drei oder vier Stunden schlafen, dachte sie, dann konnte sie morgen normal Dienst machen. Zu Hause bleiben kam nicht in Frage, angesichts dreier Morde in nicht mal einer Woche. Sie gähnte und war kurz darauf eingeschlafen.

Er saß in seinem Wohnzimmer und hörte sich eine Symphonie von Brahms an. Mittlerweile müssten sie sein neuestes Kunstwerk entdeckt haben. Würden sie nun dahinter kommen, worum es hier eigentlich ging? Wahrscheinlich nicht.

Welch ungeahntes Glück, diesem Wegener bei der Führung zu begegnen. Er hatte ihn sofort erkannt.

Es war ein Genuss, ihn zu töten und außerdem noch lehrreich. Wer hätte gedacht, dass ein Mensch sieben Kugeln abbekommen könnte, bevor er das Bewusstsein verlor. Naja, die Kugel in seine Hoden war sicher auch unangenehm.

Er grinste genüsslich. Das kam davon, wenn man in fremden Revieren wilderte.

Tag 6, Freitag

Morgens wurde Jenny von einer jungen Frau geweckt, die den Kopf zur Tür hereinsteckte.

„Frau Kommissarin, hab ich Sie geweckt?"

„Ja", gähnte Jenny, „aber ich muss sowieso aufstehen. Was wollten Sie denn?"

Verlegen blickte die junge Frau auf ihre Fußspitzen. „Es tut mir leid, ich habe gestern vergessen, Ihnen etwas auszurichten. Ich hoffe, es war nichts Wichtiges."

„Um was ging's denn?"

„Ein Herr Gascon wollte Sie sprechen. Er sagte, er hätte schon einmal angerufen. Es wäre privat und ob Sie ihn bitte zurückrufen könnten."

„Danke, keine Sorge, das hört sich nicht so dringend an. Ich ruf ihn nachher zurück."

Erleichtert zog die junge Frau von Dannen und Jenny setzte Kaffee auf, während sie rasch duschen und Zähne putzen ging. Als sie zurückkam, waren Logo und Sascha eingetroffen und sie brachte sie auf den neusten Stand bezüglich des nächtlichen Leichenfunds.

„Das is ja ein Ding", murmelte Logo in seine Tasse.

„Wer springt rüber zur Spusi und fragt ob sie was für uns haben?", fragte Jenny.

„Schon unterwegs", sagte Sascha.

„Ein Autohändler ist das?", fragte Logo, „Zwielichtige Typen manchmal, auch deren Geschäfte. Vielleicht finden wir da ein Motiv. Du sagst, das hätte wie ne Hinrichtung ausgesehen? Soll ich mir den Laden mal anschauen?"

„Gute Idee, hier ist die Adresse."

„Bin schon weg, übrigens, in der Nähe ist Gref-Völsings, kleiner Abstecher kann ja nicht schaden."

„Oh, bitte bring mir was mit. Und Sascha sagt bestimmt auch nicht nein."

„Mal sehen", grinste Logo und trollte sich, als Jenny Anstalten machte, ihm ihren Locher hinterher zu werfen.

Kurz darauf kam Sascha mit dem vorläufigen Bericht der Spurensicherung zurück. Im Haus des Opfers gab es nichts Auffälliges. Nach Aussage der Ehefrau war er am Tag zuvor ganz normal zur Arbeit aufgebrochen. Auf seinem Schreibtisch lag sein privater Terminkalender, der keinen Eintrag für den vorigen Abend enthielt. Sein Computer wurde noch ausgewertet. Frau Wegener hatte den Beamten genaue Informationen gegeben, welche Kleidung ihr Mann trug.

„Sascha, ich hab momentan nichts Bestimmtes für dich. Schnüffel einfach ein bisschen im Leben der drei Mordopfer herum. Vielleicht stoßen wir zufällig auf irgendwas. Ach, und sag bitte unten Bescheid, dass sie Frau Wegener hoch schicken, wenn sie hier ist."

„Mach ich."

Jenny griff zum Telefon und rief in der Gerichtsmedizin an. „Guten Morgen, Becker hier, ist die Obduktion … Ja, ja ich denke mir, dass der Bericht noch nicht fertig ist, aber ich bräuchte nur den Todeszeitpunkt … wie gesagt, es würde mir sehr helfen, wenn … ja, ich warte. Ja? Etwa um Mitternacht? Gut, danke sehr, vielen Dank."

Mitternacht also. Da stellte sich die Frage, wo sich der Ermordete zwischen dem Zeitpunkt seines Verschwindens und dem Zeitpunkt des Auffindens befunden hatte. Sie mussten einen Zeugen auftreiben. Vielleicht hatte jemand beobachtet, wie und wann der Mann auf den Turm gebracht wurde. Und wo war er überhaupt nach Feierabend gewesen? Vielleicht gab es einen Terminkalender im Autohaus? Das musste warten, bis Logo zurück käme.

Also wählte sie die Nummer des Städels.

Der Pförtner stellte sie anstandslos durch und nach wenigen Sekunden hörte sie die sonore Stimme Gascons ‚Guten Morgen' sagen.

„Becker hier, auch Guten Morgen, Sie wollten mich sprechen?"

„Das ist aber schön, dass Sie zurückrufen. Gibt es etwas Neues in Manuelas Fall?"

„Leider nein. Ist Ihnen noch etwas eingefallen, das uns helfen könnte?"

„Bedaure. Ich weiß leider nicht mehr, als ich Ihnen schon gesagt habe. Ich hoffe, Sie wissen, wie gerne ich Ihnen helfen würde."

„Schade. Ich hatte gehofft ... aber so. Wollten Sie eigentlich etwas Bestimmtes?"

„Nun, also das ist mir etwas peinlich. Ich bin wohl aus der Übung. Also kurz heraus, ich wollte noch fragen, ob Sie Lust hätten, mit mir essen zu gehen?"

Alles hätte sie erwartet, aber das? Jenny war ein wenig perplex. Sie wusste einen Moment nicht, was sie sagen sollte.

„Hallo, sind Sie noch da?"

„Oh ja, entschuldigen Sie bitte, natürlich bin ich noch da. Das kam nur etwas überraschend."

„Also, ich bin mir nicht sicher, ob ich es wagen darf. Dürfen Sie denn überhaupt mit jemandem ausgehen, der in einen Fall verwickelt ist, an dem Sie arbeiten?"

„Das ist gar nicht so einfach zu beantworten. Es wird sicher nicht gerne gesehen."

„Nun, ich möchte Sie nur ungern in Schwierigkeiten bringen, und auch nicht drängen. Soll ich Sie später noch einmal anrufen? Dann können Sie sich das in Ruhe überlegen."

„Das wäre nett. Bitte verstehen Sie mich nicht falsch, aber das sind nun wirklich besondere Umstände."

„Ich verstehe Sie voll und ganz. Trotzdem würde ich mich sehr freuen, wenn es klappen würde. Darf ich Sie vielleicht heute Abend anrufen? Dann bräuchte ich allerdings Ihre private Telefonnummer."

„Natürlich, gerne." Sie diktierte ihm ihre Telefonnummer und er verabschiedete sich höflich. Jenny legte das Telefon hin und fluchte leise. Da traf sie schon einmal einen überaus attraktiven, noch dazu gebildeten, charmanten und höflichen Mann und dann musste er in einen ihrer Fälle verwickelt sein. Wollte sie mit ihm essen gehen? Ja, allerdings das wollte sie. Es war schon lange her, dass sie jemand, der kein Kumpel und keine Freundin war, zum Essen ausgeführt hatte. Sie würde einfach ja sagen. Den Gedanken, sich mit Logo zu beraten oder sogar mit ihrem Chef darüber zu sprechen, verwarf sie gleich wieder. Nicht nur, dass sie ihr wahrscheinlich abraten würden, nee, zumindest Logo tratschte auch viel zu gerne. Das würde ihr noch fehlen, dass die halbe Polizeistation über ihren „neuen Freund" sprach. Halt, bremste sie sich selbst. Er hat dich nur um ein Abendessen gebeten, nicht mehr. Vielleicht will er dich aushorchen, Informationen aus erster Hand haben. So ein Mordfall übte auf viele Menschen eine unwiderstehliche Anziehungskraft aus.

Naja, der Abend war noch lange hin, zunächst würde sie sich um den Fall kümmern und dann weitersehen.

In diesem Moment kam die willkommene Ablenkung in Form eines zaghaften Klopfens an der Tür. Jenny stand auf.

„Frau Wegener, bitte kommen Sie doch herein. Danke, dass Sie hergekommen sind. Wie geht's Ihnen? Darf ich Ihnen etwas zu trinken anbieten? Einen Kaffee vielleicht oder ein Glas Wasser?"

„Danke, es geht. Ein Kaffee wäre nett. Ich bin nicht viel zum Schlafen gekommen. Der Schock über den Tod meines Mannes… Haben Sie etwas in unserem Haus gefunden?"

„Das meiste muss erst ausgewertet werden, deshalb kann ich jetzt noch nicht viel sagen. Ich muss Ihnen aber noch einige Routinefragen stellen, die Ihnen zum Teil vielleicht unangenehm sind. Muss aber leider sein."

Frau Wegener nickte ergeben.

„Bitte, erzählen Sie mir zuerst etwas über Ihren Mann. Wie war er so, wie lange sind Sie verheiratet und so weiter?"

„Ja, wo soll ich anfangen? Lothar und ich, wir kennen uns schon seit der Schule. Er war zwei Jahre älter als ich und unsere Eltern waren befreundet. Wir haben bald nach der Schule geheiratet, weil ich schwanger war. Tja, das ist jetzt fast vierzig Jahre her. Unser Sohn ist schon erwachsen und lebt im Ausland. Was möchten Sie noch wissen?"

„Ich muss das leider fragen, war Ihre Ehe glücklich?"

„Ach naja, so glücklich wie eine Ehe halt so ist nach so langer Zeit."

„Was hatte Ihr Mann denn für Hobbies?"

„Er hat Golf gespielt, eigentlich jedes Wochenende, in Frankfurt Niederrad, aber nicht auf der Rennbahn, die war ihm nicht exklusiv genug, sondern im Frankfurter Golfclub."

Soviel Jenny wusste, kam man da nur mit Empfehlung rein und schon der Aufnahmebeitrag betrug mehr, als sie im Jahr verdiente.

„Hatte er einen festen Partner? Und spielen sie auch?"

„Oh nein, ich nicht, das hätte Lothar auch gar nicht gewollt. Männersachen wissen Sie? Er spielte meistens mit seinem Freund, Dr. Possmann, ein bekannter Psychologe, vielleicht kennen Sie ihn?"

Jenny verneinte und fragte weiter. „Haben Sie eine Idee, wo ihr Mann vorgestern Abend von seinem Geschäft aus hingegangen sein könnte? Kam er öfter abends spät heim?"

Zum ersten Mal flackerte Frau Wegeners Blick. „Ach, er hatte sehr oft abends Termine mit Kunden, Geschäftsessen und so. Genaueres weiß ich nicht. Meistens hab ich gar nicht mitbekommen, wann er nach Hause kam, ich gehe sehr früh schlafen."

„Entschuldigen Sie Frau Wegener, aber hatte Ihr Mann vielleicht eine Geliebte?"

„Natürlich nicht!" Empört stand sie auf. „Was unterstellen Sie hier. Wollen Sie unseren guten Ruf in den Schmutz ziehen?"

„Nein Frau Wegener, aber ich muss einen Mörder finden und dazu gehört es, Fragen in jede Richtung zu stellen. Nur eins noch, ich nehme an, Sie und Ihr Sohn sind die Erben?"

„Davon gehe ich aus."

„Gut, vielen Dank, dann wars das vorerst. Es kann natürlich sein, dass ich Ihnen später noch einige Fragen stellen muss."

„Natürlich, ich bin fast immer zu Hause. Auf Wiedersehen. Ach, wann wird die, ich meine mein Mann, wann kann ich ihn beerdigen?"

„Ich bin nicht sicher, aber ich könnte mir denken, dass er spätestens morgen freigegeben wird."

Mit einem abschließenden „Danke" rauschte Frau Wegener hinaus. Jenny seufzte. Da würden sie wohl noch andere aus dem Umfeld befragen müssen, um ein echtes Bild von dem Opfer zu erhalten. Am besten nahm sie sich mal den Golffreund vor, Dr. Possmann. So unter Kumpels wurde bestimmt einiges gesprochen, was die Ehefrau nicht zu hören bekam.

Sie gab im PC seinen Namen ein und erhielt etliche Treffer. So wie es schien, bewegte sich der Psychologe in elitären Kreisen und ließ sich auch gerne mal mit wechselnden Damen am Arm in der Öffentlichkeit ablichten. Bei der ehrenamtlichen Betreuung jugendlicher Straftäter, bei dem Besuch einer Vernissage, mit einer jungen Frau, die seine Tochter hätte sein können. Wer weiß, vielleicht war sies ja. Der musste einen guten Draht zur Presse haben. Er hatte eine Praxis in der Goethestraße, Frankfurts mondänster Einkaufsstraße. Wo sonst? Jenny überlegte, ob sie wegen eines Termins anrufen sollte, entschied sich dann aber, einfach hinzufahren. Wenn er keine Zeit für sie hatte, konnte sie auf der nahegelegenen Fressgaß bummeln und zu Mittag essen.

Da Parken in der Innenstadt unerschwinglich war, stieg sie am Polizeipräsidium in die U-Bahn und war nach wenigen Minuten an der Alten Oper. In Ruhe schlenderte sie zur Goethestraße, suchte Possmanns Hausnummer und fuhr mit dem Fahrstuhl in den dritten Stock. Statt einer normalen Eingangstür empfing sie eine riesige Milchglasscheibe, hinter der sich Gestalten wie Silhouetten bewegten. Sie klingelte und eine Schiebetür glitt lautlos auf. Hinter einer brusthohen Anmeldung saß eine Mitarbeiterin, die einem Modejournal entsprungen schien, und gab einer exklusiv gekleideten Patientin gerade einen neuen Termin. „Wie immer um sechzehn Uhr, Frau Steigenburg. Auf Wiedersehen und einen schönen Tag noch." Die Dame nickte hoheitsvoll und rauschte hinaus.

„Guten Tag", lächelte die stark geschminkte Blondine. „Was kann ich für Sie tun?"

Jenny legte ihren Ausweis auf die Theke. „Becker, Kriminalpolizei, ich müsste Herrn Dr. Possmann in einer dringenden Angelegenheit sprechen."

„Oh, erwartet er Sie denn?"

„Nein, aber die Angelegenheit duldet keinen Aufschub."

„Ich werde nachfragen, einen Moment bitte."

Sie verschwand in einem Hinterzimmer, war jedoch kaum zehn Sekunden später wieder da.

„Der Herr Doktor erwartet Sie, letzte Tür links bitte."

„Danke", nickte Jenny.

Als sie den Gang nach hinten durchging, wurde die letzte Tür von innen geöffnet und ein mittelgroßer stattlicher Mann stand vor ihr. Auf den ersten Blick erschienen seine Züge attraktiv, doch bei genauerem Hinsehen fielen ihr der verlebte Zug um den Mund und die geplatzten Äderchen, die auf übermäßigen Alkoholgenuss hindeuteten, auf. Er schüttelte ihr die Hand.

„Possmann, bitte treten Sie näher. Ich habe mir schon gedacht, dass Sie vorbeikommen. Gudrun, also Frau Wegener hat mich angerufen."

Jenny nickte und betrat das Sprechzimmer, das als besseres Wohnzimmer hätte durchgehen können. Sie registrierte einen antiken Holzschreibtisch, hinter dem sich der Doktor niederließ, ebenso ein Sofa, zwei Sessel und dicke Perserteppiche auf dem Boden.

„Bitte nehmen Sie Platz. Was möchten Sie wissen? Tragisch, was da mit Lothar passiert ist. Wirklich ermordet? Wer tut sowas bloß?"

„Damit müssten Sie sich doch genauso gut auskennen wie ich, Herr Doktor. Schließlich sind Sie Psychiater, oder?"

„Psychologe, das ist etwas ganz anderes. Natürlich musste ich mich in meiner Ausbildung auch mit den dunkleren Seiten der menschlichen Natur auseinandersetzen, aber heute behandle ich sehr viel harmlosere Erkrankungen, Depressionen, Phobien und so weiter und so weiter."

„Und Lothar Wegener war Ihr bester Freund?"

„Ja, schon seit Ewigkeiten. Wir haben oft zusammen Golf gespielt."

„Können Sie sich einen Grund vorstellen, warum ihn jemand ermordet hat?"

„Nein, ich meine, sowas ist doch unvorstellbar. Von seinen Geschäften wusste ich nicht viel, außer, dass er mir ein Auto verkauft hat. Aber sonst? Ich weiß wirklich keinen Grund. Vielleicht Zufall?"

„Ich kann Ihnen noch nichts Genaueres sagen, aber es sah sehr gezielt aus. Wissen Sie zufällig, was er für den Abend vorgestern geplant hatte? Er verließ sein Geschäft um neunzehn Uhr und es wäre sehr wichtig zu erfahren, wo er danach hingegangen ist."

„Leider nein, keine Ahnung."

„Und Sie haben ihn wann zum letzten Mal gesehen?"

„Warten Sie, gesehen habe ich ihn am Sonntag beim Golf spielen. Telefoniert haben wir vorgestern am frühen Nachmittag. Da war er wie immer und hat, wie schon gesagt, leider seine Pläne für den Abend nicht erwähnt."

„Was hatten Sie denn für einen Eindruck von seiner Ehe? Lief da alles glatt?"

„Sie glauben doch nicht, dass Gudrun? Naja, sie waren ewig verheiratet und, wenn ich das so salopp sagen darf, die Luft war raus. Ich meine, sehen Sie sie doch an."

Jenny hob die Augenbrauen. „Er war also untreu?"

„Er hatte so seine Abenteuer. Zu Hause lief nicht mehr viel und da hat er es sich eben woanders gesucht."

„Ach, und wo?"

„Unterschiedlich. Oft ist er in Clubs gegangen oder hat in einer Bar eine aufgerissen."

„Aha, es machte ihm also nichts aus, dafür zu bezahlen?"

„Nein, Geld hatte er genug. Vielmehr Gudrun hatte es, deshalb hätte er sich auch nicht scheiden lassen können."

„Ach, sie besaß das gesamte Vermögen?"

„Ja, alles, auch die Firma gehörte ihr, hat früher ihrem alten Herrn gehört."

„Glauben Sie, sie wusste von seiner Untreue?"

„Sie ist ja nicht dumm. Gedacht haben wird sie es sich wohl. Aber wahrscheinlich wars ihr egal, solange sie den Schein wahren konnte. Der Schein ist für Gudrun sehr wichtig."

„Gut, Herr Doktor, danke dass Sie so hilfsbereit waren. Es könnte sein, dass ich Ihnen später noch ein paar Fragen stellen muss."

„Jederzeit gerne. Auf Wiedersehen, Frau Kommissarin. Und wenn Sie sich mal eine Phobie einfangen, kommen Sie jederzeit auf mich zurück." Er musste herzlich über seinen eigenen Witz lachen und brachte sie zur Tür.

Innerlich den Kopf schüttelnd verließ Jenny die Praxis und lief langsam zur U-Bahn. Da hatte die gute Frau Wegener ihr wohl nicht so ganz die Wahrheit gesagt. Von wegen erben, sie besaß eh schon alles. Und eine gute Ehe hätte Jenny das auch nicht genannt. An einem Stand holte sie sich noch ein Garnelenbrötchen und fuhr dann zurück zum Präsidium.

Als sie den Gang zum Büro entlanglief, hörte sie schon von weitem das Telefon klingeln. Sie spurtete die letzten Meter und meldete sich atemlos.

„Becker?"

„Wird ja auch Zeit", polterte der Prof, „erst können Sie´s nicht erwarten und belästigen meine Mitarbeiter und dann telefoniert man stundenlang hinter Ihnen her."

„Tschuldigung, ich war außer Haus und komm gerad wieder rein. Was gibt's denn?"

„Bei uns ist die Hälfte aller Schreibkräfte krank. Bevor Sie tagelang auf den Bericht warten, wollt ich Ihnen kurz das

Wichtigste durchgeben. Todeszeit wissen Sie ja schon. Todesursache waren neun Schüsse in Brust und Unterleib. Getötet wurde er im Turm, zumindest wurde er nachher nicht mehr viel bewegt. Und gefesselt erst hinterher. Es fanden sich keinerlei Substanzen im Blut und der Magen war leer. Keinerlei Kampfspuren, auch keine vom Täter. Das wars auch schon, mehr gibt er nicht her. Die Leiche wird heute noch freigegeben, wenn Ihr sie nicht mehr braucht."

„Nee, macht nur, seine Frau hat schon nachgefragt. Danke auch."

„Servus, und die nächste Leiche bitte tagsüber und in sauberer Umgebung, okay?"

Grinsend legte Jenny auf.

In diesem Moment schlenderte Logo herein.

„Hi, Rindswurstservice, wie bestellt."

„Danke, leg sie in den Kühlschrank, okay? Ich hab mir schon ein Garnelenbrötchen genehmigt. Was hast du rausgefunden?"

„Der Laden scheint seriös zu sein. Spezialisiert auf teure Sportwagen. Gehört aber der Frau, nicht ihm. Als Chef war er wohl ganz umgänglich, wollte aber gerne mal den weiblichen Angestellten an die Wäsche."

„Sowas hat mir sein Freund Dr. Possmann auch erzählt, war wohl ein notorischer Fremdgänger."

„So sieht's aus. Schien aber keine alten Feindschaften deswegen zu geben. Er scheint die Damen immer großzügig abgefunden zu haben."

„Toll, mit dem Geld seiner Frau wahrscheinlich."

„Bestimmt sogar, viel Eigenes hatte er wohl nicht. Er hat ein festes Gehalt bekommen, das im Vergleich zu seinem Lebensstil nicht grade üppig ausfiel. Leider hat er seine abendlichen Termine nicht in seinen Kalender eingetragen. Auch sonst war nix besonderes in seinem Schreibtisch. Hab trotzdem alles mitgenommen. Da setz ich mich gleich dran. Wo ist denn Sascha?"

„Ach, den hab ich stöbern geschickt. Soll mal ein bisschen im Leben der Mordopfer herumstochern. Solange wir keine konkreten Spuren haben."

„Wegener hatte wenigstens Familie, Freunde und Geschäftskollegen. Was meinst du zum Motiv? Vielleicht eine Eifersuchtsgeschichte?"

„Keine Ahnung. Auch dieser Mord wurde geschickt geplant. Irgendwie musste er in den Turm gelangen. Der dritte mysteriöse Tod diese Woche. Das ginge doch mit dem Teufel zu, wenn die nicht zusammenhingen."

„Ja, aber die Unterschiede. Ich glaub, das ist alles ein riesiger Zufall. So, ich setz mich mal an die Sachen, die in Wegeners Schreibtisch waren. Eine Schublade war abgeschlossen. Vielleicht ist da ja was Interessantes drin."

Jenny gähnte. „Ich besorge Kaffee, dann helf ich dir. Willst du auch einen?"

„Nee, lass mal, und helfen brauchst du mir auch nicht. Ich sortier hier alles schön, das machst du nur durcheinander."

„Pfft", grummelte Jenny und ging zum Kaffeeautomaten. Gar kein Problem, sie konnte auch in Ruhe ihren Kaffee trinken und Logo zuschauen. Das war mal eine angenehme Abwechslung.

Bequem lümmelte sie sich an die andere Seite des Schreibtisches und sah zu, wie Logo mit gerunzelter Stirn Belege und Kalenderseiten sortierte.

„Das glaubst du nicht. Jede Woche Barbesuche, Motels oder einer dieser Clubs. Aber immer nur die billigsten."

„Mehr Taschengeld wird er nicht bekommen haben von seiner Frau."

„Sieht wirklich so aus. Das Golfspielen hat sie ihm aber offensichtlich bezahlt."

„Fürs Prestige, denke ich. Haben sie auch irgendwas gemeinsam gemacht?"

„Hm, ich find nichts, aber die Belege hat er ja vielleicht zu Hause."

„War denn was in seinem PC?"

„Auf den ersten Blick nicht, es schien auch nichts mit Passwort gesichert zu sein. Aber beide PCs, der von der Arbeit und der private, sind noch in die IT-Abteilung. So, essen war er auch oft aber nie in den wirklich teuren Restaurants."

„Seit wann kennst du dich damit aus?"

„Witzig, wusstest wohl noch nicht, dass ich ein Gourmet bin?"

„Ich wusste nicht mal, dass du das Wort überhaupt kennst."

„Hahaha. Oh, was ist das denn? Grusel-Happening. Zwei Eintrittskarten."

„Irgendwas klingelt da bei mir, wart mal, ich guck im Internet." Sie setzte sich vor ihren Rechner. „Oha, da gibt's hunderte Einträge. Bezieht sich das auf Frankfurt?"

„Keine Ahnung, aber das ist ja am Wahrscheinlichsten, oder?"

„Hm, da hab ich was, Frankfurt Happenings, wird von einer Frankfurter Zeitschrift organisiert. Die machen Führungen zu verschiedenen Themen. Hier, berühmte Frankfurter Frauen, wär mal interessant. Was gibt's noch? Das Kriminalmuseum der Polizei hier im Haus kann man auch besichtigen. Das wusste ich gar nicht."

„Schau mal nach, am vierten dieses Monats, einem Dienstag, was war da?"

„Grusel- und Sagenevent. Also das hätt ich nicht gedacht, dass der Wegener mit seinem ausschweifenden Sexualleben sich für sowas interessiert."

„Naja, Grusel hatte er ja später reichlich."

„Der war jetzt nicht gut. Ah, hier ist die Beschreibung. Eine Führung durch die dunkle Geschichte Frankfurts. Ich les mal vor: Wir führen Sie durch die Geschichte und zeigen Ihnen, wo der Türkenschuss stattfand, wo das Muhkalb und der Kettenesel umgehen, wo der Goldene Brückenhahn eine Seele rettete … das ist doch der Hahn auf der Alten Brücke, wo die zweite Leiche hing, oder?"

„Ich weiß nicht, ich bin ja nicht aus Frankfurt, mit den alten Geschichten kenn ich mich nicht aus."

„Hör dir das an: wie die Wetterfahne im Eschenheimer Turm zu ihren neun Löchern kam. Das ist auch eine Sage? Jetzt fehlt nur noch das Mörderbrünnchen, dann sind die Stellen, an denen unsere Mordopfer gefunden wurden, komplett."

„Ich werd verrückt. Das ist vielleicht der Zusammenhang."

„Möglich wär's. Wir müssen auf jeden Fall herausfinden, ob die zwei anderen Opfer auch in Verbindung mit diesen Führungen stehen. Der Wegener hat an einer teilgenommen. Hier steht eine Telefonnummer, ich ruf da jetzt an und erkundige mich. Versuch du Manuelas Freundin zu erreichen und frag sie, ob sie bei so einer Tour war. Und wenn der Sascha zurückkommt, schicken wir ihn wieder auf die Dippemess, der wird sich freuen."

„Der platzt noch, wenn er wieder Döner isst."

„Ach was, das steckt der weg wie nix. Ich glaub, der ist noch im Wachstum."

Logo schüttelte grinsend den Kopf, während beide zu ihren Telefonen griffen.

„Mist, nur der Anrufbeantworter", sagte Jenny. „Das Büro ist erst ab siebzehn Uhr besetzt. Ich fahr hin. Die haben als Adresse den Hirschgraben angegeben, das ist in der Nähe der Zeil. Jetzt ist es sechzehn Uhr, da sollte da bald jemand auftauchen. Bis später."

„Jo, bis später, ich wollte eigentlich heut früh weg, aber jetzt bleib ich erst mal dran. Ich ruf auch gleich den Kleinen an und schick ihn los."

Jenny nahm diesmal das Auto in die Innenstadt und parkte zwanzig Minuten später im Parkhaus Hauptwache. In einer kleinen Seitenstraße befand sich das Büro der Firma Frankfurt-Happenings, das nur durch ein unscheinbares Schild an einem kleinen Lagerhaus zu erkennen war. Sie klingelte und trat einen Schritt zurück. Zuerst passierte lange nichts, dann ging der Türöffner und Jenny drückte langsam die schwere Eingangstür auf.

„Wird ja auch Zeit", vernahm sie von drinnen. „Schwing deinen Hintern hier her, los los!"

Jenny stand in einem kleinen Büro und blickte irritiert auf eine weitere, angelehnte Tür. Plötzlich wurde sie aufgerissen.

„Jetzt mach ... oh. Ich dachte... was kann ich für Sie tun?"

Jenny wies sich aus. „Ich ermittle in einem Mordfall. Herr..?"

„Müller, Frank Müller, was, Mordfall? Naja, solange meine nutzlose Aushilfe nicht auftaucht ... kommen Sie mit nach hinten."

Jenny folgte ihm in ein großes Zimmer, das wie der Requisitenraum eines Theaters aussah. An den Wänden standen Kleiderständer mit verschiedenen Kostümen und auf Regalen lagen Hüte, Schirme und vieles mehr. Der Raum war durch etliche Paravents und stehende Spiegel geteilt. An einer Seite gruppierten sich einige Stühle um einen kleinen Tisch.

Müller war ein Riese von Mann, bestimmt über einen Meter neunzig groß und an die hundert Kilo schwer. Dichtes, dunkles Haar bedeckte nicht nur seinen Kopf, sondern auch Arme und – soweit sichtbar – Brust.

„Ich hoffe, es dauert nicht lange, ich muss die Führung heut Abend vorbereiten …und einen Ersatz suchen, wenn die Leiche wirklich nicht auftaucht. Oh, das war jetzt wohl etwas geschmacklos? Ich meine, da Sie von der Mordkommission sind. Ich hoffe, es geht nicht um einen echten Mord?"

„Leider doch, Herr Müller, sogar um mehrere. Zunächst eine Frage, machen Sie auch Führungen zum Mörderbrünnchen?"

„Im Stadtwald? Ja sicher, das sind die großen Führungen. Ein Teil findet zu Fuß in Frankfurt statt, dann fahren wir mit dem Bus zum Goetheturm und laufen durch den Wald zum Brünnchen. Was meinen Sie, wie spannend das ist. Vor allem wenn am Brünnchen einer aus dem Wald springt."

„Aus dem Wald springt?"

„Ja, unsere Führungen sind Happenings. Mit richtigen Schauspielern, die die Leute erschrecken, indem sie Leichen spielen oder eben Mörder. Bei den Gruselführungen zumindest. Deswegen gehen die Leute da mit."

„Aha, ich brauche eine Aufstellung, welche Orte sie im Programm haben. Und wer da alles mitarbeitet."

„Die Orte, kein Problem, aber die Mitarbeiter. Schwierig. Wir haben natürlich einen festen Stamm, aber wir haben auch viele Studenten und sonstige Aushilfen. Manchmal sind die regelmäßig dabei, manchmal nur einmal."

„Na ja, Sie bezahlen sie doch, da müssten Sie doch Unterlagen haben."

„Ja, sicher, aber das kann ein bisschen dauern, bis wir das alles zusammen haben. Um was geht's hier denn eigentlich?"

„Viel kann ich Ihnen leider noch nicht sagen in dieser Phase der Ermittlung. Es ist möglich, dass die Morde, die wir untersuchen, mit den Orten, die Sie auf Ihrer Gruseltour besuchen, in Verbindung stehen. Das ist aber momentan nur ein Verdacht."

„Das is ja ein Ding. Ich hab so was schon immer erwartet. Ich mein, die meisten die da mitgehen sind ja ganz normale Leute, die Spaß am Grusel haben, aber ab und an, da sind echt Irre dabei."

„Irre?"

„Ja, Leute, denen einer abgeht, wenn sie ne blutige Leiche sehen. Tschuldigung für die Ausdrucksweise. Oder die fragen, ob sie sie anfassen dürfen."

„Führen Sie eigentlich Buch, wer da mitgeht?"

„Ne, das nicht, und bei den vielen Leuten erinnert man sich auch höchstens an die, die oft mitgehen, die Fans sozusagen."

„Das gibt's auch?"

„Ja klar, wir machen viele Touren. Da gibt's etliche Leute, die überall mitgehen. So, kommen Sie, vorne im Büro kann ich Ihnen schnell die Personalunterlagen zeigen. Da stehen alle drin, die fest hier arbeiten. Ich mache meist die Touren, Frau Schmalstieg macht das Büro und verkauft die Karten, Michael Grosse ist unser festangestellter Schauspieler und dann halt die Aushilfen. Ich kopier Ihnen gerad die Personalbögen."

„Das wäre nett. Und die Orte?"

„Ach ja, es gibt Broschüren zu jeder Führung, da steht eigentlich alles drin. Wollen Sie heute nicht mitkommen? Alte

Frankfurter Sagen stehen auf dem Programm. Auch sehr gruselig."

„Heute kann ich leider nicht, aber ein andermal gerne."

„Jederzeit! So, noch Fragen? Ich müsste langsam die Tour vorbereiten?"

„Im Moment nicht, vielen Dank, ich werde mich bald wieder bei Ihnen melden, erreiche ich Sie hier?"

„Ich geb Ihnen meine Handynummer, da erreichen Sie mich immer. Nur während der Führungen mach ich es aus. Kommt nicht gut, wenn einer durchs Gebüsch schleicht und das Handy klingelt. Schlecht für die Stimmung." Er blinzelte ihr zu und Jenny nickte.

„Das war's dann erst mal."

Als sie sich zum Gehen wendete, fiel ihr Blick auf eine Broschüre, die auf dem Schreibtisch lag.

„Rehaprogramm für jugendliche Straftäter? Was haben Sie denn damit zu tun?"

„Wir geben den Jungs ab und zu mal kleine Jobs. Soll zur Rehabilitation beitragen. Das ist ein Projekt einer Frankfurter Organisation."

„Hm, ausgerechnet jugendliche Straftäter, die durchs Gebüsch schleichen und Leute erschrecken?"

„Ja, hab ich auch erst gedacht. Ist aber alles psychologisch betreut. Muss also wohl seine Richtigkeit haben. Und ich muss sagen, den Jungs scheint es Spaß zu machen."

„Na gut, dann schönen Abend noch."

Obwohl es schon spät war, fuhr Jenny zurück ins Kommissariat und legte dem Nachtdienst die Personalbögen zum Überprüfen hin. Logo war nach Hause gefahren, hatte ihr aber auf einem Zettel mitgeteilt, dass Manuelas Freundin nichts von den Happenings wusste und Sascha auf dem Heimweg bei Ricky vorbeifahren würde.

Sie entschied sich, ebenfalls nach Hause zu fahren. Die Nacht zuvor war kurz gewesen und es reichte für heute.

Gegen neunzehn Uhr kam sie zu Hause an und hörte, als sie die Tür aufschließen wollte, das Telefon klingeln.

„Becker", keuchte sie, nachdem sie ins Wohnzimmer gerannt war und ihre Tasche auf die Couch geworfen hatte.

„Gascon, guten Abend. Störe ich Sie?"

„Nein, nein, ich komme nur gerade die Tür herein."

„Soll ich lieber später noch mal anrufen?"

„Ist schon in Ordnung."

Einen Moment herrschte ungemütliches Schweigen.

„Also, haben Sie es sich in der Zwischenzeit überlegt? Ich würde mich sehr freuen."

Jenny zögerte, gab sich dann jedoch einen Ruck.

„Ja, doch, ich würde gerne."

„Das freut mich aber, wie wäre es denn mit morgen Abend? Oder vielleicht, ich traue mich gar nicht zu fragen, heute noch? Wenn es Ihnen nicht zu kurzfristig ist."

Jenny überlegte. Wäre schon toll, sich einfach nett ausführen zu lassen. Aber ein bisschen vorbereitet hätte sie sich ja schon gerne. Verstohlen linste sie in den Flurspiegel. Na ja, ging grade so. Haare waschen musste sein, aber das ging bei ihren kurzen Haaren schnell.

„Warum eigentlich nicht? Wenn Sie mir noch ein bisschen Zeit geben."

„Aber natürlich. Wäre Ihnen acht Uhr recht?"

„Ja, prima."

„Dann hole ich Sie um acht Uhr ab. Wenn Sie mir noch verraten, wo Sie wohnen?"

„Mittlerer Hasenpfad, Nummer 21, bis nachher dann."

„Bis nachher, ich freue mich."

Jenny kribbelte es im Bauch. Es war lange her, dass sie ein Date hatte. Und auch noch so eins. Jetzt aber schnell. Duschen, Haare föhnen, schminken. Was sollte sie nur anziehen? Mist, sie wusste gar nicht, wo sie hingehen würden. Was Einfaches oder Schickes? Naja, underdressed war allemal besser als umgekehrt. Ein schwarzer langer Sommerrock und als Kontrast eine gelbes elegantes Shirt, das passte überall. Eine Stunde noch. Sie hatte früher schon immer weniger Zeit im Bad verbracht als ihr Freund. Verkehrte Welt, dachte sie. Während er aus Bekleidungsgeschäften kaum herauszubekommen war, hasste sie Schuhe kaufen.

Kurz vor acht Uhr war sie fertig, trug einen Hauch L´Eau d'Issay auf und pünktlich um acht klingelte es. Auf den ersten Blick sah Jenny, dass ihre Entscheidung bezüglich der Bekleidung richtig gewesen war. Paul Gascon trug Jeans, ein schickes Hemd mit offenem Kragen und einen Sportblazer. Und in all dem sah er einfach göttlich aus.

„Guten Abend, Frau Kommissarin, wie bezaubernd."

Zu ihrem Schrecken fühlte Jenny, wie sie errötete.

„Danke, möchten Sie kurz hereinkommen?"

„Lassen Sie uns besser gleich los. Ich habe einen Tisch im Bistro 33 bestellt, ich hoffe, das ist Ihnen Recht? Sonst können wir auch gerne woanders hin."

„Nein, das ist sehr schön."

Er hielt ihr die Tür seines Porsches auf und Jenny versank in den tiefen Ledersitzen. Auf der Fahrt herrschte zunächst beklommenes Schweigen.

„Sie brauchen keine Angst zu haben. Ich werde Sie nicht über den Fall ausfragen", lächelte er endlich.

Jenny lächelte zurück.

„Ich könnte Ihnen auch gar nichts erzählen."

„Das enttäuscht mich zu hören. Es wäre entsetzlich, wenn Manuelas Mörder nicht gefunden würde. Sie haben mir übrigens zu einer makabren Berühmtheit verholfen."

„Ach, wie das?"

„Es hat sich herumgesprochen, dass ich Manuela gemalt habe und irgendwie scheint das bei vielen meiner Studentinnen eine morbide Faszination hervorzurufen. Ich werde momentan mit Angeboten zum Modellstehen überhäuft. Und meine Seminare sind auch begehrter als vorher."

„Es ist immer wieder erschreckend, wie fasziniert die Menschen von Verbrechen sind. Es gibt einen richtiggehenden Tourismus zu Verbrechensschauplätzen."

„Ja, die Leute lieben das Reale, noch mehr als Gruselfilme."

„Ich habe gerade die Entdeckung gemacht, dass es in Frankfurt sogar Führungen zu Schauplätzen alter Sagen und Verbrechen gibt."

„Ach tatsächlich?" Gascon lenkte den Wagen vor das Restaurant. „Und ein Parkplatz direkt vor der Tür."

Der Abend verlief äußerst angenehm. Paul Gascon war ein ausgesprochen charmanter und großzügiger Gastgeber. Die Unterhaltung mit ihm interessant und witzig. Häufig streute er kleine, nicht zu aufdringliche Komplimente ein. Jenny bedauerte aufrichtig, als der Abend sich dem Ende zuneigte und er sie nach Hause brachte. Obwohl sie sich zurückgehalten hatte, fühlte sie sich ein klein wenig beschwipst und aufgeregt wie ein Schulmädchen, als er sie zu ihrer Tür begleitete.

„Ich habe den Abend sehr genossen und würde ihn gerne wiederholen. Sehr bald."

Sie lächelte.

„Ich ruf Sie morgen an, wenn ich darf." Er beugte sich über ihre Hand und küsste ganz zart ihr Handgelenk. Dann drehte er sich um, ging zu seinem Porsche und fuhr davon, während Jenny ihm nachblickte. Wow. Sie hatte ganz zittrige Knie und ging, ohne das Licht anzumachen, hinein. Sie fühlte sich wie ein Teenager bei der ersten Verabredung. Und wenn sie so in sich horchte, nein, das war absolut kein schlechtes Gefühl. Lange lag sie noch wach und dachte an den Abend, bis sie endlich mit einem Kribbeln im Bauch einschlief.

Tag 7, Samstag

Das Aufstehen fiel ihr schwer, doch die gute Laune des vorigen Abends hielt an, und so rief sie beim Reinkommen ins Büro Sascha und Logo ein fröhliches moinmoin zu. Beide blickten sie entgeistert an. Logo, der sich gähnend an seiner Kaffeetasse festhielt, fragte. „Was ist denn mit dir los? Bist du krank?"

„Nö, wieso? Nur gut gelaunt. Ist das so ungewöhnlich?"
Sascha öffnete den Mund.

„Sag jetzt lieber nix, gar nix", riet Logo ihm hilfsbereit. Sascha klappte den Mund wieder zu und beschäftigte sich intensiv mit seinen Unterlagen.

„So, Jungs, was habt ihr denn rausgefunden?"

„Ricky wusste nichts von diesen Happenings. Allerdings hat Kiesewetter ihm erzählt, dass er als Schauspieler jobben würde, vielleicht hat das was damit zu tun?"

„Warte mal, da lag so eine Broschüre rum. Die arbeiten an einem sozialen Projekt mit, bei dem gefährdeten Jugendlichen

Jobs vermittelt werden. Wir müssen nachfragen, ob er da drin war. Kannst du das machen? Dieses Projekt hieß, Moment, ja, *Prometheus* hieß es, wie der Gott. Findest du bestimmt im Internet."

„Mach ich sofort."

Logo schaltete sich ein. „Ich habe Manuelas Mitbewohnerin gesprochen. Die wusste nichts von diesen Führungen."

„Mist, wie können wir das rausfinden? Die führen kein Buch über die Leute, die teilnehmen. Aber ein Foto von ihr können wir denen zeigen. So hübsch wie sie war, vielleicht erinnert sich jemand. Die gehen übrigens auch zum Mörderbrünnchen."

„Und ich hab mich schlau gemacht über diese anderen Sagen. Bei der Turmgeschichte geht's um einen notorischen Wilderer, der da eingesperrt war und auf seine Hinrichtung gewartet hat. Er hat sich aber durch eine Wette, bei der er neun Schüsse in die Wetterfahne abgegeben hat, freigekauft. Das Wildern hat er aber nicht aufgegeben. Das mit dem Brückenhahn ist schwieriger, da gibst so viele verschiedene Versionen."

„Also war das doch kein Zufall, dass er unterm Briggegickel hing?"

„Sascha? Du kennst den Briggegickel?"

„Aber sicher, schließlich bin ich ja von hier und nicht so ein Eingeplackter wie du", grinste er.

„Wo ich herkomme, reden die Leute wenigstens deutsch."

„Wie langweilig", lästerte Jenny.

„Solln wir dir mal ein Buch schenken? Hessisch für Anfänger? Mittlerweile kann man sogar den Asterix auf hessisch lesen."

„Meine Güte, wer macht denn sowas freiwillig? Naja egal. Kannst du uns die Geschichte erzählen?"

„Hm, nicht genau, aber ich könnt's auch googlen. Also ich glaub, da gibt's zwei Geschichten, eine, die mehr historisch ist und eine, die mehr ein Märchen ist. So hats mir mein Vater mal erzählt. Den könnt ich auch anrufen."

„Ja, mach das. Würd mich interessieren, was die Frankfurter so erzählen."

„Gut, der müsste schon im Lokal sein."

„Ihr habt ein Lokal?"

„Ja sicher, ein richtig altes Appelweinlokal. In der Berger Straße. Mit Fichtenkranz davor, weil wir machen nämlich unseren Ebbelwoi selbst."

„Na, da wissen wir ja, wo wir die nächste Feier machen, wobei Apfelwein brauch ich nicht unbedingt, der richtet immer Furchtbares in meinen Därmen an, aber ihr habt ja auch sicher Bier."

„Bier, nee, das hätt mein Vater aber jetzt nicht hören dürfen. Dem wären vor Schreck die letzten Haare ausgefallen."

„Die spinnen, die Frankfurter. Na los, ruf ihn an. Und du hör auf zu grinsen, Jenny."

Jenny lachte. „Ich dachte nur gerade an deine erste Erfahrung mit Apfelwein."

„Sehr witzig, ich würde das lieber vergessen."

„Hehe, das dachte ich mir. Ah, Sascha hat seinen Vater an der Strippe."

„Babba? Isch binns. Hast grad Zeit? Isch hab da ma e Fraach. Is beruflich. Kannst mir noch emal die Gschicht vom Briggegickel erzähle? Ja, jetzt wenn's geht. Aha…jo…ah…so war des…okee, isch dank dir schee. Ja, vielleicht komm isch heut Awend ema korz rei. Bis denn."

„Was war das denn für eine Sprache?"

„Ei hessisch, Logo. Ich kann aber auch anders. Dann verstehst du mich auch. Also das mit dem Giggel, Verzeihung mit dem Hahn, ist wie folgt. Der Baumeister, der die Brücke fertig stellen sollte, war in Verzug und hatte nur noch eine einzige Nacht Zeit. Also hat er einen Pakt mit dem Teufel geschlossen, der sollte ihm die Brücke über Nacht fertig bauen, dafür sollte er die Seele des ersten Lebewesens erhalten, das am Morgen die neue Brücke überqueren würde. Der Baumeister hat den Teufel dann ausgetrickst und einen Hahn über die Brücke getrieben, so dass der Teufel auf die erhoffte menschliche Seele verzichten musste. Daran soll die Figur von dem Hahn erinnern."

„Ob sich das Motiv in diesen Geschichten verbirgt?", überlegte Jenny. „Will er uns etwas sagen? Wieso arrangiert er die Leichen so? Ist doch ein Haufen Arbeit, außerdem riskiert er, entdeckt zu werden."

„Wer weiß schon, was in so einem kranken Hirn vorgeht. Wir werdens rausfinden. Übrigens noch was, der Nachtdienst hat sich die Personalbögen von dem Happeningladen mal angeschaut. Da ist als Vermittler manchmal diese Stiftung angegeben. Das wäre ein Ansatz. Und natürlich dieser fest angestellte Schauspieler, Grosse, der hat ordentlich Dreck am Stecken. Angeklagt wegen versuchter Vergewaltigung und Verführung Minderjähriger. Dass die so jemanden einstellen. Aber zum Leute erschrecken taugt er ja vielleicht grade."

„Vielleicht wissen die das gar nicht. Er gibt das garantiert nicht an. Ist er denn vorbestraft?"

„Für Verführung Minderjähriger hat er nur Sozialdienst bekommen und die Vergewaltigung konnte ihm nicht nachgewiesen werden."

„Den knöpfen wir uns auf jeden Fall vor. Haben wir die Adresse?"

„Ja, er wohnt in Rödelheim. Wenn er abends arbeitet, ist er jetzt vielleicht zu Hause. Sollen wir uns anmelden?"

„Besser nicht, ich möchte ihn lieber überraschen."

„Gut, vielleicht werfen wir ihn aus dem Bett. Sascha wie sieht's aus? Hast du was über diesen Sozialladen rausgefunden?"

„Moment, bin gerade auf der Seite, die sitzen auch in Rödelheim, interessant."

„Was denn?"

„Wisst ihr, wer da als Berater tätig ist? Dr. Possmann! Der sitzt sogar im Vorstand!"

„Bingo, da haben wir eine Verbindung. Den können wir auch gleich nochmal besuchen, da wird er sich freuen."

„Oh Mann, Jenny, ich krieg heut bissl Angst vor dir. Dann mal los. In Rödelheim kenn ich nen guten Metzger in einer Seitenstraße. Da können wir uns was zum Frühstücken holen."

„Du denkst auch nur ans Essen. Aber du hast recht, die heiße Fleischwurst da ist klasse."

„Na, dann komm, fahren wir. Aber heut nehmen wir einen Dienstwagen. Ich bin ohne Wagen hier und in deinem Miniauto krieg ich Kreuzschmerzen."

Mit einem Kombi aus dem Fuhrpark der Polizei fuhren sie über die Miquelallee stadtauswärts nach Rödelheim. Nachdem sie sich in besagter Metzgerei mit heißer Fleischwurst gestärkt hatten, liefen sie die paar Schritte bis zu dem Hochhaus, in dem der Schauspieler wohnte. Das Haus hatte mindestens fünfzig Klingelschilder und es dauerte einige Zeit, bis sie den entsprechenden Namen gefunden hatten. Erst nach mehrmaligem Klingeln ertönte in der Türsprechanlage eine verschlafene Stimme.

„Wersn da?"

Jenny und Logo grinsten sich an. „Kriminalpolizei. Bitte öffnen Sie die Tür."

„Polizei?" Es blieb lange still, bis endlich der Türöffner summte. Mit dem Aufzug fuhren sie in den neunten Stock und betraten einen düsteren Flur. Am hinteren Ende öffnete sich eine Tür und ein etwa dreißigjähriger Mann in einem verschlissenen dunkelblauen Bademantel trat hinaus. Jenny und Logo gingen auf ihn zu und wiesen sich aus.

„Können wir vielleicht hineingehen?"

„Können wir nicht. Oder haben Sie vielleicht einen Durchsuchungsbefehl? Sagen Sie was Sie wollen und dann hauen Sie wieder ab, damit ich wieder ins Bett kann."

„Also Herr Grosse, seien Sie doch vernünftig. Es geht hier um einen Mordfall. Wollen wir das wirklich hier auf dem Gang besprechen?"

„Mord?" Er schien unschlüssig. „Verdammt. Dann kommen Sie halt rein."

Er drehte sich um und schlurfte voran in einen unaufgeräumten Vorraum.

„Hier is wohl genug drinnen, also was wolln Sie von mir? Wer ist denn umgebracht worden?"

Jenny seufzte. „Gut, wie Sie möchten. Es geht um drei Morde, deren Opfer jeweils in Zusammenhang mit Ihren Happenings standen."

„Meinen Happenings? Was solln das schon wieder heißen?"

„Nichts. Wir befragen alle, die in irgendeiner Weise mit den Grusel-Happenings in Verbindung stehen. Sie treten da regelmäßig auf?"

„Ja, is ja wohl nicht strafbar."

„Nein, bitte schauen Sie sich diese Fotos hier an. Kennen Sie eine der Personen?"

Widerwillig griff er nach den Bildern. „Da, die Hübsche, hab ich schon gesehn. An so ne Zuckerschnecke erinnert man sich ja."

„Ach und wann war das?"

„Vor son paar Wochen. Hab mir noch überlegt, ob ich sie abschlepp, aber sie hatte so nen Zuckerdaddy dabei."

„Zuckerdaddy?"

„Ja, sonen älteren Typ, der nach mächtig Geld aussah."

„Können Sie ihn irgendwie beschreiben?"

„Nee, den hab ich mir nicht angeschaut, nur die Schnecke."

„Und die anderen Fotos?"

„Der hier, der Junge, hat ein paarmal ausgeholfen. Als Leiche glaub ich. Hab aber nie mit ihm gesprochen. Der konnte ja abhauen, wenn die Gruppe weiterzog."

„Arbeiten Sie nur dort oder auch noch woanders?" mischte sich Logo ein.

„Nur da, reicht das nich? Isn stressiger Job. Komm kaum vor Mitternacht heim."

„Und weiß Ihr Arbeitgeber von Ihrem Vorleben?"

„Was solln das wieder heißen? Hätt ich mir ja denken können, dass Sie die alten Sachen wieder raus zerren. Ich war unschuldig. Die Tussi hat gesagt, sie wär achtzehn."

„Ja, und das Mädchen, das Sie wegen Vergewaltigung angezeigt hat, wollte es so?"

„Genau und jetzt haun Sie ab. Das muss ich mir nicht bieten lassen. Noch einmal sprech ich nicht mit Ihnen. Nur mit Anwalt. Raus jetzt!"

Jenny zog Logo am Ärmel. „Komm, lass gut sein." Sie traten in den Flur hinaus und die Tür knallte hinter ihnen ins Schloss.

„Das war jetzt aber nicht sehr diplomatisch."

„Ach, der Typ ist doch zum Kotzen. Tut mir leid, ich hätte die Klappe halten sollen."

„Du hast ja recht, aber vielleicht hätte er sich an noch mehr erinnert. Jetzt macht er bestimmt erst mal dicht."

„Ich kenn die Typen, bei denen geht das nur mit Druck. Das nächste Mal bestellen wir ihn ein, dann kann er ja mit Anwalt aufkreuzen. Fahren wir jetzt bei diesem *Prometheus*-Verein vorbei?"

„Ja, ist hier ums Eck. Da können wir hinlaufen."

Zu Fuß spazierten sie die Hauptstraße entlang, bis sie vor den Räumen der sozialen Einrichtung standen, die sich über einem Eissalon befanden.

„Praktisch", meinte Jenny und sie stiegen die Treppe hinauf zum Eingang. Die Tür stand offen und ohne, dass jemand Kenntnis von ihnen nahm, betraten sie die Büros, in denen mehrere Schreibtische standen, an denen lautstark gearbeitet und telefoniert wurde.

„Ähem", räusperte sich Logo, ohne damit eine Reaktion hervorzurufen. Ungeduldig ging er zum nächstbesten Schreibtisch und lehnte sich darüber, um der molligen Frau, die dahinter saß, ins Gesicht zu blicken.

„Entschuldigen Sie."

Sie schien ihn erst in diesem Moment zu entdecken und blickte ihn erstaunt an.

„Ja?"

Logo wies sich aus. „Kriminalpolizei. Gibt es hier eine Art, hm, Chef, den wir sprechen könnten?"

„Äh, also einen Chef in dem Sinn haben wir eigentlich nicht. Um was geht es denn?"

„Um Mordfälle, die wir bearbeiten."

Sie wurde blass.

„Wir interessieren uns für die Jungs, die Sie an die Grusel-Happenings vermitteln. Wer ist dafür zuständig?"

„Oh, die Grusel-Happenings, ja da sind Sie bei mir richtig. Ich schlage Jungs vor, mache die Termine aus und Dr. Possmann muss das Ganze genehmigen."

„Dr. Possmann arbeitet auch hier in diesen Räumen?"

„Ja, aber nicht jeden Tag, heute ist er zum Beispiel hier. Das heißt, er müsste jeden Augenblick kommen."

„Das passt ja ausgezeichnet. Vielleicht erzählen Sie uns inzwischen ein bisschen darüber, was Sie hier eigentlich machen?"

„Aber gerne", sie glühte förmlich vor Eifer. „Also wir sind eine tolle Einrichtung. Jugendliche, die kleinere Straftaten verübt haben, werden vom Gericht hierhergeschickt. Wir beraten sie dann und versuchen ihnen Jobs zu besorgen. Dr. Possmann betreut sie psychologisch. Wir haben schon vielen auf den rechten Weg zurückgeholfen."

„Das ist ja sehr schön."

Jenny gab ihm einen Schubs mit dem Ellbogen.

„Da kommt er, der Doktor. Mir schien er gar nicht so einen selbstlosen Eindruck zu machen", flüsterte sie.

„Hören wir uns mal an, was er uns zu sagen hat."

Sie bedankten sich bei der Molligen und traten dem Doktor entgegen.

„Guten Morgen, Herr Doktor!"

„Guten Morgen." Er blickte sie verwirrt an. „Ah, die Frau Kommissarin. Was machen Sie denn hier? Suchen Sie mich?"

„Nicht nur, Herr Doktor, nicht nur, aber wir würden gerne nochmal mit Ihnen sprechen."

„Natürlich, kommen Sie doch bitte mit." Er führte sie durch das Chaos überladener Schreibtische zu einer Tür im Hintergrund und ließ sie eintreten. Hier war es ordentlicher, aber das Mobiliar war alt und abgenutzt. „Bitte, setzen Sie sich doch. Es ist nicht sehr komfortabel aber ich denke, es wird gehen."

Sie setzten sich auf zwei Holzstühle vor einen alten Schreibtisch und der Doktor nahm dahinter Platz.

„Was verschafft mir das Vergnügen so kurz nach Ihrem letzten Besuch?" Fragend blickte er Jenny an.

Sie kam gleich zur Sache. „Wir ermitteln zurzeit nicht nur im Mordfall Ihres Freundes Herr Wegener, sondern auch noch in zwei anderen Mordfällen. Beide stehen in einem gewissen Zusammenhang mit diesen Grusel-Happenings, zu denen Sie auch Jungs vermitteln."

„So? In welchem Zusammenhang denn?"

„Wir vermuten, dass der eine Junge da gearbeitet hat, das andere weibliche Opfer hat daran teilgenommen."

„Und Sie meinen nicht, dass das Zufall ist? Viele tausend Leute nehmen jedes Jahr an den Happenings teil, soviel ich weiß."

„Das wäre natürlich möglich, aber wir müssen jeder Spur nachgehen. War Ihr Freund Herr Wegener jemals bei einem dieser Happenings dabei?"

„Ja, einmal auf jeden Fall. Es ging um Frankfurter Sagen, soviel ich weiß. Er selbst interessierte sich wenig dafür, aber eine seiner, äh, Freundinnen wollte wohl unbedingt mitmachen."

„Kannten Sie diese Freundin?"

„Ich habe sie einmal gesehen, kannte sie aber nicht näher."

„War sie zufällig jung und hatte lange blonde Haare?"

„Nein, sie war dunkelhaarig, Ende dreißig würde ich schätzen."

Wäre ja auch zu schön gewesen, dachte Jenny.

„Und Sie sagen, ein Junge ist tot?", sprach Dr. Possmann Jenny direkt an. „Wer denn?"

„Kai Kiesewetter, hier ist ein Foto von ihm. Kennen Sie die Jungen alle persönlich?"

„Ich spreche zumindest einmal mit jedem, danach nur noch, wenn sie Rat suchen oder es Probleme gibt. An diesen Kai erinnere ich mich nur vage."

„Waren Sie selbst mal bei einem dieser Happenings?"

„Natürlich, ich habe mir zuerst angeschaut, wo die Jungs arbeiten sollen. War sehr interessant."

„Und Sie fanden es nicht bedenklich, dass ausgerechnet straffällige Jugendliche Leute zum Schein überfallen und Leichen spielen?"

„Nein, im Gegenteil. Vom psychologischen Aspekt her konnte das ihrer Entwicklung sogar förderlich sein. Und mal ehrlich, Jobs sind für solche Kids schwer zu finden, da muss man sowieso nehmen, was man bekommt."

„Herr Doktor, verstehen Sie mich nicht falsch, ich bin etwas überrascht, dass Sie das hier machen. Wenn ich an ihre Praxis in der Goethestraße denke…"

Dr. Possmann lächelte. „Ja, das mag Ihnen seltsam vorkommen. Aber das ist nun mal meine soziale Seite. Mit meiner

Praxis verdiene ich genug, um mir hier die ehrenamtliche Arbeit leisten zu können."

Jenny nickte anerkennend. „Dann danke ich Ihnen für die Auskünfte. Ist es möglich, eine Liste aller Jungs, die an die Happenings vermittelt wurden, zu bekommen?"

„Bestimmt, Grace, mit der Sie vorhin gesprochen haben, soll sich darum kümmern. Ich gehe mit Ihnen hinaus und sage es ihr."

Jenny und Logo bedankten sich und folgten ihm zu besagter Grace, die ihnen in kürzester Zeit eine Liste ausdruckte und sie freundlich verabschiedete.

Vor der Tür blieben sie einen Moment stehen. „Irgendwie kommt mir das alles zu gut vor."

„Wie meinst du das, Logo?"

„Zu viel schöne heile Welt. Der Doktor ist irgendwie aalglatt. Die Nummer vom edlen Samariter nehm ich ihm nicht ab."

„Ja, passt irgendwie nicht. Ich bin mir auch nicht sicher, ob da nicht mehr dahintersteckt. Aber was? Wart mal, ich geh nochmal rein und frag diese Grace, wohin sie die Jungs noch vermitteln."

Ein paar Augenblicke später war sie wieder draußen und schwenkte einen Zettel. „Gut organisiert die Dame. Auf den ersten Blick nichts Auffälliges, aber da setz ich mich nochmal in Ruhe dran. So, fahren wir zurück?"

„Ich würd eigentlich ganz gerne nach Hause fahren. Schließlich ist Wochenende. Wir sind bei Karins Eltern zum Grillen eingeladen. Dafür würd ich morgen arbeiten. Sascha hat auch Sonntagsdienst, den will ich lieber noch nicht alleine lassen. Geht das von deiner Seite aus in Ordnung?"

„Ja klar, dann mach ich bis heut Abend und gönn mir morgen vielleicht nen halben freien Tag. Ihr könnt mich anrufen, wenn was ist. Ich setz dich am Präsidium ab und fahr nochmal zu diesem Happening-Büro. Mal sehen, was der zu unseren neusten Erkenntnissen sagt und ob er auf den Fotos jemanden erkennt. Bin gespannt, ob er weiß, was sein Hauptschauspieler fürn Früchtchen ist."

„Pass aber auf dich auf, Jenny. Hier haben wirs mit einem richtig kranken Gehirn zu tun. Nicht, dass ders noch auf dich absieht."

„Ja, du hast recht, solange wir nicht mehr über den wissen, pass ich auf und betrachte erst mal jeden als verdächtig."

Naja, fast jeden, dachte sie bei sich. Ob er heute Abend anrufen würde? Schnell verscheuchte sie den Gedanken wieder. Aber warum eigentlich nicht? Ihr Kollege Logo fuhr ja jetzt auch zu seiner neuen Freundin und Sascha, naja, das musste sie noch rauskriegen, zu wem der abends fuhr.

Wie versprochen setzte sie Logo am Präsidium ab und fuhr weiter in die Innenstadt, wo sie im Parkhaus Hauptwache parkte. Als sie Richtung Fahrstuhl lief, kam ihr eine Fahrzeugreihe weiter ein Mann in einem beigen Regenmantel eiligen Schrittes entgegen. Irgendwie kam er ihr bekannt vor und sie blickte ihm möglichst unauffällig über die Dächer der Autos hinweg nach. Natürlich, das war Herr Grosse, der Schauspieler. Wahrscheinlich war er im Büro der Frankfurt-Happenings gewesen. Selbst von hinten machte er einen wütenden Eindruck. Jenny trat hinter einen Pfeiler und beobachtete, zu welchem Wagen er lief. Herr Grosse stieg in eine nagelneue Corvette, von der Jenny nur wusste, dass sie zumindest weit über ihrem Gehalt lag.

Den mussten sie genauer überprüfen. Sie lief weiter, während die Corvette mit quietschenden Reifen aus der Parklücke fuhr und die Rampe hinunter.

Ein paar Minuten später erreichte Jenny das Büro, das heute einen ganz anderen Eindruck machte, als am Tag zuvor. Alles war hell erleuchtet und am Schreibtisch saß eine Frau in den Fünfzigern mit ordentlicher Dauerwelle und hackte auf die Tastatur des PCs ein, während sie gleichzeitig mit Headset telefonierte.

„Heut Abend? Nein, leider nicht, unsere Happenings sind meist weit im Voraus ausgebucht. Ja, tut mir leid. Das nächste? Es soll das Gruselevent sein? Ja, da kann ich Ihnen erst wieder den achten August anbieten. Nein, vorher leider gar nichts, es sei denn, es sagt jemand ab. Gut, vier Karten, ich reserviere sie und Sie holen sie bitte die nächsten Tage ab. Ja gerne, schönen Abend noch."

Während das Telefon schon wieder klingelte, lächelte sie Jenny freundlich an. „Guten Tag, was kann ich für Sie tun?"

Jenny wies sich aus. „Ich würde gerne mit Herrn Müller sprechen."

„Ah, Sie waren gestern schon einmal hier, nicht wahr? Da hatte ich meinen freien Tag. Bitte, gehen Sie nach hinten durch. Er ist alleine."

Jenny bedankte sich, ging nach hinten und klopfte an der Tür. Fast im gleichen Moment wurde sie aufgerissen.

„Ach, Sie wieder, Frau wie war das noch? Becker, oder? Kommen Sie doch herein. Viel Zeit habe ich nicht, das Event geht in einer Stunde los."

„Es wird nicht lange dauern. Vor allem wollte ich Sie bitten, sich ein paar Fotos anzusehen. Hier, das ist das erste Opfer."

Der Zweimetermann griff nach dem Foto und schaute es kurz an. „Natürlich kenn ich die. Also ich meine, ich erinnere mich an sie. So hübsch wie das Mädel ist. Die war bei irgendeinem Event dabei. Aber mehr weiß ich nicht von ihr."

„Können Sie sich vielleicht erinnern, mit wem sie dabei war?"

„Hm", er überlegte, „nee, beim besten Willen nicht."

„Herr Grosse meinte, es wäre ein älterer Mann gewesen. Offensichtlich ein wohlhabender."

Bei der Erwähnung des Namens Grosse zog ein unwilliger Zug über sein Gesicht.

„Na, wenn er das gesagt hat. Er achtet wahrscheinlich mehr auf solche Sachen als ich."

„Wissen Sie Bescheid über Herrn Grosses Vorleben?"

„Seine Vorstrafen meinen Sie? Ja, weiß ich. Er kam ja auch über diese *Prometheus*-Stiftung."

„Was? Ich dachte, da würden nur Jüngere vermittelt. Herr Grosse ist doch bereits um die dreißig."

„Der kam auf persönliche Empfehlung eines der Vorstandmitglieder. Das ist schon zwei Jahre her."

„Kennen Sie ihn näher?"

„Ja, das kann man sagen nach der Zeit."

„Ich glaube, ich habe ihn vorhin im Parkhaus gesehen, kam er von hier?"

„Er war kurz hier, um etwas für das Event zu besprechen."

„Er schien mir etwas ... erregt?"

„Ach, tatsächlich?" Müller wischte sich die Stirn. „Das kam Ihnen vielleicht nur so vor. Ich wüsste zumindest keinen Grund, warum er hätte erregt sein sollen."

„Er ist in eine Corvette eingestiegen. Hier verdient er doch bestimmt nicht so viel Geld?"

Müller lachte. „Nee, ganz sicher nicht. Arbeitet ja nur stundenweise. Nee, der Frank hat Geld wie Heu, reiche Eltern. Den Job bei mir hat er ursprünglich nur angenommen, weil er zu seinen Resozialisierungsauflagen gehörte. Mittlerweile macht er ihm einfach Spaß, glaub ich. Er müsste gar nicht arbeiten. Die Eltern haben eine Riesenvilla in Königsstein. Da hat er auch ne eigene Wohnung, aber er hat auch eine hier in der Stadt. Privatsphäre, Sie verstehn?"

Jenny verstand allerdings. „Gut, bitte, schauen Sie sich noch das Foto an. Wir wissen mittlerweile, dass der Junge hier gearbeitet hat. Erinnern Sie sich an ihn?"

„An das Gesicht ja, an den Namen nicht, falls ich ihn jemals wusste. Haben Sie immer noch den Verdacht, dass die Morde mit unseren Happenings zusammenhängen?"

„Wir müssen jede Möglichkeit in Betracht ziehen. Natürlich kann das auch alles Zufall sein. Zuletzt noch dieses Foto hier. Das letzte Opfer."

„Hm, kommt mir irgendwie bekannt vor, aber nur flüchtig, wenn überhaupt. Sehn Sie, ich sehe jeden Tag so viele Leute..."

„Gut, Herr Müller, dann will ich Sie für heute nicht länger aufhalten"

„Und heute kann ich Sie auch nicht überreden, an der Führung teilzunehmen? Thema ist die Pest."

„Oh, nee, lieber nicht. Aber wann ist denn das nächste Gruselevent, also das, wo sie ans Mörderbrünnchen gehen?"

„Morgen Abend. Natürlich ausgebucht. Aber wenn Sie mit möchten…da lässt sich sicher etwas machen."

„Das wäre nett Herr Müller, falls ich nicht mitkann, würde ich gerne einen meiner Kollegen schicken."

„Natürlich Frau Kommissarin, sagen Sie einfach Bescheid."

Jenny verabschiedete sich und zeigte die Fotos noch der Dame am Empfang, Frau Mende, die mehrere Tage in der Woche in den Spätnachmittagsstunden das Büro besetzt hielt, doch sie konnte sich an keinen der Abgebildeten erinnern.

Gegen neunzehn Uhr dreißig kam Jenny wieder im Präsidium an, wo sie Sascha antraf.

Sie informierte ihn über die Ergebnisse des Tages. „Und was hast du angestellt heute?"

„Ich hab die Bootsvereine abgeklappert. Unter der Woche hab ich ja kaum jemanden angetroffen, aber heute. Also: Bei keinem ist ein Boot verschwunden. Ich versuche, Listen der Bootsbesitzer zu bekommen, das dürfte etwas dauern. Die haben sich angestellt von wegen Privatsphäre und so. Und je nobler der Verein war, desto mehr. Angeblich ist es nicht möglich, heimlich ein Boot zu nehmen und zurückzubringen. Naja, wenn die das sagen."

„Gut, dann mach jetzt Feierabend. Morgen kannst du ruhig später kommen, Logo kommt gleich morgens und für dich hab ich abends einen Auftrag."

„Abends?"

„Ja, muss sein. Wenn du willst, kannst du deine Freundin mitnehmen, falls sie sich gerne gruselt."

„Wieso gruselt?"

„Morgen ist das Event am Mörderbrünnchen. Ich hätte gerne, dass du da mitgehst und dich umschaust. Die erinnern sich alle an Manuela Wagner, aber nur flüchtig an den Wegener und den Jungen. Fühl denen ruhig mal auf den Zahn."

„Macht bestimmt Spaß. Aber meine Freundin nehm ich nicht mit. Deren Tante hat morgen Geburtstag. Da hab ich wenigstens einen Grund, mich zu drücken."

Jenny grinste. „Na dann los, der Tag war lang genug."

Als Jenny nach Hause kam, ging die Sonne schon langsam unter. Ein Blick auf die Uhr zeigte ihr, dass es fast neun war. Als sie die Diele betrat, fiel ihr Blick als erstes auf ihren blinkenden Anrufbeantworter und ihr Herz machte einen Hüpfer.

„Blöder Teeny", schalt sie sich selbst und drückte auf den Abspielknopf.

„Gascon hier. Liebe Frau Kommissarin, ich wollte Sie fragen, ob Sie morgen arbeiten müssen oder vielleicht Lust hätten, einen Ausflug mit mir zu machen. Wenn Sie mögen, rufen Sie mich an. Ich gehe heute bestimmt nicht vor vierundzwanzig Uhr schlafen."

Jenny merkte, dass sie vor Anspannung die Luft angehalten hatte, und atmete langsam aus. Meine Güte, ein Mann der einen Ausflug mit ihr machen wollte. Das gab's noch? Eigentlich müsste sie an dem Fall weiterarbeiten. Ach was solls, Privatleben zählte schließlich auch. Und ein paar Stunden Kommissariat vorher oder nachher sollten auch genügen. Die übrige Zeit wäre sie sowieso per Handy erreichbar.

Mit einem Kribbeln im Bauch hob sie den Hörer ab und wählte die Nummer, die sie bereits auswendig kannte. Bereits nach dem zweiten Klingeln wurde auf der anderen Seite der Hörer abgehoben und die sonore Stimme meldete sich mit „Gascon, guten Abend?"

„Ja, Becker hier. Guten Abend."

„Guten Abend, Frau Kommissarin. Das freut mich, dass Sie anrufen. Jetzt hoffe ich nur noch, dass Sie mir auch zusagen für morgen."

„Also für einige Stunden müsste ich ins Büro, aber ich komme gerne mit, allerdings muss ich immer erreichbar sein, schließlich stecken wir mitten in den Ermittlungen."

„Kein Problem. Wollen wir vielleicht am späten Vormittag irgendwo zum Essen hinfahren? Ich liefere Sie rechtzeitig wieder zu Hause ab, damit Sie noch arbeiten können."

„Das wäre schön."

„Dann hole ich Sie gegen elf ab?"

„Ja, das wäre fein. Ich freue mich."

„Und ich erst. Bis morgen dann!"

Als Jenny den Hörer auflegte, fiel ihr Blick in den Spiegel. Meine Güte, wann hatte sie das letzte Mal so dämlich gegrinst. Pass auf, raunzte sie sich selbst an, verlieb dich nicht, du kennst ihn kaum. Vielleicht hat er ganz unangenehme Gewohnheiten. Oder Schweißfüße.

Jetzt musste sie erst recht grinsen. Ich glaub, du musst ins Bett, erklärte sie ihrem Spielgelbild und ging ins Bad.

Am nächsten Morgen telefonierte sie mit Logo, der um neun schon auf der Dienststelle war und erzählte ihm etwas von einem Familientreffen, von dem sie gegen fünfzehn Uhr zurück sei.

„Halt solange die Stellung. Falls du mich brauchst, ruf auf dem Handy an.

Tag 7, Sonntag

Pünktlich um elf fuhr Paul Gascon vor und begrüßte Jenny mit einem Kuss auf die Wange. Sie fühlte zu ihrem Schrecken, wie sie errötete.

„Wo fahren wir denn hin? Oder ist das eine Überraschung?"

„An den Rhein, dachte ich. Da gib es hübsche Stellen. Ich kenne ein ganz reizendes kleines Restaurant."

„Das hört sich gut an. Ich bin gerne am Wasser."

„Dann haben wir etwas gemeinsam, ich liebe das Wasser. Nichts geht über Boot fahren oder tauchen."

„Tauchen, das wollte ich auch immer schon mal ausprobieren."

„Was hält Sie ab?"

„Hm, das weiß ich selbst nicht."

Er lachte herzlich und sah dabei unwiderstehlich aus. „Hüpfen Sie rein, es kann losgehen."

Sie fuhren zuerst nach Ingelheim und liefen eine Zeitlang am Wasser entlang, dann weiter in den Rheingau, wo sie in einem kleinen abgelegenen Dorf zu Mittag aßen. Diesmal erzählte Gascon viel aus seinem Leben, von seinem Beruf, seinen Hobbys und seinem Traum, einmal ein ganzes Jahr in Kanada zu verbringen.

„In Kanada?" fragte Jenny erstaunt. „Wieso ausgerechnet dahin?"

„Wegen der Weite, stellen Sie sich vor, tagelang wandern, ohne einem Menschen zu begegnen, nur Wälder, Seen und ursprüngliche Natur. Ich besitze eine kleine Blockhütte an einem See. Da kommt man nur mit dem Wasserflugzeug hin. Jedes Jahr verbringe ich da ein paar Wochen, wenn möglich."

„Stelle ich mir schön vor, aber ein ganzes Jahr."

Er lachte. „Ach, wer weiß, vielleicht langweile ich mich nach vier Wochen zu Tode. Aber probieren würde ich es gerne mal."

Beim Nachtisch waren sie so weit, sich ganz selbstverständlich zu duzen, und auf der Heimfahrt herrschte ein Schweigen zwischen ihnen, das statt unangenehm verheißungsvoll war. Als er sie zur Tür brachte, nahm er sie ganz selbstverständlich in den Arm und küsste sie zart auf den Mund.

„Schade, dass du heute noch arbeiten musst", murmelte er an ihrem Ohr. „Ich werde dich vermissen."

Jenny konnte nur nicken, da ihr momentan die Stimme fehlte.

„Ich bin ab heute Abend zwei Tage nicht da, ich muss zu einer Kuratorentagung nach Hamburg. Ich ruf dich an, wenn ich darf."

Sie räusperte sich und nickte. „Ich freu mich drauf." Einen Moment blickte sie ihm nach, wie er zum Auto ging und mit einem letzten Winken davon fuhr, dann ging sie hinein und zog sich um.

Um fünfzehn Uhr traf sie im Kommissariat ein, wo sie Sascha und Logo einträchtig beim Kaffee trinken und Kuchen essen vorfand.

„Aber hallo, ich denke hier wird gearbeitet!" grinste sie. Logo grinste zurück, während Sascha hastig schluckte und einen roten Kopf bekam.

„Mensch, is doch nur Spaß Sascha. Gib mir auch mal einen Kaffee bitte. Na, was habt ihr den ganzen Tag angestellt?"

„Ich bin ja eben erst eingetroffen Frau, Tschuldigung Jenny. Du hast ja gesagt, das wär in Ordnung, weil ich heut Abend zu dieser Führung soll."

„Ja genau, um neunzehn Uhr geht's los und der Treffpunkt ist an deren Laden. Dieser Herr Müller, der Chef, macht das selbst, ich hab ihn gerad auf dem Handy angerufen, sag ihm einfach, wer du bist. Und dann halt die Augen offen."

„Mach ich, bin schon gespannt. Wird bestimmt interessant."

„Ich hab auch was Interessantes", schaltete sich Logo ein. „Der Chef von diesen Happenings, der Müller, den hab ich routinemäßig überprüft. Weißt du, was der letztes Jahr gemacht hat? Den Bootsführerschein, und zwar zusammen mit einem Herrn Grosse, das ist doch der Schauspieler."

„Wie bist du denn da drauf gekommen?"

„Ich hab einfach mal ein bisschen rumgebohrt. Dachte mir, wenn da einer mit dem Boot rumgefahren ist, hat er ja vielleicht auch einen Führerschein. Und die sind alle registriert. Dann hab ich alle Namen gecheckt, die bisher in Verbindung mit diesen Fällen aufgetaucht sind. Und rat mal, wer noch einen Führerschein hat. Und schon seit Jahren. Der Possmann."

„Der ist mir eh suspekt. Hat überall die Finger drin. Wir müssen unbedingt diesen Stiftungs-Laden genauer untersuchen, obs da wirklich mit rechten Dingen zugeht. Vielleicht können wir morgen Kontakt mit den Kollegen von der Jugendkriminalität aufnehmen. Sascha, wie sieht's aus?"

„Gerne, Jenny, wonach genau soll ich suchen?"

„Irgendwelche Unregelmäßigkeiten, Beschwerden über die Jungs oder auch von den Jungs. Einfach mal stochern. Dem Possmann müssen wir genau auf die Finger schauen. Dann müssen wir noch rausfinden, ob einer von unseren Führerscheinbesitzern ein Boot hat und wo das liegt und vor allem, wann es zum letzten Mal benutzt wurde. Sascha, vielleicht findest du heut Abend die Gelegenheit, den Müller danach zu fragen. Er sollte auch wissen, ob der Grosse ein Boot hat. Das ist ja wie ein Spinnennetz. Irgendwie hängen die alle zusammen. Wahrscheinlich haben sie alle ihre Autos bei Wegener gekauft. Fahren schließlich alle Luxuskarossen. Was malst du denn da, Logo?"

„Eine Skizze, wie die alle verbunden sind und über wen wir was herausgefunden haben. Sonst komm ich durcheinander."

„Gute Idee. Was hältst du davon, wenn wir die Kollegen vom Profiler-Team hinzuziehen? Ob die uns was sagen können über den Täter? Bis jetzt haben wir nicht das geringste Motiv. Einzig und alleine bei Wegener könnte es ein Eifersuchtsdrama sein. Aber Frau Wegener müsste schon eine sehr gute Schauspielerin sein, wenn sie nicht von seinem Tod überrascht war. Hat eigentlich einer überprüft, ob der Sohn wirklich im Ausland war?"

„Ja", nickte Logo. „Lebt in England und war seit Monaten nicht hier. Morgen ist übrigens die Beerdigung. Vielleicht sollte einer von uns hingehen."

„Du bist dran, ich war auf der letzten, das hat gereicht."

Logo seufzte. „Na gut, Sascha, dann gehst du zu der von Kiesewetter. Gibt's da überhaupt eine?"

„Nee, der hat keine Angehörigen, der geht in die Forschung."

„Hast du ein Schwein. Aber um auf deine Frage zurückzukommen, Jenny. Wir können jemanden von den Psychologen hinzuziehen. Schaden kann es nichts. Vielleicht ist es sogar hilfreich. Ich meine, es sieht so aus, als handelt es sich um ein und denselben Mörder. Und planen muss er das auch genau. Die Frage ist nur, ist er jetzt fertig oder geht das Ganze weiter?"

Sascha blickte ihn betroffen an, während Jenny zustimmend nickte.

„Das überleg ich auch die ganze Zeit. Aber solange wir kein Motiv haben, können wir auch nicht voraussehen, ob ers noch auf jemand anderen abgesehen hat und wo er vielleicht als nächstes zuschlagen könnte."

„Ja, da bleibt nix als die gute alte Routinearbeit. Leute überprüfen und nochmal überprüfen und die Nase überall reinstecken. Hast du das auf der Polizeischule so gelernt?" Er zwinkerte Sascha zu. Der kratzte sich am Kopf.

„Hm, zumindest stand der Besuch von Grusel-Happenings nicht auf dem Lehrplan."

„Das fällt unter Weiterbildung", grinste Jenny.

„Warum bist du so gut gelaunt?", fragte Logo misstrauisch. „Auf was für ner Familienfeier warst du eigentlich?"

„Neugier bringt die Katze um!" lachte Jenny und loggte sich in den Computer ein. Das Internet war für Polizeibeamte gleichzeitig ein Fluch und ein Segen. Es ermöglichte, Informationen in Minutenschnelle zu finden, die früher in mühseliger Laufarbeit zusammengetragen werden mussten Den Tätern allerdings auch. Jenny war immer wieder geschockt, wie freigiebig manche mit Informationen über die eigene Person im Internet umgingen und wie vertrauensselig sie intime Details zum Beispiel in Foren und Chatrooms preisgaben.

„Ach Logo, deine Liste, kopier sie für den Profiler. Am besten einmal die Skizze mit den Querverbindungen und dann für jedes Opfer eine Liste mit allem, was wir herausgefunden haben. Sascha kann dir helfen."

Logo nickte und schnappte sich die Akten.

Tag 9, Montag

Am nächsten Morgen war Jenny früh an ihrem Schreibtisch und wartete gespannt auf Saschas Eintreffen. Gegen halb neun kam er die Tür hinein und entschuldigte sich verlegen.

„Tut mir leid, aber es ist halb drei geworden. Das Event ging bis ein Uhr nachts und nachher hab ich noch mit dem Müller gesprochen. Dann hatte ich deswegen noch Krach mit meiner Freundin. Fast hätte ich ganz verschlafen."

„Macht nix. Trink erst mal einen Kaffee und erzähl. Ah guck, der Herr Logo kommt auch jetzt erst. Hast du auch so ne gute Entschuldigung wie unser Kleiner?"

„Nö, aber ich hab Stückchen mitgebracht."

„Mit Schoki?"

„Klar."

„Okay, das zählt als Entschuldigung. Her damit. Also wars denn gruselig Sascha?"

„Das glaubst du nicht, Jenny, also sowas tolles. Sowas hab ich ja noch nie erlebt."

Er setzte sich mit seinem Kaffee an die andere Seite des Tisches. „Das fing an mit einem Spaziergang runter zur Alten Brücke. Hab gar nicht gemerkt, dass der Müller, der erst alle begrüßt hatte, gar nicht mehr da war. So ne junge Frau hat uns runter geführt, aber nicht viel gesagt. Der Müller erzählte nachher, das wär ne Studentin, die da jobbt. Also wir waren an der Brücke, da taucht der Müller auf in nem schwarzen Umhang mit Kapuze. Sah aus wie Gevatter Tod und hat mit einer Grabesstimme die Geschichte von dem Brückenhahn erzählt. Im Dunkeln auf der Brücke über dem Wasser, das man kaum sieht, war spannend. Dann sind wir in die Altstadt gelaufen, in die Pestgasse. Da wars totenstill, plötzlich erklangen Glocken und ein paar Gestalten kamen angewankt, Pestkranke und Aussätzige. Die waren so gut geschminkt, das erste Mädel ist da schon leicht hysterisch geworden.

Aber dann ging's erst richtig los. Ein Kleinbus hat uns in den Stadtwald gefahren. Mann, da isses ja nachts echt stockdunkel. Der Müller hatte eine Taschenlampe und hat uns durch den Wald zum Mörderbrünnchen gebracht. Zwei Mädels sind gleich wieder umgekehrt und haben im Auto gewartet. Am Mörderbrünnchen hat er die alte Sage erzählt und als es dazu kam, dass die Brunnenfee den Mörder tötet, da stieg ne weißgekleidete Gestalt aus dem Brunnen und würgte einen, der bis dahin zwischen den Zuschauern stand. Meine Güte, selbst ich hab mich zu Tode erschrocken und die anderen erst. Ich verstehs jetzt, dass da extra auf gesundheitliche Risiken hingewiesen wird. Da war son junger Typ, ich schwöre, dem haben die Knie geklappert."

Jenny grinste. „Das hört sich ja echt toll an. Ich glaub, ich muss da mal mitmachen. Wie wärs Logo, sollen wir das für den nächsten Betriebsausflug vorschlagen?"

„Hehe, ja, da würd ich den einen oder anderen gern mal sehen."

„Ihr hattet übrigens recht, der Müller hat tatsächlich ein Boot. Das liegt im Griesheimer Hafen. Und ich hab das Gefühl, dass er mit dem Grosse enger befreundet ist, als er zugeben möchte. Die haben nicht nur zusammen Führerschein gemacht, sondern nutzen auch das Boot beide."

„Soviel Bootsfahrer auf einem Haufen, das gibt's doch gar nicht."

Jenny tippte ein paar Anfragen in ihre Tastatur und zögerte über der Enter Taste. Schließlich siegte die Neugier. Vertrauen ist gut, Kontrolle ist besser. Sie klickte sich durch die Liste der Bootsführerscheinbesitzer, Gartner, Garrander, Gerke---kein Gascon. Erleichtert schloss sie die Datei. Natürlich konnte Herr Gascon, konnte Paul den Bootsführerschein auch woanders gemacht haben. Beim nächsten Treffen würde sie ihn danach fragen. Ob er heute anrufen würde?

Logo weckte sie aus ihren Träumereien, indem er ihr einen Stapel Papiere reichte. „Die Unterlagen für den Profiler. Willst du nochmal drüber schauen?"

„Nein, aber ich überleg gerade, was wir damit machen. Die Profiler beim LKA sind immer hoffnungslos überlastet. Da liegt das erst mal ewig rum. Ich weiß aber, dass hier in Frankfurt an der Uni ein Psychologe mit entsprechender Ausbildung sitzt, den die Kollegen bei Mordfällen schon einige Male hinzugezogen haben."

„Fragen kostet ja nichts. Hast du seine Telefonnummer?"

„Ja, die hab ich für solche Zwecke notiert. Ich ruf gleich an."

Sie wählte die Nummer und wurde direkt mit dem Psychologen verbunden, der obendrein Zeit für sie hatte.

„Super, bei dem ist ein Seminar ausgefallen. Glaub, der hat sich richtig gefreut, dass ich ihn aufsuchen will. Ich fahr los. Bis dann."

Eine halbe Stunde später traf sie im Hauptgebäude der Frankfurter Universität ein und suchte sich ihren Weg durch die verzweigten Gänge. Nach einigen Minuten stand sie vor der richtigen Tür und klopfte. Wenige Sekunden danach wurde sie aufgerissen und vor ihr stand der Psychologe Dr. Mendelssohn. Mit seinen Jeans, dem weißen kurzärmligen Hemd, der drahtlosen Brille und dem langen Pferdeschwanz kam er ihr viel jünger vor, als sie ihn sich vorgestellt hatte.

„Sie müssen die Dame von der Polizei sein? Bitte kommen Sie doch herein und setzen Sie sich. Möchten Sie einen Kaffee?"

Sofort stieg er auf Jennys Beliebtheitsskala steil empor. Ein Mann, der die elementarsten Bedürfnisse einer Frau kannte.

„Danke gerne", lächelte sie ihn an und setzte sich an einen großen Tisch, dessen eine Hälfte mit Akten beladen war, die wie Kraut und Rüben übereinander gestapelt waren.

„Nett, dass Sie so kurzfristig Zeit für mich haben."

„Eine willkommene Abwechslung zum täglichen Uni-Einerlei. Sie glauben gar nicht, wie froh ich bin, dass ich über Kriminalistik promoviert habe und jetzt immer mal wieder von der Polizei hinzugezogen werde."

„Sie haben den Kollegen letztes Jahr bei der Brandstifterserie geholfen, wenn ich mich nicht irre."

„Stimmt. Und was haben Sie heute für mich?"

Jenny trank einen Schluck Kaffee, der unerwarteter Weise auch noch gut schmeckte.

„Ich bräuchte Ihre Hilfe bei einer Mordserie, genauer gesagt bei drei Morden. Zunächst vermuteten wir gar keinen Zusammenhang, die Opfer stammen aus verschiedenen Gesellschaftsschichten, wurden an völlig unterschiedlichen Orten und unter absolut verschiedenen Umständen gefunden. Dann haben wir jedoch herausgefunden, dass alle Fälle mit alten Frankfurter Sagen und Geschichten oder auch historischen Begebenheiten zusammenhängen. Und alle Opfer stehen in Verbindung zu diesen Stadtführungen, die neuerdings stattfinden. Entweder haben sie daran teilgenommen oder sogar mitgearbeitet."

„Klingt interessant. Eher nach einem amerikanischen Krimi als nach der Frankfurter Verbrechensszene. Und ich sehe, Sie haben mir eine Menge Unterlagen mitgebracht?"

„Kopien von allem, was wir an Informationen haben über die Opfer und alle Beteiligten. Ich lasse Ihnen die Unterlagen gerne hier, aber vielleicht können Sie schon einmal kurz drüberlesen und mir Ihre ersten Eindrücke schildern?"

„Gerne, Zeit habe ich, allerdings wird es ein bisschen dauern. Und für wissenschaftlich fundierte Aussagen brauche ich sowieso länger."

„Verstehe, ich erwarte nicht viel. Ein Hinweis, eine Beobachtung, was Täter und Motiv angeht. Jeder kleine Tipp könnte helfen."

„Gut, nehmen Sie sich ruhig noch Kaffee, da drüben liegen Zeitschriften. Ich schau mir das an."

Er lehnte sich bequem zurück und begann zu lesen, während Jenny Kaffee trank und ihn beobachtete. Angeblich verstand er eine Menge von seinem Fach. Aber er sah noch so jung aus. Oder machten das die langen Haare? Ab und zu kratzte er sich am Kopf und blickte sie über seinen Brillenrand kurz an. Nach etwa zwanzig Minuten runzelte er nachdenklich die Stirn.

„Merkwürdige Geschichte. So viele Morde in so kurzer Zeit. Entweder ist da jemand sehr wütend oder er inszeniert sehr geschickt und zu einem bestimmten Zweck. So gut, wie das alles geplant ist, glaube ich nicht an die Wut, eher an die Inszenierung. Aber wozu? Die Frage ist, sind die Opfer zufällig ausgewählt und dienen ihm nur zur Darstellung der Szenen oder hat er für jeden einzelnen Mord ein Motiv und macht eine Art Spiel daraus?"

„Ein Spiel?"

„Ja, ein Spiel! Mit Ihnen vermute ich, also der Polizei. Er möchte herausfinden, ob die Polizei klüger ist als er und seine Rätsel löst. Es hat doch sicher gedauert, bis sie überhaupt auf die Sache mit den Sagen und den Frankfurt-Happenings kamen?"

„Ja, hätte mein Kollege nicht die Eintrittskarte in der Schublade eines der Mordopfer gefunden, würden wir diesbezüglich immer noch im Dunkeln tappen."

„Sehn Sie, diese Herausforderung sucht er. Vielleicht beobachtet er sogar von irgendwoher jeden ihrer Schritte."

„Das ist irgendwie…beängstigend."

„Ja, ein Täter, der Angst verbreiten will und dies auch kann. Sicher ist er sehr intelligent und auch gebildet. Ich könnte mir vorstellen, dass er sich gut verstellen kann. Jeder von Ihren Verdächtigen könnte es sein, auch dieser unbeherrschte Herr Grosse, vergessen Sie nicht, er ist Schauspieler."

Jenny seufzte. „Irgendwie kommen wir da nicht weiter. Keinem von ihnen konnte eine Verbindung zu einem der Opfer nachgewiesen werden, zumindest keine, die irgendein Motiv erahnen ließe."

„Was ist denn mit diesem Privatdozenten, der das erste Opfer gemalt hat? In solch einer Beziehung können sich durchaus Motive verbergen."

Jenny guckte ihn entgeistert an. „Herr Gascon, der steht eigentlich gar nicht auf unserer Verdächtigenliste."

„Jeder im Umfeld ist verdächtig. Können Sie eigentlich die Verdächtigen beobachten lassen?"

„Das dürfte personell nicht hinhauen. Gibt es Ihrer Meinung nach Hinweise, dass die Mordserie vorbei ist?"

„Definitiv nein, ich denke, das läuft alles auf einen Höhepunkt hinaus. Natürlich habe ich nicht viele Informationen, aber ich glaube, besser gesagt, ich fürchte, dass bald der nächste Mord passieren wird."

„Hoffentlich haben Sie damit nicht recht, aber gedacht habe ich das auch schon. Wir müssen einen Zahn zulegen. Vielleicht begeht er einen Fehler."

Der Psychologe nickte. „In Kriminalromanen liest man immer, dass die Täter irgendwie außer Kontrolle geraten, immer schneller morden und Fehler machen. In der Realität ist das leider ganz anders. Es gibt Serienmörder, die planen Morde über Jahre, begehen sie dann und kehren wieder für Jahre zu einem völlig normalen Leben zurück. Das sind die, die am schwierigsten zu fassen sind. Hoffen wir, dass Ihrer nicht zu der Gruppe gehört."

Jenny nickte. „Ja, hoffentlich nicht. Das wäre entsetzlich, wenn wir den nicht schnappen würden und er weiter frei durch Frankfurt läuft. Würden Sie mich anrufen, wenn Sie noch mehr herausfinden?"

„Aber sicher, und lassen Sie mir bitte alle neuen Unterlagen zukommen. Vor allem auch Bilder von den Tatorten."

„Natürlich, vielen Dank und bis bald."

Als sie aus der Eingangstür der Universität trat, klingelte ihr Handy. Sie kam kaum dazu, ihren Namen zu nennen, als sie auch schon Logos aufgeregte Stimme hörte.

„Jenny endlich! Wieder eine Leiche. In der Buchgasse! Kannst du hinkommen?"

„Sicher, wo ist das?"

„Eine Seitenstraße südlich der Hauptwache, ganz in der Nähe vom Goethehaus."

„Bin unterwegs." Sie rannte zu ihrem Auto und fuhr so schnell, wie es der Verkehr zuließ, Richtung Innenstadt. Auf einer Sperrfläche parkte sie und lief zu dem Haus Nummer achtzehn, vor dem ein Streifenbeamter postiert war. Im Erdgeschoss des Hauses befand sich das Dreisternerestaurant zur Goldenen Gans, das über die Grenzen Frankfurts hinaus berühmt war.

Der Beamte vor der Tür, den sie vom Sehen her kannte, nickte ihr zu und schickte sie die Treppe hinauf in den ersten Stock. Die Spurensicherung war bei der Arbeit, Logo stand im Flur und sprach mit einem der Beamten.

„Da bist du ja. Wir können noch nicht rein wegen der Spusi. Das Opfer scheint der Wirt hier aus dem Erdgeschoß zu sein. Genau kann man das noch nicht sagen, weil der Mörder ihn entsetzlich zugerichtet hat. Geradezu zerlegt."

„Was meinst du mit zerlegt?"

„Na eben zerlegt. In seine Einzelteile. Wie ein geschlachtetes Kalb. Und ordentlich nebeneinander angerichtet."

„Das ist ja…meinst du, das ist unser Mörder?"

„Keine Ahnung. Mir fällt zumindest keine Sage ein, die hierzu passt, aber ich bin auch nicht so bewandert. Ich hab aber den Sascha losgeschickt, ein Buch über Frankfurter Sagen zu besorgen. Er soll mal in den Antiquariaten gucken. Gegoogelt hatte ich, aber da gab's nichts Gescheites."

„Gute Idee, das hätten wir schon längst machen sollen. Ah, seid ihr fertig?"

Die Kollegen von der Spurensicherung kamen durch die Tür.

„Allerdings. Sowas möchte ich nicht jeden Tag sehen. Mann, Mann! Mit wem habt ihrs da zu tun? Bin froh, dass ich hier raus komme. Wir nehmen uns jetzt die restliche Wohnung vor."

Jenny betrat vorsichtig den Raum und prallte, obwohl sie vorbereitet war, kurz zurück. Das ganze Zimmer, es handelte sich offensichtlich um eine Küche, war blutbespritzt. Auf dem Küchentisch lag der Torso eines Mannes, längs aufgeschnitten, der Kopf passend dazu ausgerichtet auf der U-förmigen Anrichte. Arme und Beine waren entsprechend daneben arrangiert. Auf der Ceranplatte des Herdes lagen mehrere blutige Gebilde, die Jenny für Organe hielt. Der Blutgeruch betäubte sie fast. „Was ist mit dem Prof?"

„Er war mitten in einer Obduktion, müsste aber jeden Moment hier sein. Ah, wenn man vom Teufel spricht."

„Teufel? Teufel? Das habe ich gehört. Wer..." Er stockte auf der Türschwelle und blickte sich im Raum um. Stumm glitt sein Blick über den zerstückelten Körper, bis er seine Tasche abstellte, öffnete und Füßlinge und Handschuhe herauszog.

„Nun, dann wolln wir mal. Ich brauche Platz, Vorsicht! Der hat die Leiche ja im ganzen Raum verteilt. Euch fällt auch immer was Neues ein."

Er trat an den Küchentisch und betrachtete die einzelnen Körperteile. „So, was haben wir hier. Männlich weiß, leicht übergewichtig. Alter zwischen fünfundvierzig und fünfundfünfzig. Todeszeitpunkt, hm, das Blut ist noch nicht mal ganz durchgetrocknet. Höchstens einige Stunden her. Die Gliedmaßen wurden mit einem sehr scharfen Schneidewerkzeug akkurat abgetrennt. Der Torso komplett ausgeweidet. Mal schaun, ob alles da ist." Er schaute auf den Herd. „Nieren, Milz, Leber, Herz, Lunge, Magen, Darm, Blase, scheint alles da zu sein. Aber der Magen sieht aus wie ein aufgeblasener Ballon. Und wonach riecht er? Das ist Rotwein, hier. Das Zeug, in dem die Organe schwimmen, ist kein Blut. Und der Magen ist voll damit. Meine Güte, er ist zugebunden worden an beiden Enden. Sieht wie Paketschnur aus. War aber nicht dicht, ein Teil ist ausgelaufen. Sowas hab ich noch nicht gesehen. Fragt sich, ob der Wein da reingefüllt wurde bevor oder nachdem er gestorben ist. Mal sehen, ob in der Lunge auch Wein ist. Ist ja euer Job, aber das sieht mir nicht nach einer Tat im Affekt aus. Das verlief genau so geordnet und geplant, wie die Morde vorher."

Jenny nickte. Der hatte aber heute gute Laune. „Das haben wir uns auch schon gedacht. Könnte gut sein, dass es sich um den gleichen Täter handelt. Es sei denn, es geht eine Epidemie um. Was wissen wir denn über das Opfer und wer hat es überhaupt gefunden?" fragte sie an Logo gewandt.

„Seine Putzfrau, eine Frau Waltraud Raabe, wir mussten sie ins Krankenhaus bringen lassen, sie hatte einen Schock."

„Verständlich."

„Das Opfer ist Julien Delacourt, Besitzer und Koch des Nobelrestaurants hier unten im Haus. Soll bis spät nachts noch im Restaurant gewesen sein. Wir versuchen gerade, die anderen Mitarbeiter ausfindig zu machen."

„Gut, habt ihr hier im Haus schon herumgefragt?"

„Er hat hier alleine gelebt. Ich hab mich vorhin mal grob umgeschaut. Nichts Besonderes zu finden und nichts, das auf einen Mitbewohner oder Besuch hindeutet. Sein PC steht oben im Arbeitszimmer. Die Spusi soll ihn mitnehmen."

Der Prof stand hinter ihnen. „Meine Leute packen jetzt alles ein und wir ziehen ab. Ich mache die Obduktion gleich. Über die Todesursache kann ich noch nichts sagen."

„Naja, die Obduktion müsste ja schnell gehen, der Täter hat Ihnen ja die halbe Arbeit abgenommen!"

„Witzig Herr Stein, äußerst witzig."

Der Prof rauschte ab und Jenny schüttelte den Kopf. „Dass du bei sowas noch Witze reißen kannst."

„Ach, ist einfach meine Art, damit umzugehen. Ich werd den Anblick nicht so schnell vergessen."

„Ich auch nicht, komm, lass uns zurück fahren."

Dreimal hatte er sich jetzt die manikürten Hände gewaschen, aber immer noch hatte er das Gefühl, Blut und billiger Wein klebte daran. Nein, diese Art der Darstellung war definitiv nicht seine Lieblingsversion. Aber ein Künstler musste nicht nur dem historischen Vorbild, sondern auch dem Typus des Opfers gerecht werden.

Schon als der gute Mann ihn beleidigt hatte, indem er erst seine Reservierung bezweifelte, ihn dann obendrein noch mit gepanschtem Wein betrügen wollte, hatte er die Vorstellung, ihn seinem Beruf entsprechend anzurichten.

So, jetzt freute er sich auf ein gepflegtes Mittagessen.

Jenny und Logo fuhren zurück auf die Dienststelle und informierten Sascha, der gerade mit Büchern beladen zurück kam, über den neuesten Mordfall. Logo recherchierte alles Wissenswerte über das Restaurant des Opfers, während Jenny sich im Internet auf die Suche nach einer dazu passenden Sage machte. Das gestaltete sich nicht einfach. Erst als Logo aufblickte und ihr mitteilte, dass die heutige „Goldene Gans" schon im Mittelalter an der gleichen Stelle unter dem Namen „Ochse" geführt wurde, stieß sie auf etwas.

„Hier, das Muhkalb. Da geht's um den damaligen Wirt. Sascha, schau mal, obs da irgendwas bei den Happenings gibt. Also kurz der Inhalt: Der Wirt hatte ein so schlechtes Gewissen bezüglich der Folgen des von ihm ausgeschenkten Alkohols, dass er noch nach seinem Tode Zechern als kettenrasselndes Muhkalb erschien, was immer das sein soll. Das muss unser Täter sein. Sobald wir den genauen Todeszeitpunkt haben, überprüfen wir die Alibis von allen Beteiligten. Sascha, überprüf den Hintergrund des Opfers, finanzielle Verhältnisse, Beziehungen, Freunde, Nachbarn und so weiter. Das volle Programm. Den Computer und die Telefone hat die Spusi schon zum Auswerten mitgenommen. Hoffentlich finden wir diesmal Spuren. Haben wir endlich Fotos von Grosse, Possmann und Müller?"

„Ja, alles da."

„Dann nimm sie mit und frag im Restaurant, ob einer von denen dort Gast war."

„Gut, bin schon unterwegs."

„Jenny, ich fahr mit, okay? Ist doch ne Menge Arbeit und ich glaub, vor Ort find ich mehr über das Restaurant raus als hier im Internet. Da steht nur, dass es eine lange Tradition hat und seit einigen Jahren drei Sterne."

„Okay, Logo, ist eh zu viel für einen. Schaut mal, ob ihr was rauskriegt. Sobald ich irgendwas vom Prof oder von der Spusi höre, ruf ich euch an."

„Dann bis später."

Jenny kochte sich eine ganze Kanne Kaffee und setzte sich seufzend an den Schreibtisch. Die vierte Leiche schon.

Vermutlich war der Wirt heute Nacht oder am frühen Morgen umgebracht worden. Für gestern Abend hatten Müller und Grosse ein Alibi, ein besseres konnte man sich kaum vorstellen, aber nach dem Event und heute Morgen wäre genug Zeit gewesen, Delacourt zu überfallen, zu töten und zu zerlegen. Dann blieb Possmann. Zum Glück schienen Logo und Sascha Paul Gascon nicht mehr zu den Verdächtigen zu zählen. Außerdem war er ja sowieso in Hamburg. Ob er wohl heute

Abend anrufen würde? Sie freute sich schon auf das nächste Wiedersehen.

Aber zurück zur Arbeit. Sie fing an, einen vorläufigen Bericht über den neusten Fall zusammenzustellen, und faxte ihn mit erklärenden Worten an den Psychologen. Wie recht er hatte mit der Vermutung, dass das Morden weitergehen würde.

Siedend heiß fiel ihr ein, dass sie Staatsanwalt Biederkopf vergessen hatte. Das brachte sie am besten gleich hinter sich. Bevor sie zur Tür hinaus war, klingelte ihr Telefon.

„Becker!" meldete sie sich genervt.

„Oh, hallo Jenny, ich störe dich wohl gerade?"

„Paul", sie setzte sich lächelnd. „Nein, nein, du störst gar nicht. Es ist nur alles etwas hektisch. Wir haben schon wieder einen Mord."

„Das ist ja schrecklich. Derselbe Täter?"

„Danach sieht es aus. Bist du noch in Hamburg?"

„Ja, ich komme heute Abend nach Hause, aber es wird spät werden. So spät wollte ich dich nicht mehr stören. Nicht, dass du Schönheitsschlaf brauchen würdest…"

„Du Charmeur. Ich freue mich, dass du anrufst. Und dass du bald zurück kommst."

„Ich freu mich auch. Können wir uns bald sehen? Morgen Abend vielleicht? Oder spannt dich dein neuer Fall zu sehr ein?"

„Mal sehen, wie sich das weiter entwickelt. Ich würde dich wirklich gerne sehen, aber versprechen kann ich nichts."

„Das verstehe ich doch. Wir telefonieren morgen einfach, in Ordnung?"

„Gerne, bis dann. Und gute Heimfahrt." Jenny ließ den Hörer sinken. Dieses Kribbeln im Bauch, das hatte sie schon lange nicht mehr gespürt. Trotzdem war sie Polizistin. Sie hob den Hörer erneut ans Ohr und wählte die Eins.

„Zentrale?"

„Becker hier, Apparat 243, ich hab eben einen Anruf entgegengenommen. Können Sie mir sagen, woher er kam?

„Moment bitte...der Anruf kam von einem Handy, tut mir leid."

„Danke." Natürlich, das war naheliegend, dass er sie von seinem Handy aus anrief. Wie kam sie überhaupt auf die Idee, das nachzuprüfen. Eigentlich nur für den Fall, dass Logo nochmal auf die absurde Idee kam, Paul zu verdächtigen. Dann hätte sie sagen können, hier, schau, er hat mich aus dem Hotel angerufen. Na egal, jetzt musste sie zu Biederkopf, der nahm es einem ziemlich übel, wenn man ihn nicht auf dem Laufenden hielt. Und wer wusste schon, wann sie ihn einmal brauchen würden.

Als sie die Tür zum Flur öffnete, prallte sie fast gegen ihn.

„Hoppla, Frau Becker, dageblieben."

„Herr Biederkopf, ehrlich, ich wollte gerade zu Ihnen."

„Nun bin ich ja hier. Der Berg kommt zum Propheten, können wir vielleicht reingehen?"

„Oh, ja natürlich, bitte."

Kaum hatten sie das Zimmer betreten, legte er los. „So geht das nicht weiter Frau Becker, schon wieder ein Mord und immer noch keinerlei Spuren, wenn ich richtig informiert bin?"

„Nein", antwortete sie zerknirscht. „Nichts wirklich Erfolgversprechendes."

„Und woran liegt das? Brauchen Sie mehr Leute? Sonstige Hilfe? Wie kann ich Sie unterstützen?"

Sie seufzte. „Wir haben genug Leute, aber einfach keine Spur und nicht mehr als vage Hinweise, wie die Mordopfer zusammenhängen oder in welcher Beziehung sie zum Mörder standen. Und kein Mordmotiv. Da helfen auch mehr Leute nicht."

„Ich verstehe, aber ich brauche Ihnen nicht zu sagen, dass mir die Presse im Nacken sitzt. Eben hat es ein Reporter von diesem unsäglichen, uns allen bekannten Boulevardblatt geschafft, mich am Auto abzufangen. Ich kann sie nicht mehr lange hinhalten, spätestens morgen früh müssen wir eine Pressekonferenz geben und da muss ich denen etwas hinwerfen, sonst dichten die sich irgendwas zusammen."

„Ich verstehe, Herr Biederkopf, möchten Sie den Fall vielleicht jemand anderem übertragen?"

„Warum sollte ich? Sie sind mir als äußerst kompetente Beamtin bekannt. Fühlen Sie sich überfordert?"

„Nein, aber wenn der Druck auf Sie wächst? Ich kann nun mal nach all den Tagen nichts vorweisen."

„Dann arbeiten Sie dran. Wenn Sie irgendetwas brauchen, kommen Sie zu mir. Und bitte, besorgen Sie mir irgendetwas, das ich morgen der Presse erzählen kann. Wenigstens einen Verdächtigen oder eine heiße Spur. Selbst die Frau Oberbürgermeisterin hat bereits nachgefragt. Sie ist nämlich gerne in der Goldenen Gans essen gegangen." Er seufzte. „Na dann will ich Sie nicht weiter aufhalten. Viel Erfolg."

Bevor sie antworten konnte, hatte er sich schon umgedreht und war aus dem Zimmer marschiert. Verdammt, er hatte recht, über eine Woche schon, vier Morde und kein wirklich Verdächtiger. Aber es half alles nichts, es musste weiter gehen.

Zeit sich um Dr. Possmann zu kümmern. In der Praxis erreichte sie ihn nicht und unter seiner Privatnummer teilte ihr eine Frau Linsenstruth, die sich als die Hausdame vorstellte, mit, der Herr Dr. sei beim Golf spielen. Gut, den Golfplatz wollte sie sich sowieso anschauen. Schließlich hatte da ja auch das Opfer Wegener gespielt und wer weiß, was für neue Verbindungen sich ergeben konnten.

Sie gab den Kollegen Bescheid und legte Logo und Sascha einen Zettel hin, falls diese vor ihr zurückkämen. Nach Niederrad, wo sich der Golfclub befand, würde sie wohl am besten mit dem Auto fahren. Der Club lag recht versteckt in einem Waldstück in der Nähe zweier Reitställe. Sie parkte ihren Golf zwischen lauter teuren Wagen und ging zum Eingang des beeindruckenden Clubhauses. Kaum trat sie durch die Eingangstür, näherte sich ihr ein livrierter Angestellter mit kritischem Blick.

„Entschuldigen Sie bitte, meine Dame, Zutritt ist nur für Mitglieder oder sind Sie Gast eines Mitglieds?"

Jenny zückte ihre Marke und stellte sich vor. Der geschockte Gesichtsausdruck des Mannes brachte sie fast zum Lachen.

„Ich suche Dr. Possmann, mir wurde gesagt, er sei heute hier zum Golf spielen."

„Oh, der Herr Dr. ist gerade am vorletzten Loch. Vielleicht möchten Sie kurz an der Bar Platz nehmen? Er dürfte in höchstens einer Viertelstunde eintreffen."

„Gut, soviel Zeit kann ich erübrigen, aber nicht länger. Dann müsste ich zu ihm gehen."

Der Angestellte sah aus, als hätte er auf eine Zitrone gebissen. „Äh, nun gut, ich werde sehen, was ich tun kann, bitte hier entlang."

Er führte sie an einen kleinen Tisch in einer eleganten Bar, bot ihr einen Kaffee an und verschwand dann. Jenny blickte sich um. Sehr gediegen und vornehm. Außer ihr befanden sich nur wenige Menschen in diesem Raum. Zwei aufgetakelte

Damen, die wahrscheinlich das nächste gesellschaftliche Ereignis besprachen, ein älterer Mann, der die FAZ las und drei Männer im mittleren Alter in Geschäftsanzügen, die diese Umgebung offensichtlich für ein ruhiges Geschäftsessen nutzten.

Tatsächlich dauerte es keine fünfzehn Minuten, bis der beleibte Dr. Possmann schnaufend durch den Raum auf sie zu walzte. „Kommissarin Becker, jetzt muss ich mich aber doch sehr wundern. Haben Sie Ihre Liebe zum Golf spielen entdeckt oder wollen Sie mich verhaften?"

„Weder noch, Herr Dr., ich möchte Sie nur etwas fragen und wollte mir einen Eindruck vom Club verschaffen. Schließlich hat Herr Wegener auch hier verkehrt."

„Oh ja, er fehlt mir als Golfpartner, also, bitte missverstehen sie mich nicht, natürlich auch als Freund."

Jenny nickte verständnisvoll. „Wie geht es denn Frau Wegener?"

„Wir haben uns kaum gesehen seit der Beerdigung. Ich glaube, sie mochte mich nie so richtig. Sie hatte, denke ich, immer das Gefühl, ich beanspruchte zu viel der Zeit ihres Mannes."

„Taten Sie das?"

„Nun, wir beide wissen doch, womit er den größten Teil seiner Zeit wirklich verbrachte. Und ich glaube, Gudrun weiß es auch. Es ist nur einfacher, mich verantwortlich zu machen."

Jenny nickte. „Möglich, aber jetzt geht es um einen anderen Mord, der gestern geschah."

„Noch einer? Das ist ja schrecklich."

„Ja, und es ist tatsächlich so, dass gewisse Umstände darauf hindeuten, dass es sich um ein und denselben Täter handelt. Auch hier gibt es indirekte Verbindungen zu den Gruselführungen."

Possmann schüttelte den Kopf. „Das wäre ja jetzt, warten sie, der vierte Mord in etwas über einer Woche? Da läuft jemand Amok."

„So scheint es, allerdings sind alle Morde exakt geplant und durchgeführt. Als Beteiligter muss ich Sie fragen, wo Sie in der Zeit zwischen gestern Abend um sagen wir neun und heute Mittag um zwölf waren?"

„Gestern Abend zu Hause, alleine, ich bin recht früh schlafen gegangen. Heute Morgen bin ich um neun Uhr in die Praxis, bis etwa zwölf, das können natürlich meine Mitarbeiter und Patienten bestätigen."

„Hatten Sie vielleicht einen Anruf gestern Abend, hat ein Nachbar Sie gesehen? Ihre Hausdame?"

„Sie geht abends nach Hause und Nachbarn, nein, mein Haus ist nicht einsehbar, darauf habe ich beim Kauf großen Wert gelegt. Anrufe hatte ich auch keine. Sie halten mich also für verdächtig?"

„Reine Routine. Wir überprüfen alle, die irgendwie mit den Fällen in Verbindung stehen. Kannten Sie zufällig den Wirt der Goldenen Gans in der Buchgasse, Herrn Delacourt?"

„Nicht persönlich, ich habe dort allerdings zwei oder dreimal gegessen. Das Essen hält, was die drei Sterne versprechen. Der Wirt ist der Ermordete? Meine Güte."

„Ja, noch etwas anderes. Kennen Sie sich eigentlich mit alten Sagen aus?"

„Alten Sagen? Nein, geschichtlich bin ich nicht bewandert, wie ich zugeben muss. Über die Brüder Grimm bin ich nie hinausgekommen."

„Und Herr Wegener?"

„Nicht dass ich wüsste, nein, sicher nicht."

„Gut danke, das wars auch schon, kannte hier noch jemand anders Herrn Wegener?"

„Ich glaube nicht, er war immer mit mir hier. Natürlich kennen ihn die Angestellten, aber zu denen hielt er immer Distanz."

„Ich danke Ihnen für Ihre Hilfe", Jenny stand auf. „Ich hoffe, wir haben Ihr Büro in Rödelheim nicht so arg durcheinandergebracht."

„Nein, nein, aber mein Büro ist das ja im eigentlichen Sinn nicht, ich bin nur beratend tätig."

„Wer steht denn hinter dieser Einrichtung?"

„Eine Stiftung, die ursprünglich von einem Frankfurter Mäzen gegründet wurde. Mittlerweile engagieren sich dort viele Prominente. Meistens als Aushängeschild bei Veranstaltungen, wo Spenden gesammelt werden. Aber es gibt auch einzelne, die zum Beispiel Jungen in ihren Betrieben beschäftigen."

„Interessant."

„Was hat es denn mit Ihrer Frage nach den Sagen auf sich?"

„Ich kann Ihnen nur so viel erzählen, dass der Täter mit dem Thema vertraut sein muss."

„Internet. Da kommt man heutzutage an alle Informationen, die man braucht. Und auch an viele, die man nicht braucht. Wie oft kommen Patienten zu mir, die sich per Internetforen schon ihre eigene Diagnose gestellt haben. Ich frag mich manchmal, warum die überhaupt noch kommen. Sicher kann man sich per Internet auch schon therapieren lassen." Er schüttelte den Kopf.

Jenny nickte. „Ja, das ist ein Fluch und ein Segen zugleich. Ich möchts nicht mehr missen aber es hilft natürlich auch den Tätern ungemein. So, jetzt will ich Sie nicht länger aufhalten. Sagen Sie, wissen Sie zufällig, ob weitere Jungen bei den Happenings mitmachen?"

„Nein, keine Ahnung, mit der Vermittlung an sich habe ich wenig zu tun. Ich beurteile die angebotenen Jobs nur grundsätzlich auf ihre Eignung. Wie sich die Jungs dann machen, das kann man kaum voraussagen. Ich werde erst wieder hinzugezogen, falls es Probleme gibt. Zu mehr habe ich auch gar nicht die Zeit."

„Gut, dann also einen schönen Tag noch." Jenny stand auf und winkte dem Kellner.

„Ach bitte, lassen Sie mich das übernehmen. Wenn Sie sich schon zu mir hierher bemühen."

„Danke, sehr freundlich. Allerdings wollte ich den Club schon immer mal von innen sehen. Als junges Mädchen hatte ich hier nebenan Reitstunden. Da war ich schon neugierig."

„Ah", lachte er. „Sie werden selten einen Club finden, der so idyllisch in einem Waldgebiet und trotzdem fast in der Stadt liegt. Also viel Erfolg noch mit Ihren Ermittlungen."

Jenny dankte und lief zu ihrem Auto. Irgendwie drehte sie sich auf der Stelle. Immer noch war kein Motiv in Sicht. Sie hatten zwar mehrere Verdächtige aber nur, weil diese in Verbindung mit den Opfern gestanden hatten. Keinen davon konnte man definitiv ausschließen, keinen besonders ins Auge fassen. Irgendwie mussten sie zu einem Durchbruch kommen. Sonst hatten sie womöglich bald das nächste Opfer zu beklagen. Vielleicht konnte man zumindest eingrenzen, wo der Mörder zukünftig zuschlagen würde. Ein Sachverständiger für alte Sagen musste her. Aber woher nehmen? An einer Universität? Vielleicht ein Geschichtsprofessor? Sie könnte Müller fragen, wie er an die Informationen für seine Happenings gekommen war. Die mussten ja auch irgendwie geplant worden sein.

Abwesend blickte sie auf die Uhr. Schon nach sieben. Im Wald um sie herum wurde es langsam dämmrig. Während sie sich auf dem Parkplatz umschaute, angelte sie ihr Handy aus der Hosentasche und wählte Logos Nummer.

„Ich war gerade bei Possmann. Ein Alibi hat er nicht und er war auch schon in dem Restaurant essen. Ansonsten hat das Gespräch nicht viel gebracht. Habt ihr irgendwas rausfinden können?"

„Ja. Sehr beliebt war der Herr Wirt nicht. Er konnte zwar ausgezeichnet kochen, galt jedoch als ausgesprochen geizig und wurde mehrmals beschuldigt, Lebensmittel gepanscht, also durch billige Zutaten ersetzt zu haben. Seine Sterne standen auf dem Spiel und sein Personal hat er auch schlecht bezahlt. Er war schon ewig allein stehend und hatte eigentlich Geld wie Heu. Das Personal hat dauernd gewechselt und niemand hat sich an einen von unseren Verdächtigen erinnert. Mehr haben wir noch nicht. Wir fahren jetzt zurück auf die Dienststelle und dann nach Hause."

„Da wollte ich auch gerade hin. Bis morgen dann! Grüß Sascha."

„Tschau."

Gegen halb sieben traf Jenny zu Hause ein und blieb wie angewurzelt im Treppenhaus stehen. Vor ihrer Haustür auf dem Boden stand der größte Strauß roter Rosen, den sie je gesehen hatte. Verblüfft öffnete sie die Karte, die hineingesteckt war.

„Deine Nachbarin, eine reizende Dame übrigens, hat mich hereingelassen. Ruf mich an, wenn du Zeit hast. Ich möchte dich sehen!"

Jenny schluckte. Sie trug den Strauß, den sie kaum umfassen konnte, in ihre Wohnung und wechselte den Eimer, in dem er stand, gegen eine weiße Porzellanvase. Mit zitternden Händen griff sie das Telefon und wählte. „Ich möchte dich auch sehen", sagte sie ohne Einleitung. „Die Blumen sind wunderschön!"

Ein tiefes Lachen antwortete. „Das freut mich, ich habs in Hamburg nicht mehr ausgehalten ohne dich. Ich bin gleich bei dir, in Ordnung?"

Jenny nickte. Es dauerte einen Moment, bis ihr einfiel, dass Paul Gascon das durchs Telefon kaum sehen konnte. „Ja, sehr gerne. Bis gleich."

So, das wars. Sie war verliebt. Ein Strauß Blumen und es war um sie geschehen. Er war gleich hier? Du liebe Güte und sie sah aus…ob die Zeit noch für Haare waschen reichte? Sie raste ins Schlafzimmer und zog sich im Laufen aus. Eine schnelle Dusche musste sein. Und dann etwas Bequemes anziehen.

Es reichte gerade so. Die Haare noch feucht, öffnete sie die Tür, als es klingelte, und blickte Paul mit großen Augen an. Er sah noch besser aus, als sie ihn in Erinnerung hatte. Lächelnd kam er die Eingangsstufen herauf, blickte ihr tief in die Augen und beugte sich vor, um sie zu küssen. Jenny wurden die Knie weich und sie ließ sich gegen ihn sinken. Ohne die geringste Anstrengung zu zeigen, hob er sie hoch, trug sie in die Wohnung und stieß die Tür mit dem Absatz zu. Ein kurzer Blick durch den Flur, dann trug er sie zielstrebig ins Schlafzimmer und legte sie aufs Bett. Jenny öffnete den Mund, doch er verschloss ihn mit einem leidenschaftlichen Kuss, bevor sie etwas sagen konnte. Sprechen wurde überschätzt dachte sie noch, bevor sie seinen Kuss ebenso leidenschaftlich erwiderte und anfing, seine Hemdknöpfe zu öffnen. Dann dachte sie lange nur noch sehr wenig….

Tag 10, Dienstag

Am nächsten Morgen erwachte sie, noch bevor der Wecker klingelte und räkelte sich wohlig. Im gleichen Moment fiel ihr ein, was am Abend vorher passiert war, und sie blickte neben sich. Das Bett war leer, doch eine einzelne Rose lag auf der Bettdecke und ein Zettel daneben. Neugierig griff sie danach.

„Der Abend war wunderschön. Leider musste ich früh weg. Kaffee steht in der Küche. Können wir uns heute Abend sehen? Paul."

Es war also doch kein Traum. Sex mit Paul war so wunderbar, wie sie es sich vorgestellt hatte. Leidenschaftlich und doch zärtlich, erfahren und doch spontan. Oje, sie sollte Liebesromane schreiben. Dass ihr sowas passierte, ihr, der einfachen, nicht mehr ganz jungen Polizistin. Was fand dieser traumhafte Mann an ihr? Egal, sie würde es genießen, solange es dauerte und versuchen, ihre Erwartungen nicht zu hoch zu schrauben. Aber andererseits, man wusste ja nie. Sie sprang aus dem Bett, wobei ihr Muskeln wehtaten, die sie lange nicht gespürt hatte, und ging in die Küche. Wie angewurzelt blieb sie stehen. Der Mann hatte ihr Kaffee gekocht. Eine ganze Kanne. Sie würde ihn auf der Stelle heiraten, wenn er sie jemals fragen sollte. So perfekt konnte keiner sein. Sicherlich hatte er ein geheimes Laster. Naja, solange es geheim blieb. Sie wollte es gar nicht wissen.

Noch vor acht traf sie beschwingt auf der Dienststelle ein und verblüffte die Kollegen vom Nachtdienst, die noch beim Kaffee saßen.

„Guten Morgen", strahlte sie sie an. „Gibt's was Neues? Ich hoffe, ihr hattet eine ruhige Nacht?"

Die beiden Kollegen blickten sich an. „Ja, schon", meinte der eine vorsichtig, während der andere nur nickte und sie anstarrte.

„Schön schön, dann wollen wir mal. Ist der Bericht von der Gerichtsmedizin da?"

„Hab ihn schon auf deinen Schreibtisch gelegt. Das ist ja mal ein kranker Vogel. Der hat den Wirt erst mit Wein abgefüllt, bis er dran erstickt ist, ihn dann zerlegt, den Magen abgebunden und eine Art Weinschlauch draus gemacht. Wie pervers muss man für sowas sein?"

„Die Frage ist vielmehr", meinte Jenny und runzelte die Stirn, „was will er uns damit sagen? Bezieht er sich einfach auf diese Muhkalbgeschichte, blöder Name übrigens, oder hat das direkt was mit dem Opfer zu tun? Der war immerhin Wirt und hat Weine ausgeschenkt."

„Vielleicht war er dort mal essen und der Wein hat ihm nicht geschmeckt?"

„Alles ist möglich, die Kollegen versuchen, das Personal der letzten Zeit aufzufinden und zu fragen, obs einen Zwischenfall gab. Leider haben die dauernd gewechselt. Aber jetzt macht euch mal nach Hause. Logo und Sascha kommen bestimmt auch gleich."

Die Kollegen nickten und trollten sich, während sie immer noch zweifelnde Blicke auf Jenny warfen.

„Was ist denn mit der los?" raunte einer dem anderen auf dem Gang zu.

„Schwerer Fall von Verliebtsein würd ich sagen." Sein Kollege nickte nur verständnisvoll.

Kurz nach acht trafen Sascha und Logo zusammen ein. „Moin, ihr zwei!" rief sie ihnen fröhlich entgegen und die beiden blickten sich genauso verdutzt an, wie die Kollegen zuvor. Wortlos verständigten sie sich und setzen sich links und rechts von Jenny an den Tisch.

„So, jetzt sagt du uns, was los ist. Es gibt nur zwei Möglichkeiten. Ein Lottogewinn oder ein Mann. Ich tippe auf einen Mann und du Sascha?"

Der nickte gewichtig. „Ein Mann, ganz klar."

Jenny grinste. „Kann man hier nicht mal gut gelaunt sein, ohne dass man gleich verhört wird?"

„Nee, du nicht, nicht um diese Uhrzeit. Wer ist es?"

„Wenn es jemanden gäbe, was ich hiermit nicht zugebe, dann ginge es euch nix an."

„Was meinst du Sascha, das geht uns nichts an? Wir sind Kollegen und müssen auf dich aufpassen. Bevor da was Ernstes draus wird, musst du ihn uns vorstellen. So geht das ja nicht. Erst mal wird er überprüft. Dann darfst du ihn nachmittags mal sehen. Unter Aufsicht versteht sich! Und dann sehen wir weiter."

„Euch geht's wohl nicht ganz gut", grinste Jenny. „Und hör auf, so blöd zu nicken Sascha. Du hast ihn schon völlig verdorben, Logo."

„Verdorben? Ausgebildet. Er lernt bei mir alles, was wichtig ist."

Logo musste jetzt selbst lachen. „Jetzt sag schon. Du strahlst so. Hast du jemanden kennengelernt?"

„Ja, aber mehr verrate ich nicht. Noch nicht."

„Och Jenny...", jammerte Logo und nach einem Rippenstoß echote Sascha ebenfalls „Ooch Jenny."

„Euch sag ich gar nichts. Sonst weiß es gleich die ganze Dienststelle. Los an die Arbeit. Habt ihr den Bericht der Gerichtsmedizin gelesen? Und was ist mit dem Spusibericht? Den hab ich noch nicht gesehen."

Seufzend gab Logo auf. „Na gut", brummelte er. „Wenn du uns nicht vertraust. Der von der Gerichtsmedizin kam gestern Abend, aber den kennst du schon zum Teil. Interessant ist vielleicht noch, dass es Hinweise gibt, dass Delacourt homosexuell war. Hier ist noch der Bericht von der Spusi. Überrascht es dich, dass sie kaum was gefunden haben? Keine Fingerabdrücke, die nicht da hingehören. Der Wein ist ein billiger aus dem Supermarkt, der jede Woche hunderte von Malen verkauft wird. Die Schnur um den Magen, ganz normale Paketkordel. Getötet wurde er diesmal vor Ort."

„Verdammt, der muss doch anatomische Kenntnisse haben, oder?"

„Nicht unbedingt. Sehr fachmännisch wars nicht gemacht. Wenn man die Organe auseinanderhalten kann, reicht das. Im Internet findest du sogar Anleitungen zum Zerlegen, ich habs zuhause gegoogelt."

„Unfassbar. Was haben die Nachbarn und Mitarbeiter gesagt?"

„Dass Herr Delacourt nicht sehr beliebt war. Einen Freundeskreis hatte er nicht, auch keinerlei Familie. Männerbesuch hin und wieder, der auch über Nacht blieb. Keiner weiß es sicher, aber er schien homosexuell gewesen zu sein. Leider nichts, was auf den Mörder hindeutet."

„Ja, so ähnlich steht's auch im Bericht vom Prof. Hilft alles nicht weiter. Der Mord trägt eindeutig die Handschrift unseres Täters. Der Staatsanwalt ist übrigens nicht sehr begeistert von der Tatsache, dass Frankfurt jetzt einen Serienmörder hat. Er hat uns noch mehr Leute zur Verfügung gestellt. Die durchforsten nochmal das Umfeld von allen Opfern. Irgendwelche weiteren Ideen?"

„Ja", sagte Sascha, „wie wärs denn, wenn wir mal eine Aufstellung von allen Opfern und allen Verdächtigen machen, so eine Liste, mit allem, was wir über sie wissen, wo sie verkehren, wen sie kennen, was für Hobbys sie haben, alle Details eben. Es muss doch eine Schnittstelle geben. Irgendwo muss der Mörder mit den Opfern in Kontakt getreten sein und auch mit allen Fundplätzen. Vielleicht könnte man ein Diagramm anfertigen oder eine Excel Tabelle. Logo hat sowas ja schon in klein angefangen."

„Hm", Jenny überlegte und blickte stirnrunzelnd Logo an. „Was hältst du davon?"

„Riesenarbeit. Man könnte zusätzlich noch die Informationen des Psychologen und die Erkenntnisse der Spurensicherung mit reinnehmen. Aber Diagramme zeichnen ist nicht mein Ding und mit Excel komm ich auch nicht wirklich zurecht. Aber wenn du sowas kannst Sascha?"

„Also, ich würds gerne versuchen, wenn ich darf. Was meinst du, Jenny?"

„Das könnte schon hilfreich sein. Aber sei nicht enttäuscht, wenns keine bahnbrechenden Erkenntnisse bringt. Immerhin könnte es sein, dass der Mörder gar nicht unter unseren Verdächtigen ist. Vielleicht sind wir ihm noch gar nicht begegnet."

„Ja, daran hab ich auch schon gedacht. Aber irgendwie glaube ich das nicht. Ich hab das Gefühl, der spielt mit uns. Aber vielleicht guck ich auch zu viele Krimis."

„Also setzt dich ruhig dran, solange nichts anderes anliegt. Ich fühl heut nochmal dem Müller auf den Zahn. Haben wir eine Privatadresse von dem? Und den Grosse will ich auch nochmal sprechen. Der ist mir gar nicht geheuer. Kommst du mit Logo?"

„Ja, solln wir gleich los? Die Privatadresse haben wir in den Unterlagen. Noble Adresse, Königsstein."

„Oha, da wo die Reichen und Berühmten leben. Das wollt ich mir schon immer mal aus der Nähe anschauen. Sag mal wohnt der Grosse nicht auch dort? Wenn das mal Zufall ist. Dann los."

„Solln wir uns denn nicht anmelden?"

„Nee, du, den werf ich ganz gerne aus dem Bett. Und da liegt er bestimmt noch drin, wenn er abends so lange arbeitet. Dann ist er vielleicht nicht so auf der Hut."

Logo blickte etwas zweifelnd, folgte ihr aber kommentarlos zum Auto. Eine halbe Stunde später fuhren sie langsam durch den noblen Ort Königsstein, der sich am Rande des Taunus entlang zog und eine weit überdurchschnittliche Zahl an Millionären beherbergte.

Die Straße, in der Frank Müllers Haus lag, war von hohen Mauern gesäumt, hinter denen die Spitzen der Baumwipfel erkennbar waren und die nur ab und zu durch große Doppeltore unterbrochen wurden.

„Sag mal Logo, meinst du mit diesen Events verdient man so viel Geld?"

„Kann ich mir nicht vorstellen. Vielleicht hat er schon Geld von zu Hause wie der Grosse oder hat noch irgendwelche anderen Einnahmequellen."

„Das sollten wir auf jeden Fall überprüfen. Da ist es."

Logo bog mit dem Dienstwagen in eine breite Auffahrt und hielt vor einem Pfosten, in den eine Sprechanlage mit Klingel eingebaut war.

„So, mal sehen, ob der Herr schon wach ist."

Er klingelte. Nachdem sich über eine Minute lang nichts getan hatte, klingelte er erneut und ließ den Finger deutlich länger auf dem Klingelknopf. Diesmal dauerte es nur etwa dreißig Sekunden, bis es „Ja bitte" aus der Sprechanlage schnarrte.

„Schönen guten Morgen" sagte Logo übertrieben freundlich. „Herr Müller, Kripo hier. Wir müssen Sie sprechen."

„Äh, okay. Fahren Sie bis zum Haus und parken Sie links. Ich komme zur Tür, muss mir nur gerade was anziehen."

Jenny betrachtete den Park, durch den sie fuhren. Die gekieste Auffahrt führte in einem Halbbogen durch ein großes mit alten Bäumen bestandenes Grundstück auf eine weiße Villa zu, die langsam zwischen den Bäumen auftauchte. Wie angewiesen fuhren sie am Haus vorbei und parkten links davon neben Herrn Müllers Jeep und einer schwarzen Corvette.

"Ist das nicht Grosses Wagen? Der fährt doch eine Corvette?"

„Ja, was macht der hier und vor allem um die Uhrzeit? Ob der hier übernachtet?"

„Vielleicht finden wirs ja gleich raus."

Herr Müller stand bereits in der offenen Eingangstür. Es war unübersehbar, dass er gerade aufgestanden war. Er trug einen seidenen Morgenmantel, seine Haare waren zerzaust, sein Gesicht verquollen.

„Ist das nicht ein bisschen früh für einen Besuch? Kommen sie rein, der Kaffee läuft gerade warm."

Die beiden Beamten bedankten sich und folgten ihm durch eine marmorne Eingangshalle. Jenny war beeindruckt. Solche Häuser sah man sonst nur im Fernsehen, links und rechts führte eine Treppenflucht ins obere Stockwerk, die wenigen Möbel sahen für ihren ungeschulten Blick wie teure Antiquitäten aus.

„Schön haben Sie´s hier", meinte Logo anerkennend. Müller, der ihnen durch einen bogenförmigen Durchgang voraus lief, winkte ab.

„Alles geerbt. Für mich alleine eigentlich viel zu groß, aber meine alten Herrschaften wollten nicht, dass es verkauft wird. Versuche schon ewig, diese dämliche Klausel im Testament anzufechten, aber leider hatten sie gute Anwälte. Kommen Sie, setzen wir uns in die Küche, wenns recht ist. Ich muss erst mal Kaffee haben zum Wachwerden."

Das, was Müller so profan Küche nannte, war etwa so groß wie Jennys Wohn- und Schlafzimmer zusammen. In der Mitte der einen Raumhälfte befand sich eine Kochinsel, in der anderen Hälfte eine U-förmige Theke, an der sie jetzt Platz nahmen. Erst jetzt sah sie, was er mit dem warm laufenden Kaffee gemeint hatte. Auf der Anrichte stand eine riesige Kaffeemaschine, die auf Knopfdruck alle möglichen Sorten Kaffee produzierte. Jenny bat um einen Latte Macchiato, während Logo, der die Maschine misstrauisch beäugte, nach „einfach Kaffee, schwarz" fragte.

Müller machte sich selbst einen Milchkaffee und setzte sich ebenfalls.

„So, um was geht's denn heute?"

„Ja, Herr Müller, es tut uns leid, Sie so früh zu stören, aber leider schreibt unser Dienstplan manchmal vor, wann wir wo zu sein haben. Vielleicht haben Sie erfahren, dass es mittlerweile einen weiteren Mord gegeben hat? Es wird ja in jeder Zeitung breitgetreten."

„Ich hab zwar mitbekommen, dass es einen neuen Mord gab, ich glaube an dem Abend, an dem ihr Kollege an der Tour teilgenommen hat, aber die letzten beiden Tage war ich so im Stress, dass ich noch keine Zeit hatte, mich über Einzelheiten zu informieren. Stimmt es, dass es ein und derselbe Täter ist?"

„Es gibt Gemeinsamkeiten, die darauf hindeuten. Kannten Sie das Lokal Goldene Gans?"

„Natürlich. Ist nicht weit weg von unserem Büro. Allerdings war ich noch nie dort. Es hatte zwar drei Sterne, aber ich hab auch schon das eine oder andere Gerücht gehört, dass die Qualität manchmal zu wünschen übrig ließ. Und was hat das Lokal nun mit meinen Happenings zu tun?"

„Mit Ihren Happenings direkt nichts, allerdings wurde hier auch wieder auf eine alte Sage Bezug genommen. Das Muhkalb, erzählen Sie nicht auch darüber?"

Müller schlug sich vor die Stirn. „Das Muhkalb, klar. Das ist das gleiche Lokal, oder? Wir führen die Leute normalerweise nur durch die Buchgasse und weisen nicht auf das Lokal hin. Das könnte rechtliche Probleme geben. Nicht jeder Geschäftsinhaber möchte, dass die Leute wissen, dass es in seinem Laden früher mal gespukt hat und gerade für ein Lokal ist es vielleicht nicht förderlich, wenn ein früherer Wirt die Gäste vom Trinken abhalten will."

„Wohl kaum", schaltete Logo sich ein. „Wir müssen Sie fragen, wo Sie zwischen vorgestern Abend und gestern Mittag etwa zwölf Uhr waren?"

Müller blickte überrascht. „Sie verdächtigen mich? Was sollte ich für ein Motiv haben? Ich kannte den Mann gar nicht. Und auch die anderen Opfer nicht, wenn ich recht überlege, nur den Jungen."

„Reine Routine Herr Müller, wir fragen das jeden, der in irgendeiner Verbindung mit dem Fall steht."

„Na gut, ich hab ja auch nichts zu verbergen. Vorgestern Abend habe ich einen fantastischen Zeugen, da war ich bis nach ein Uhr morgens mit ihrem Kollegen zusammen bei der Führung. Hats ihm eigentlich gefallen?"

„Ja, sehr sogar und danach?"

„So gegen zwei Uhr war ich zu Hause und bin auch gleich schlafen gegangen. Alleine. Gegen elf Uhr bin ich aufgestanden, hab gefrühstückt, Zeitung gelesen und so weiter und dann wars bestimmt schon nach zwölf Uhr. Zeugen hab ich dafür leider nicht. Ich habe zwar eine Reinemachfrau und einen Gärtner, aber die waren gestern beide nicht da."

„Und Herr Grosse?" fragte Jenny spontan. „Ich glaube, er wohnt hier in der Nähe?"

Müller blickte sie scharf an, ohne Anzeichen von Verlegenheit zu zeigen. „Ja allerdings, ganz in der Nähe sogar. Daher kenne ich ihn ja. Bereits unsere Eltern waren befreundet. Aber er kann auch nicht bezeugen, wo ich gestern Morgen war."

„Ist das nicht sein Auto da draußen?" fragte Jenny unschuldig. Müller wich ihrem Blick aus.

„Ja, tatsächlich, Sie sind eine gute Beobachterin Frau Kommissarin. Er war gestern Abend hier und wir haben etwas zu tief ins Glas geschaut. Da ist er nach Hause gelaufen."

„Ah, gut, dann dürfte er wohl jetzt zu Hause sein? Wir möchten nämlich auch mit ihm sprechen. Wie kommen wir denn zu seinem Haus?" Jenny schien es, als würde Müller jetzt doch etwas zu schwitzen anfangen.

„Ob er zu Hause ist, weiß ich natürlich nicht. Er wohnt gleich die nächste Querstraße links, das dritte Haus auf der linken Seite, man sieht es von der Straße aus. Es hat große weiße Säulen."

„Tara", murmelte Jenny.

„Wie bitte?"

„Oh, nur so ein Gedankengang von mir. Häuser mit Säulen... da muss ich immer an Tara denken."

Müller blickte sie immer noch verständnislos an. „Tara, vom Winde verweht, die Plantage, *Alles was bleibt ist das Land*."

"Ah, jetzt versteh ich", er lachte. „Ich bringe Sie noch zur Tür."

„Danke, auch für den Kaffee", sagte Jenny beim Hinaus gehen.

„Ach", sie drehte sich nochmal um. „Da hätte ich doch das Wichtigste fast vergessen. Woher nehmen Sie eigentlich die Informationen über diese alten Sagen. Aus Büchern?"

Müller nickte. „Ein Buch hat mich ursprünglich auf die Idee gebracht. Einiges hab ich nachgelesen. Dann habe ich an der Universität einen Dozenten ausfindig gemacht, der sich für Frankfurter Geschichte interessiert, der hat mich noch etwas beraten, vor allem in Bezug auf die Kostüme."

„Ah, ein Geschichtsdozent?"

„Nein, Kunst."

„Heißt der vielleicht Gascon?" rief Logo dazwischen, worauf Jenny ihn entsetzt anstarrte.

„Ja, tatsächlich, so heißt er, kennen Sie ihn?" fragte Müller erstaunt.

„Sagen wir, er ist uns im Zusammenhang mit diesem Fall bereits begegnet."

Mit einem Seitenblick zu Jenny fügte er hinzu. „Wir müssen jetzt gehen, vielen Dank und auf Wiedersehen."

Er nahm Jenny, die immer noch wie erstarrt da stand, am Ellbogen und schob sie durch die Eingangshalle zur Tür. Draußen machte sie sich mit einer ärgerlichen Bewegung los und lief auf die Beifahrerseite des Autos.

„Ich habs gewusst!" rief Logo, während er einstieg. „Ich wusste von Anfang an, dass mit dem irgendwas nicht stimmt. Der war einfach zu glatt und zu zuvorkommend."

Jenny schwieg.

„Was hast du? Siehst aus, als hättest du ein Gespenst gesehen."

„Fahr einfach los."

Logo fuhr los, hielt jedoch, nachdem er die Ausfahrt hinaus gefahren war, auf einem Seitenstreifen an.

„Tut mir leid", meinte er Jenny zugewandt, „du fandest ihn nett. Aber hast du mir nicht früher schon mal gepredigt, keine Gefühle für Beteiligte an einem Ermittlungsverfahren zu entwickeln?"

„Wie kommst du darauf, dass ich Gefühle entwickelt habe, wie du so schön sagst?"

„Ich kenne dich. Du siehst völlig geschockt aus, seit der Name Gascon gefallen ist."

Sie schüttelte langsam den Kopf. „Dass er da beratend tätig war, heißt noch lange nicht, dass er irgendwas mit den Morden zu tun hat."

„Und warum hat er das bei der Befragung nicht erwähnt? Spätestens, als durch die Presse ging, dass da ein Zusammenhang mit den Happenings besteht?"

Darauf wusste Jenny keine Antwort. Wenn Logo wüsste, wie eng sie mittlerweile mit Paul Gascon verbunden war und was sie ihm alles erzählt hatte über den Fall. Er müsste eine Dienstaufsichtsbeschwerde gegen sie einreichen. Es gab nichts daran zu rütteln. Wenn Paul unschuldig war und daran versuchte sie immer noch zu glauben, hätte er ihr schon lange von seiner Beteiligung an den Happenings berichten müssen.

„Alles klar Jenny? Können wir weiter?"

Sie nickte. „Ja sicher." Sie würde so bald wie möglich mit Paul sprechen müssen. Aber erst mal durfte sie sich vor Logo nichts anmerken lassen, Auf keinen Fall, was schwer genug werden würde. Wie konnte sie nur erreichen, dass sie Paul zuerst alleine sprechen konnte. Es musste einfach eine Erklärung geben für sein Verhalten. Sie wollte und konnte nicht glauben, dass er irgendetwas mit den Morden zu tun hatte. Nicht jemand so sanftes, so verständnisvolles wie er.

Mittlerweile bog Logo in die Einfahrt von Grosses Haus, die im Gegensatz zu der von Frank Müller nicht von einem Eingangstor verschlossen wurde. Sie fuhren bis vor die säulenbegrenzte Tür und hielten. Logo stieg aus und klingelte, während Jenny sitzen blieb und das Fenster hunterließ.

„Wetten, er ist nicht da?"

„Meinst du wirklich, er ist bei Müller? Er macht überhaupt keinen schwuchteligen Eindruck."

„Mann Logo, das muss ja wohl auch nicht jeder. Immer diese Klischees."

„Naja, aber meistens merkt man doch irgendwas. Und der Grosse hat doch dauernd von seinen Eroberungen geredet."

„Reden kann man viel."

„Wie auch immer, scheint niemand aufzumachen. Licht ist auch nirgends. Was machen wir jetzt?"

„Warten, ich könnt wetten, der taucht gleich auf. Samt Auto. Und da ist er ja schon."

Tatsächlich bog die schwarze Corvette hinter ihnen in die Einfahrt, fuhr vorbei und parkte vor der Garage.

„Hab ichs doch gewusst", murmelte Jenny und Logo schüttelte nur den Kopf.

„Guten Morgen", rief Grosse und kam über den Kies auf sie zu. „Da haben wir uns wohl gerade verpasst. Ich bin gerade zu Fuß zu Herrn Müller, um mein Auto abzuholen.

„Soso", meinte Logo. Sofort wechselte Grosses Tonlage.

„Was denn, Herr Kommissar? Glauben Sie mir nicht? Unterstellen Sie mir, dass ich lüge? Was wollen Sie überhaupt von mir?"

Jenny stieg aus dem Auto und lenkte beruhigend ein.

„Nur ein paar Fragen, Herr Grosse, wollen wir nicht hineingehen?"

„Nein, wollen wir nicht. Ein paar Fragen können sie mir auch hier draußen stellen. Oder wollen sie mich verhaften?"

„Nein", bellte Jenny nun deutlich unfreundlicher. „Aber wir können Sie gerne auf die Dienststelle vorladen, wenn Ihnen das lieber ist. Für uns wär das viel bequemer."

„Schon gut, schon gut", lenkte Grosse ein. „Dann kommen Sie schon rein."

Er schloss die Tür auf und ging voran durch die konservativ eingerichtete Diele eine Treppe hinauf und schloss dort eine Tür auf.

„Unten wohnen meine Eltern, sie sind momentan auf Capri."

Er ging ihnen voraus in ein hypermodern eingerichtetes Wohnzimmer. Alles war aus hellem Leder, Stahl und Glas und an den Wänden hingen abstrakte Gemälde.

„So, was wollen Sie eigentlich?"

Jenny seufzte. Auf einen Kaffee brauchten sie hier wohl nicht zu hoffen. Nun gut, dann konnte sie direkt zur Sache kommen.

„Haben Sie von dem Mord am gestrigen Morgen gehört?"

„Sicher, steht ja groß in der Zeitung. Ich kannte den Typ aber nicht."

„Sie waren nie dort essen?"

„Nee, war ich nicht", antwortete er.

„Und Ihnen war nicht klar, dass dieses Lokal der Nachfolger dessen ist, in dem die Muhkalb Legende entstand?"

„Ach das? Weiß doch eh niemand. Wir könnten denen erzählen, das hätt im Frankfurter Hof stattgefunden, die würden es auch glauben."

„Die historische Authentizität interessiert Sie nicht besonders?"

„Nee, ich krieg gesagt, was ich zu tun habe und gut ist."

„Wo waren Sie denn vorgestern Abend nach ihrem Job? Und gestern Morgen?"

„Zu Hause. Ich war müde, hab geschlafen bis gestern Mittag. Sonst noch was?"

„Das kann niemand bestätigen? Hausangestellte zum Beispiel?"

„Die kommen nur zweimal die Woche. Sind ja schließlich teuer. Mit einem Beamtengehalt kann man sich bestimmt gar keine leisten."

Jenny langte es langsam. „Bevor Sie sich noch mehr Gedanken über unsere finanziellen Möglichkeiten machen, gehen wir lieber. Vielen Dank für ihre Hilfsbereitschaft. Wir finden alleine raus."

Logo nickte Grosse zu, sie verließen das Haus und stiegen in ihren Wagen. Erst als sie aus Königstein hinausfuhren, fing Logo nach einem Seitenblick auf Jenny vorsichtig an zu sprechen.

„Alles klar, Jenny?"

„Frag nicht dauernd. Was soll denn nicht klar sein?"

Sie hörte selbst, wie unsinnig sie klang, konnte aber nicht anders. Paul Gascons Gesicht ging ihr nicht aus dem Kopf.

„Nun friss mich nicht gleich auf. Den Grosse hast du ganz schön zusammengefaltet. Hast du mir nicht immer gepredigt, Verdächtige darf man keine Gefühle sehen lassen?"

Jenny seufzte. „Klar. Aber der Typ ist echt das Letzte."

„Scheint so."

"Was meinst du damit?"

„Irgendwie kommt er mir komisch vor. Als ob das alles nicht echt ist. Erst erzählt er wilde Storys über Frauengeschichten, obwohl einiges darauf hinweist, dass er homosexuell ist. Und diese dauernde Aggressivität. Mir kommt das vor, als würde er eine Rolle spielen. Ist ja auch Schauspieler."

„Ging mir auch so, von Anfang an. Hat denn seine Überprüfung irgendwas ergeben?"

„Nicht wirklich. Typisches Jüngelchen aus reichem Haus, hat nie eine richtige Ausbildung gemacht, nie wirklich gearbeitet. Naja, die Vorstrafen kennst du ja. Irgendwann hat er dann die Kurve bekommen. Zumindest scheinbar. Er arbeitet schon seit zwei Jahren für Müller."

„Da müssen wir auf jeden Fall dranbleiben. Wie passt das zusammen, damals die Belästigung, heute ein Verhältnis mit Müller?"

„Vielleicht liegen wir falsch und die waren aus anderen Gründen zusammen?"

Jenny seufzte. „Fahr erst mal zurück ins Präsidium. Mal schaun, was Sascha macht. Ich hab auch noch was zu erledigen."

„Was denn?"

„Ach, was Privates. Dauert nicht lange."

Logo blieb still und warf ihr nur einen nachdenklichen Seitenblick zu.

Gegen zwölf Uhr waren sie wieder auf der Dienstelle, doch Jenny kam nicht mit hinein, sondern verabschiedete sich auf dem Parkplatz.

„Ich mach gleich Mittag. Bis nachher."

Bevor er etwas sagen konnte, drehte sie sich um und lief zu ihrem Auto.

Kopfschüttelnd ging Logo alleine hinein und auf die Suche nach Sascha.

Jenny fuhr nach Sachsenhausen zum Städel. Sie wusste, dass Paul Gascon heute als Kurator arbeitete und sah sich außerstande, mit der anstehenden Aussprache bis heute Abend zu warten.

Automatisch griff sie an ihren Gürtel und kontrollierte den Sitz ihrer Waffe. Geschockt sah sie in den Innenspiegel ihres Autos. Was war nur mit ihr los? Heute Nacht hatte sie mit diesem Mann geschlafen, ihm ihre intimsten Gefühle offenbart und jetzt, jetzt verdächtigte sie ihn, ein Mörder zu sein? Nein, nein, das konnte und wollte sie nicht glauben. Aber warum hatte er ihr nicht von seiner Tätigkeit für die Frankfurt-Happenings erzählt? Zigmal war sie im Kopf schon ihre Gespräche durchgegangen. Obwohl sie es strenggenommen nicht gedurft hätte, hatte sie ihm von dem Zusammenhang zwischen den Morden, den Happenings und den alten Sagen erzählt. Und selbst wenn nicht, hätte er es mittlerweile aus der Zeitung erfahren. Warum hatte er geschwiegen?

Am ganzen Körper vor Anspannung zitternd, parkte sie wieder auf einer Sperrfläche und ging eilig ins Städel hinein. Sie zückte ihren Ausweis und verlangte, Paul sofort zu sehen. Der Angestellte, dem ihr angespannter Gesichtsausdruck nicht entgangen war, beeilte sich anzurufen und nickte ihr zu.

„Er kommt sofort."

Kaum zwei Minuten später kam ein lächelnder Paul die Treppe zum ersten Stock herunter und Jenny konnte nicht anders, als auch in dieser Situation festzustellen, wie unglaublich gut er aussah. Sein liebevolles Lächeln verblasste, als er ihren Gesichtsausdruck erkannte. Bevor er etwas sagen konnte, knurrte sie.

„Lass uns in dein Büro gehen, sofort."

Er runzelte die Stirn, schwieg jedoch und ging mit langen Schritten voraus. Unwillkürlich musste Jenny an das erste Mal denken, da sie diesen Weg hinter ihm hergelaufen war. Es schien ihr, als wäre das eine Ewigkeit her, dabei war es gerade mal etwas mehr als eine Woche.

Er führte sie in sein Büro, schloss die Tür hinter ihr und drehte sich um.

„Was ist los?" fragte er sanft.

„Warum hast du mir nichts gesagt?"

Er seufzte. Offensichtlich hatte er nicht einmal vor, erstaunt zu tun.

„Jenny", begann er und zögerte dann. „Willst du dich nicht erst mal setzen?"

„Nein."

Er seufzte nochmal kurz und hob die Hände, um ihr über die Arme zu streichen, doch Jenny trat schnell einen Schritt zurück. Verletzt blickte er sie an.

„Ich verstehe, dass du böse auf mich bist. Aber gerade davor hatte ich Angst."

„Warum sollte ich auf dich böse sein, wenn du die Frankfurt-Happenings berätst?"

„Das meine ich nicht, ich glaube, ich fange nochmal von vorne an."

Er ging zu seinem Schreibtisch und lehnte sich dagegen.

„Ich glaube, ich habe mich beim ersten Mal, als ich dich gesehen habe, in dich verliebt."

Er machte einen Moment Pause und wartete, ob Jenny etwas dazu sagen wollte, doch sie schwieg.

„Ich wollte dich gleich bei unserer ersten Begegnung am liebsten fragen, ob wir uns wiedersehen, aber du warst so misstrauisch. Es hat ein paar Tage gedauert, bis ich den Mut gefunden habe, dich einzuladen und ich war so glücklich, dass du angenommen hast. Und unser erster Abend", er zögerte, „der war unbeschreiblich schön. Da wusste ich noch gar nichts von diesem Zusammenhang mit den Sagen, geschweige denn mit den Happenings. Erst beim nächsten Gespräch hast du sowas erwähnt und ich war völlig geschockt, dass ich jetzt noch auf eine weitere Art mit diesen Morden in Verbindung stand. Und dann war der Punkt einfach vorbei, wo ich es dir hätte sagen können. Ich hatte so unglaubliche Angst, du würdest mich zu den Verdächtigen zählen und würdest mich nicht wiedersehen wollen."

Er ließ den Kopf hängen. Jenny starrte ihn an, ihre Gedanken rasten. So wie er es erklärte, schien alles ganz einleuchtend. Nur zu gerne würde sie ihm glauben. Aber konnte sie das? Verzagt blickte er sie von unten her an. „Die Nacht war so schön. Hab ich alles kaputt gemacht durch meine Feigheit?"

Jenny schluckte, waren seine Augen wirklich feucht oder sah das nur so aus im Licht der Lampe über dem Schreibtisch? Sie musste hier raus. Hier drin konnte sie keinen klaren Gedanken fassen.

„Ich muss jetzt gehen, Paul. Ich muss über das alles nachdenken. Mein Kollege wird dich bald vernehmen wollen und ich werd versuchen, nicht dabei zu sein. Das stehe ich nicht durch, ohne mich zu verraten. Bitte sag in allem die Wahrheit. Aber, wenn er dich nach uns fragt…"

Er hob den Kopf und sah sie an. „Natürlich werde ich nichts von uns sagen. Und glaub mir, ich habe wirklich nichts weiter mit der Sache zu tun. Ich habe vor ewigen Zeiten, als die Happenings gegründet wurden, Herrn Müller beraten, welche Sagen in Frage kämen und wie man das umsetzen kann. Alte Frankfurter Sagen sind ein Hobby von mir und ich beziehe sie auch in meine Kunstgeschichtlichen Vorlesungen ein. Aber sonst? Ich kannte doch die anderen Opfer gar nicht. Ich weiß, ich hätte es dir sagen sollen. Aber ich hatte einfach Angst, ich würde alles zwischen uns kaputt machen."

Jenny nickte langsam. „Ich muss jetzt gehen." Schweigend drehte sie sich um und verließ den Raum. Sie war sich nicht sicher, ob sie hoffte oder befürchtete, dass er ihr hinterherlaufen würde, doch die Tür hinter ihr blieb geschlossen. Wars das nun? Die vielversprechendste Beziehung, die sie seit Jahren hatte? Alles hing davon ab, ob sie ihm glaubte oder nicht. Sinn machte es, was er sagte. Auch wenn es nicht richtig war, was er getan hatte, menschlich verständlich war es allemal. Ihr Herz sagte ihr, dass er kein Mörder war. Aber abgesehen davon, wie kam sie unbeschadet aus dieser Geschichte raus? Paul musste aufgrund dessen, was sie heute Morgen erfahren hatten, unverzüglich vernommen werden. Wenn ihre private Beziehung herauskäme, war sie beruflich geliefert. Oder war es noch nicht zu spät, alles zu beichten und es auf ihre Hormone zu schieben? Vielleicht sollte sie zumindest Logo einweihen. Er war zwar ein guter Freund, aber ob er dafür Verständnis zeigte? Mit Schrecken dachte Jenny daran, was sie ihm sagen würde, wenn die Rollen vertauscht wären. Nein, sie würde erst mal versuchen, die Sache selbst ins Reine zu bringen. Am wichtigsten wäre, dass dieser verdammte Mörder endlich gefunden würde.

Um halb zwei traf sie wieder im Kommissariat ein, wo Logo schon auf und ab lief und auf sie wartete.

„Mensch, wo warst du so lange? Wir müssen zu diesem Gascon."

„Mir ist nicht gut, Logo. Kannst du das alleine machen?"

„Bist du krank?"

„Nichts Ernstes. So ein Frauenkram. Deswegen war ich auch eben schnell beim Arzt."

„Willst du nicht lieber nach Hause gehen?"

„Nene, geht schon, würd nur einfach gerne ruhig im Büro sitzen bleiben und nicht in der Gegend rumfahren. Es sei denn, du brauchst mich unbedingt."

„Nee, passt schon. Sascha will ich zwar nicht mitnehmen, der geht voll in seiner Aufstellung auf, aber ich nehm einen der Kollegen mit, die zu unserer Unterstützung abgestellt worden sind. Ich mach mich auf. Gascon muss um die Zeit im Städel sein. Gute Besserung, Jenny."

„Danke, bis nachher."

Jenny fühlte sich wirklich schlecht. Noch nie hatte sie Logo belogen und unter Kollegen sollte sowas auch nicht vorkommen. Immerhin musste man sich im Ernstfall hundertprozentig aufeinander verlassen. Aber in diesem Fall ging es einfach nicht anders. Zumindest zunächst. Die Nummer mit dem Frauenkram funktionierte zum Glück immer.

Sie ging in ihr Zimmer und traf dort Sascha an, der verbissen in den PC hämmerte und Berge von Papier um sich herum verteilt hatte.

„Na, sieht aber nach mächtig viel Arbeit aus. Kriegst dus hin?"

Er blickte kaum auf.

„Ja, ein paar Mal musste ich neu anfangen, aber ich weiß jetzt, wie ich es übersichtlich hinbekomme. Erstaunlich, wie viel Parallelen es zwischen den Verdächtigen gibt. Zum Beispiel sind sie alle geschieden."

„Wie, alle? Müller und Grosse auch? Dabei haben wir heute vermutet, dass die beiden ein Paar sind."

Jetzt blickte Sascha doch erstaunt auf. „Ein Paar? Wie kommt ihr denn darauf?"

„Das Auto vom Grosse stand beim Müller vor der Tür. Beide haben zwar bestritten, dass sie die Nacht zusammen verbracht haben, aber es machte eben den Eindruck."

„Wär ich nie drauf gekommen. Und wie gesagt, beide sind geschieden. Müller war bis letztes Jahr verheiratet, Grosse ein Jahr lang als er zwanzig war. Possmann ist vor einigen Jahren nach fast zwanzigjähriger Ehe geschieden worden und Gascon war auch mal verheiratet."

Jenny horchte auf. „Paul Gascon auch? Und wieso rechnest du ihn zu den Verdächtigen?"

„Hat die Happenings mit entwickelt, aber es keinem von euch erzählt. Das macht ihn doch verdächtig, oder nicht? Immerhin kannte er das erste Opfer sehr gut."

„Und seit wann ist er geschieden?"

„Schon seit fünf Jahren. Seine Frau ist Französin, hat ihn nach vier Jahren Ehe verlassen und ist nach Frankreich zurück."

Hm, auch das hatte Paul ihr nicht erzählt, aber das Thema war überhaupt nicht aufgekommen und sie hatte ja auch nicht danach gefragt. Normalerweise wollte man beim ersten oder zweiten Date auch nicht unbedingt über die Ex reden.

„Hast du noch mehr Gemeinsamkeiten gefunden?"

„Nee. Es gibt verschiedene Sachen, die einzelne von den Tätern oder den Opfern gemeinsam haben. Aber nie alle. Viel hat das noch nicht gebracht, ich bin ja auch noch dabei, alle Informationen zusammenzutragen. Die Kollegen befragen seit gestern nochmal die Angehörigen und Freunde der ersten Opfer, ob es da irgendeinen Zusammenhang mit dem Wirt von der Goldenen Gans gibt. Vielleicht hat ja Manuela Wagner da gegessen. Irgendwann werden wir vielleicht auf was stoßen."

Jenny seufzte. Sascha lernte gerade das, was alle Polizeibeamten lernen mussten, dass Mörder oft nicht durch eindeutige Beweise oder Zeugenaussagen entdeckt wurden, sondern es meist mühseliges Zusammentragen von Informationen erforderte, um ihnen auf die Spur zu kommen. Und allzu oft wurden sie gar nicht gefasst. Ihre größte Angst war, dass der Mörder bereits das nächste Opfer im Visier hatte. Manchmal hörten Serienmörder einfach auf zu morden und oft genug wurden sie dann nie gefunden. Aber irgendwie hatte sie in diesem Fall den Eindruck, dass dieser hier noch nicht fertig war. Er inszenierte die Fundorte so sorgfältig, sie konnte sich nicht vorstellen, dass er ohne großes Finale aufhören würde. Sich auszumalen, aus was dieses Finale bestehen könnte, machte ihr Angst.

Sie las die Akten der letzten Tage. Etliche Beamte hatten Nachbarn, Anwohner und Bekannte der verschiedenen Opfer befragt. Es waren allerdings keinerlei Informationen zu Tage gefördert worden, die auf einen Täter oder ein Motiv hindeuteten. Auch die Berichte der Spurensicherung und der Gerichtsmedizin ging sie nochmal durch.

„Sascha, wie wars eigentlich bei deiner ersten Obduktion?"
„Toll, Jenny, einfach toll."
„Toll?" echote sie ungläubig.
„Ja, was man da alles sehen kann. Biologie fand ich schon in der Schule am Interessantesten. Und bei so einer Obduktion, da kriegt man ja richtig mit, wie so ein Körper von innen aussieht. Leider durfte ich nichts anfassen."

Jenny blickte ihn entgeistert an. „Anfassen? Den meisten wird's schon vom Hingucken schlecht."

„Mir nicht. Der Geruch is halt unangenehm, aber so richtig gut ist mein Geruchssinn eh nicht ausgeprägt. Meine Freundin sagt das auch immer, wenn sie behauptet, meine Socken würden stinken und ich riech nix."

„Netter Vergleich. Also von mir aus kannst du Obduktionen gerne immer übernehmen. Ich reiß mich wahrhaftig nicht drum und Logo auch nicht. Eigentlich kenn ich keinen, der da gerne hingeht."

„Das wär fein. Also, nicht dass ich mir noch eine Leiche wünsche. Ich hoffe wirklich, dass er jetzt aufhört. Obwohl, vielleicht finden wir ihn dann gar nicht."

Jenny biss die Zähne zusammen. Sie mussten ihn erwischen. Und davon abgesehen wäre es ihrer Karriere äußerst abträglich, wenn sie diesen Serienmörder nicht fassen könnten. Sie musste schon froh sein, dass der Fall nicht jemand anderem übertragen wurde.

„Hast du die Alibis für die letzten Morde nochmal überprüft?"

„Ja, hab ich, aber alle hatten für den Zeitraum des letzten Mordes kein richtiges. Sie waren alleine zu Hause. Nur von Gascon weiß ich es noch nicht, den hatten wir ja zwischendurch nicht mehr als Verdächtigen angesehen."

„Naja, das wird Logo gerade abklären. Hoffentlich kommt er bald wieder. Ich würd heut gerne früher heim. Ich fühl mich nicht so besonders."

Sascha schaute betroffen auf. „Was ist denn? Kann ich was für dich tun?"

„Nee danke, einen Abend mal Füße hochlegen, das reicht schon."

Er nickte verständnisvoll. „Ne warme Badewanne, ne Suppe und ein Glas Wein, das hat meine Mutter schon empfohlen. Wobei sie glaub ich Apfelwein meinte. Aber es geht sicher auch anderer."

Nun musste Jenny fast grinsen. „Danke für den Tipp, das mach ich."

Gegen sechzehn Uhr kehrte Logo zurück und Jenny fiel es schwer, nicht übermäßig interessiert zu wirken.

„Und? Hatte er eine gute Erklärung?"

Logo holte sich einen Kaffee und ließ sich schwer auf einen Stuhl fallen.

„Naja, er hat sich rausgeredet. Ein paar Tage war er wohl in Hamburg und hatte nichts von der Event und Sagengeschichte mitbekommen. Das hab ich übrigens gleich nachprüfen lassen, er war wirklich in dem Hotel."

Jenny plumpste ein Stein vom Herzen und sie befürchtete, dass die Kollegen den Aufprall hören würden.

„Danach hat ers wohl in der Zeitung gelesen, wollte aber nicht mit reingezogen werden. Hatte wohl Angst, man könnte ihn verdächtigen. Naja, da lag er ja auch nicht ganz falsch. Für den letzten Mord hat er kein Alibi. Abends sei er alleine zu Hause gewesen. Morgens hatte er allerdings einen Termin im Städel und bis mittags hat er dort gearbeitet."

„Dann ist er also aus dem Schneider?"

„Zunächst ja. Das Motiv fehlt auch. Aber keiner von denen hat eins, soweit wir bisher wissen."

„Du, ich würd heut gerne früher Schluss machen. Ist das für dich in Ordnung?"

„Ja klar. Hoffentlich geht's dir bald besser."

„Ja, bestimmt."

„Tschüs, gute Besserung."

Durch den dichten Berufsverkehr dauerte es bis nach siebzehn Uhr, bis sie zu Hause war.

Erschöpft stellte sie sich unter die heiße Dusche und legte sich mit einem Glas Grappa auf die Couch. Ob er sich überhaupt nochmal melden würde? Und wollte sie das überhaupt? Ihr Verstand zweifelte zwar, doch andere Körperteile schrien laut ja. Natürlich wollte sie, dass er sich meldete. Sie wollte ihn, ganz und bedingungslos. Sie war unwiderruflich in ihn verliebt, das wurde ihr jetzt, wo die Geschichte so schwierig geworden war, erst richtig klar. Und ja, sie vertraute ihm. Nach wie vor, obwohl… Nein, kein obwohl. Sie vertraute ihm, basta. Hoffentlich meldete er sich, sie würde es auf keinen Fall tun. Sie stand nochmal auf und legte das Telefon in Reichweite. Kurz musste sie grinsen, als sie an die unzähligen Romane dachte, in denen einsame Frauen versuchten, das Telefon zu hypnotisieren, so dass es klingelte. Sie starrte es intensiv an. Bei ihr funktionierte es zumindest nicht. Dafür klingelte es an der Tür. Jenny schoss empor und blickte wild hin und her. Wer konnte das sein? Doch nicht er? Nee, er würde doch sicher nicht einfach hierherkommen. Nicht nach der Geschichte. Oder doch? Woher wusste er oder irgendjemand anders, dass sie zu Hause war? Es klingelte wieder. Entschlossen stand sie auf und ging zur Tür. Warum hatte sie die einzige Tür in ganz Frankfurt, die keinen Spion besaß?

„Hallo?" fragte sie zaghaft.

„Jenny, bitte lass mich rein."

Er war es. Und sie sah aus wie…wie…na wie gerade aus der Dusche gekommen. Schnell schleuderte sie die Wuschelpantoffeln ins nächste Eck und strubbelte sich die feuchten Haare zurecht. Dann öffnete sie langsam die Tür.

„Ich dachte schon, du machst mir gar nicht auf." Paul blickte zerknirscht. Er trug einen hellen Pullover und beige Leinenhosen. Im Arm hielt er etwas, das verdächtig nach einer Flasche Wein aussah.

„Was machst du hier?"

„Ich habs nicht ausgehalten. Ich wollte dringend mit dir reden. Die Chance, dass du mich anhörst, schien mir größer, wenn ich hier vor deiner Tür auflaufe."

„Woher wusstest du, dass ich schon zu Hause bin?"

„Ich hab dein Auto gesehen. Wenn du noch nicht da gewesen wärst, hätte ich gewartet, bis du kommst. Darf ich reinkommen?"

Jenny starrte ihn einen Moment an und öffnete dann die Tür ein Stück weiter.

„Bitte." Sie ging voran ins Wohnzimmer und nahm wieder auf der Couch Platz.

Paul stand etwas verloren da. „Ich hab eine Flasche Wein mitgebracht. Magst du ein Glas?"

„Lieber nicht, ich hab schon einen Grappa. Soll ich dir ein Glas holen?"

„Nicht nötig, ich weiß, wo die Küche ist."

Er öffnete in der Küche die Flasche. Mit einem halbvollen Glas in der Hand kam er zurück und setzte sich in den Sessel gegenüber.

„Bist du immer noch böse?"

Sie überlegte einen Moment.

„Böse ist wohl nicht der richtige Ausdruck."

Er seufzte.

„Ich weiß, du vertraust mir nicht mehr. Das ist fast schlimmer."

„Hättest du mir irgendwann die Wahrheit gesagt?"

„Natürlich!" Er blickte ihr in die Augen. „Natürlich, ich habe es gehasst, dir etwas zu verschweigen. Ich meine, ich habe dir sonst alles von mir gezeigt. Oder nicht?"

Sie nickte verlegen.

„Warst du eigentlich mal verheiratet?"

Er blickte überrascht auf.

„Wie kommst du jetzt darauf? Ja, war ich, mit einer Französin. Sie hat es nicht ausgehalten hier in Deutschland und ist vor ein paar Jahren wieder nach Frankreich. Wir haben uns bald darauf scheiden lassen. Warum?"

„Nur so, das war auch etwas, das du mir nicht erzählt hast."

„Bei den ersten Verabredungen?"

„Du hast recht."

Beide saßen da und schauten verlegen in ihre Gläser. Jenny gab sich einen Ruck.

„Warum sitzt du eigentlich so weit weg?"

Er blickte auf und strahlte. Schnell stellte er sein Glas beiseite und stand auf. Mit wenigen Schritten war er bei ihr, nahm sie in den Arm und küsste sie leidenschaftlich. Nach einer Ewigkeit lösten sie sich voneinander und er flüsterte ihr ins Ohr.

„Ich bin so glücklich, dass du mir glaubst."

Sie schmiegte sich an ihn.

„Du", murmelte er nach einem Moment. „Ich war heute noch gar nicht zu Hause, ich wollte gleich zu dir kommen. Ich muss aber mal heim, meine Anrufe abhören und für morgen brauch ich Unterlagen."

Jenny war enttäuscht, ließ es sich aber nicht anmerken. „Ja, fahr ruhig."

„Nein, du hast mich missverstanden. Ich möchte die Nacht gerne mit dir verbringen. Magst du nicht mit zu mir kommen?"

Und ob sie das wollte. Sie war sowieso neugierig auf sein Haus, von dem sie bisher nicht viel mehr als das Wohnzimmer gesehen hatte.

„Oh, ja, klar. Ich muss nur ein paar Sachen einpacken."

„Lass dir ruhig Zeit."

Er bot ihr zwar an, sie am nächsten Morgen nach Hause zu fahren, sie wollte jedoch lieber unabhängig sein und fuhr in ihrem Wagen. Zehn Minuten später waren sie vor seiner Villa auf dem Lerchesberg.

„Setz dich ein bisschen auf die Terrasse, ich kümmere mich kurz um meine Anrufe und mach uns dann etwas Leckeres zu essen. Oder magst du lieber essen gehen?"

Jenny lächelte ihn an. „Nein, hier essen ist fein."

„Gut, dann lass ich dich einen Moment alleine. Soll ich dir etwas zu trinken holen?"

„Nein geh nur. Ich hole mir selbst was aus der Küche, wenn das okay ist."

„Natürlich, fühl dich wie zu Hause. Bis gleich."

Jenny schlenderte in die Küche und fand im Kühlschrank eine Flasche Pils. Ein Bier war jetzt genau das richtige. Sie trat auf die Terrasse und blickte über den Garten in die untergehende Sonne. Obwohl es mittlerweile auf zwanzig Uhr zuging, war es noch angenehm warm. Sie zog die Schuhe aus und betrat das kurzgeschnittene Gras. Als sie ums Haus herumlief, stand sie unerwarteter Weise vor einem kleinen geschwungenen Swimmingpool, um den mehrere Liegen einladend standen. Noch weiter hinten wartete eine weitere Überraschung. Sie hätte sich Paul nur schwer im Garten arbeitend vorstellen können, doch hier erstreckten sich etliche Reihen verschiedener Gemüse und brachliegender, frisch umgegrabener Beete. Vor sich hin lächelnd ging sie zur Terrasse zurück und setzte sich. Einige Minuten später gesellte sich Paul wieder zu ihr, ebenfalls mit einer beschlagenen Flasche Bier in der Hand.

„Ging ja schnell. Ich habe deinen Garten besichtigt."

„Und? Gefällt er dir?"

„Oh ja, ich hab beim letzten Mal, als ich hier war, gar nicht gesehen, dass du einen Pool hast. Noch mehr hat mich aber das Gemüsebeet überrascht. Dich als Gärtner kann ich mir gar nicht vorstellen."

„Tja", er grinste breit, „was meinst du, welche Qualitäten ich noch habe."

„Oha, du machst mir ein bisschen Angst."

„Du wirst nur positiv überrascht sein, bestimmt. Vielleicht fangen wir mit meinen Qualitäten als Koch an? Wie wärs, wenn ich rasch den Grill anstecke? Ich hab noch ein paar

Steaks da und könnte einen Salat machen. Nur Baguette müsste ich aufbacken."

„Hört sich lecker an, was kann ich machen?"

„Lass mich überlegen. Du kannst hier sitzen, mir Gesellschaft leisten und Mut zusprechen, wenn das Feuer nicht angeht."

Jenny musste unwillkürlich lachen. „Das könnte mich überfordern, aber ich geb mir große Mühe."

„Gut, dann fang ich mal an."

In kürzester Zeit hatte er den Grill angefeuert und war in der Küche verschwunden, um den Salat zuzubereiten.

„Jenny?"

„Ja?"

„Kannst du im Garten ein paar Tomaten und Kräuter holen? Ich hab da eine Schale hingestellt."

„Ja, sicher." Sie schlenderte ans andere Ende des Gartens und schritt die Tomatenpflanzen ab. Hier und da pflückte sie einzelne und beglückwünschte sich dazu, dass sie auch einige Kräuter erkannte, die sie abzupfte.

Langsam lief sie zurück zum Haus und plötzlich schoss ihr der Gedanke durch den Kopf, dass sie trotz der unangenehmen Eröffnung heute Morgen seit langen Jahren nicht so glücklich gewesen war, wie im Moment.

Sie seufzte, hoffentlich dauerte das Glück lange an.

Zumindest für diesen Abend und diese Nacht tat es das. Sie aßen auf der Terrasse bei Kerzenlicht. Dunkelheit war mittlerweile hereingebrochen. Nachher unterhielten sie sich lange und erzählten sich aus ihrer beider Leben oder schwiegen gemeinsam. Irgendwann nahm Paul ihr das Glas aus der Hand und trug sie nach oben ins Schlafzimmer. Wieder erlebte sie eine unvergleichliche Nacht und es wurde spät, bis beide einschliefen. Diesmal klingelte der Wecker für sie. Leise stand sie auf, um Paul nicht zu wecken. Sie wollte ihn schlafen lassen, obwohl er angeboten hatte, mit ihr aufzustehen und ihr Frühstück zu machen. Es hatte etwas Vertrautes, ihre Sachen zusammenzusuchen, durchs stille Haus zu laufen und alleine an der Küchentheke Kaffee zu trinken, während Paul oben noch schlief. Als würde sie hierhergehören. Sie duschte schnell und zog sich an, dann war es auch schon Zeit, ins Kommissariat zu fahren. Heute würde sie nicht breit grinsend hinein marschieren. Die Erinnerung an die Gesichter ihrer Kollegen von gestern reichte ihr noch.

Tag 11, Mittwoch

Im Büro war sie die Erste, konnte in Ruhe Kaffee aufsetzen und sich mit einer Tasse an die Unterlagen setzen. Erst gegen halb neun trödelten Sascha und kurz darauf Logo ein.

„Wo bleibt ihr denn? Kaum ist die Katze aus dem Haus..."

Während Sascha irritiert schaute, grinste Logo nur.

„Ich brauch dich ja nicht zu fragen, obs dir wieder besser geht. Ein Glück. Wir haben gestern noch ewig an Saschas Auswertung gesessen."

Jenny blickte Sascha fragend an. „Und? Hattet ihr Erfolg?"

Er blickte verlegen. „Noch nicht wirklich. Ich dachte, wir könnten das vielleicht dem Psychologen vorlegen?"

„Gute Idee. Ich hoffe, es ist nicht zu viel. Ich weiß nicht, wie viel Zeit er investieren kann. Er kriegt ja schließlich nichts dafür. Aber fragen können wir ihn."

Erleichtert blickte er sie an. „In Ordnung."

„Und wir müssen alle neuen Infos immer gleich hinzufügen. Vielleicht ergibt sich dann ein Bild, das auf jemanden hindeutet."

Während Sascha und Logo sich vom Kaffee bedienten, setzte sich Jenny an ihren PC und checkte ihre Mails. Wie immer gab es eine wilde Mischung von Werbemails, Anfragen, Grüßen von Freunden und offiziellen Mitteilungen. Ein Absender fiel ihr direkt ins Auge, weil sie so gar nichts mit ihm anfangen konnte. *DerUnbekannte*. Was sollte das? Neugierig klickte sie auf Lesen. „Werte Frau Kommissarin. Vielleicht sollten Sie dem guten Doktor Possmann mal genauer auf die Finger schauen. Er ist äußerst interessiert an kleinen Jungen, wenn Sie verstehen, was ich meine. Fragen Sie seine Exfrau. Ein guter Bürger."

"Hört euch das an." Jenny las die Mail laut.

„Von wem kommt sie?"

„Der Absender nennt sich *Der Unbekannte*, wahnsinnig originell. Kann man sowas rückverfolgen?"

„Prinzipiell ja, aber die kommt bestimmt aus einem Internetkaffee. So schlau ist heut jeder. Ob das über Possmann stimmt? Auffällig ist er nicht geworden, das haben wir doch überprüft?"

„Stimmt Logo, aber das heißt ja nichts. Vielleicht sollten wir uns mit der Exfrau unterhalten. Mir kam das gleich spanisch vor mit seinem sozialen Zweitleben. Hätte natürlich sein können, dass da jemand Gutes tun will, aber Possmann? Daran hab ich nie geglaubt. Wissen wir, wo die Exfrau ist? Und hat er nicht auch ein Kind?"

„Ich überprüf das."

„Sascha, du hast doch am meisten Ahnung von PCs. Probier mal, rauszubekommen, woher die Mail kam."

„Mach ich sofort, aber ich glaub nicht, dass wir sie zu jemandem zurückverfolgen können."

„Versuch es! Wenigstens kann ich Biederkopf jetzt was für die Pressekonferenz geben. Hört sich gut an: Ein anonymer Hinweis, der auf einen der Verdächtigen hindeutet."

„Hast du gelesen, was die in der Buntzeitung heut Morgen geschrieben haben?"

Jenny schüttelte den Kopf.

„Natürlich schießen sie sich auf die Polizei ein, aber auch auf die heutigen Verhältnisse. Mangelnde Bildung, hoher Ausländeranteil, die vielen Arbeitslosen und was weiß ich noch."

„Typisch! Na, das lenkt die Leser vielleicht von dem Fall ab. Ich fürchte, wenn sie das mit den Sagen rauskriegen, werden etliche Nachahmer auftreten. Und wenn das mit den Happenings rauskommt, kann der Müller seinen Laden dicht machen."

„Das glaub ich nicht. Die Leute werden wahrscheinlich erst recht hinrennen."

„Stimmt", meinte Jenny ohne nachzudenken. „Paul hat auch…äh, ach egal."

„Paul?"

„Ein Bekannter von mir, du kennst ihn nicht. Der hat auch schon sowas erlebt. War in etwas Unangenehmes verwickelt und wurde dadurch erst recht interessant."

Gerade noch die Kurve gekriegt, dachte Jenny. Beinahe hätte sie alles verraten. Logo guckte zwar etwas misstrauisch, aber er konnte ja nicht sehen, dass ihre Hände schweißnass waren und zitterten. Zum Glück klingelte in diesem Moment das Telefon.

„Herr Biederkopf, ja, die Pressekonferenz, ja, da muss ich Ihnen etwas erzählen."

Sie informierte ihn über die Mail.

„Stimmt, besser als nichts. Was? Ich soll dabei sein? Muss da sein? Na gut, ich bin gleich da."

Sie legte den Hörer auf und guckte Logo, der sie angrinste, böse an.

„Ich hasse Pressekonferenzen. Hoffentlich muss ich nichts sagen. Biederkopf meinte, er würde das Reden übernehmen."

„Naja, viel Glück, ich bleib derweil an der Ehefrau."

Während Jenny mit ungutem Gefühl zur Pressekonferenz lief, saß er bei einem späten Frühstück in einem Kaffee auf der sogenannten Fressgaß. Genüsslich ließ er ihr letztes Gespräch Revue passieren.

Sie hatte wirklich etwas an sich, die Kommissarin. Er genoss jede Minute mit ihr. Und wie unterhaltsam es war, ihr zuzusehen, wie sie sich abstrampelte, aber dennoch völlig im Dunkeln tappte. Wenn es nach ihm ginge, würde sich daran sobald auch nichts ändern. Vielleicht würde er sie mal eine klitzekleine Spur finden lassen, damit das Spiel unterhaltsamer werden würde. Die Frage war: eine echte Spur oder eine falsche?

Gedankenverloren bat er die Kellnerin um einen weiteren Kaffee und lächelte sie charmant an.

Eine Stunde trat Jenny entnervt ins Büro und knallte die Tür hinter sich zu.

„Blutsaugende Stechmücken sind mir lieber als jeder Reporter!" Sascha schaute sie erschrocken an, aber Logo grinste.

„So schlimm?"

„Ein Albtraum. Die haben uns nicht nur wegen mangelnder Erfolge kritisiert, die unterstellen uns sogar, irgendwas zu vertuschen. Angeblich komme der Mörder aus gehobenen Kreisen, wie sie sich ausdrückten. Biederkopf hat zum Glück das Reden übernommen. Die Sache mit den Sagen musste er ihnen erzählen und irgendwie ist ein besonders schlauer auf die Happenings gekommen. Morgen wird's ganz dick in allen Zeitungen stehen. Wird für unsere Arbeit nicht einfacher."

„Brauchst du einen Schnaps? Ich glaub ich hab noch irgendwo einen."

„Lass gut sein. Munter mich lieber mit ner guten Nachricht auf. Hast du die Exfrau vom Possmann aufgetrieben?"

„Hab ich. Die Scheidung war vor drei Jahren. Der Sohn ist heute vierzehn. Sind sofort nach der Trennung nach Frankreich gegangen und wohnen in Colmar. Die Adresse und Telefonnummern hab ich hier. Solln wir mal anrufen?"

„Ja. Wo wohnt eigentlich Possmann? Bei allen anderen waren wir im Haus, bei ihm nicht."

Logo überlegte. „Da muss ich in den Unterlagen schauen. Sascha weißt du das auswendig?"

„Wie, was weiß ich?" Sascha war schon wieder in seine Unterlagen vergraben.

„Wo der Possmann wohnt?"

„Ja, Niederrad, Waldfriedstraße, hinten, wo's Richtung Fußballstadion geht."

„Was du dir alles merken kannst."

„Er is halt noch jünger als wir, Logo."

„Autsch. Das war fies."

„Ach was, das kannst du vertragen." Sie wählte die Nummer und tatsächlich meldete sich nach dem zweiten Klingeln eine Frauenstimme. „Horstmann?"

„Guten Tag, Kommissarin Becker von der Kriminalpolizei in Frankfurt. Frau Horstmann, ist es richtig, dass sie die geschiedene Frau von Dr. Possmann sind?"

„Ja, leider. Haben sie ihn verhaftet? Sperren Sie ihn ein und werfen Sie den Schlüssel weg!"

Jenny guckte entgeistert. „Sie haben wohl kein gutes Verhältnis?"

„Absolut nicht. Worum geht es überhaupt?"

„Dr. Possmann steht indirekt mit einer Mordserie in Verbindung. Sein Freund, Herr Wegener, wurde ermordet. Kannten Sie ihn?"

„Ja, natürlich. Ich hoffe, Sie erwarten nicht, dass ich um ihn trauere."

Jenny warf Logo und Sascha, die mittlerweile beide gespannt lauschten, einen vielsagenden Blick zu.

„Haben Sie noch Kontakt zu ihrem Mann?"

„Um Gottes Willen nein. Das war eine Bedingung unserer Scheidung. Er darf sich weder mir noch meinem Sohn jemals wieder nähern."

„Ach, und würden Sie mir verraten warum? Und was Ihre sagen wir mal Gegenleistung war?"

„Ich habe zugesagt, ihn nicht anzuzeigen. Und warum? Ich hab ihn dabei erwischt, wie er einen Jungen begrapschte. In unserem Schlafzimmer, das perverse Schwein. Und sowas ist auch noch Psychologe. Der Junge war nicht mehr minderjährig, es wäre ihm also nicht viel passiert, wenn ich ihn angezeigt hätte, aber seinen kostbaren Ruf hätte es trotzdem zerstört. Ich wollte ihn trotzdem melden, schon damit er keine anderen Jungs mehr belästigt, aber er hat mir gedroht, ich müsste jahrelang um mein Geld kämpfen. Und ich musste doch meinen Sohn vor ihm in Sicherheit bringen."

„Verstehe. Und Herr Wegener?"

„Auch so ein Schwein. Betrog seine Frau bei jeder Gelegenheit. Mit allem, was nicht schnell genug den Baum hochkam. Auch mit Nutten."

„Gut, Frau Horstmann, es könnte sein, dass ich noch mehr Fragen habe."

„Sie können mich jederzeit anrufen. Wenn es dazu beiträgt, ihn aus dem Verkehr zu ziehen, hab ich immer Zeit. Falls es sein muss, kann ich auch nach Frankfurt kommen."

„Das ist sehr entgegenkommend von Ihnen. Ich melde mich wieder."

Jenny legte auf und blickte in die Runde.

„Das is ja ein Ding. Aber ob das was mit unsrem Fall zu tun hat?"

Logo kratzte sich nachdenklich am Kopf. „Vielleicht hat er ja auch was mit dem Kiesewetter gehabt? Obs Possmann war, der mit ihm essen gegangen ist?"

„Möglich, aber die anderen Opfer? Sein bester Freund, ein Mädchen und ein alternder homosexueller Wirt? Ich sehe da immer noch keinen Zusammenhang."

„Wer mag wohl die Mail geschrieben haben. Die Exfrau?"

„Sie schien eher überrascht."

Sascha schüttelte den Kopf. „Wir kommen nicht weiter."

Während sie sich stumm anschauten, meldete ein Piepton das Ankommen einer SMS auf Jennys Handy. Ihr Herz machte einen kleinen Hüpfer, als sie darauf schaute. „Hi mein Schatz, danke für den Kaffee. Sehen wir uns heute? Ohne dich schlafen ist plötzlich eine schreckliche Aussicht!"

Sie lächelte und fühlte, wie sie ein bisschen rot wurde. Als sie aufblickte, begegnete sie zwei Augenpaaren.

„Was ist?" schnappte sie.

Sascha blickte schnell wieder auf seinen Monitor und Logo runzelte die Stirn. „Ich wüsste zu gerne, was du da ausbrütest. Und ich kriegs raus."

„Geht dich gar nichts an. Also, was machen wir nun als erstes? Ist nicht heute auch die Beerdigung vom Delacourt?"

„Um vierzehn Uhr auf dem Hauptfriedhof. Und was ist mit Possmann? Wir müssen zu ihm."

„Ich würde ja zu gerne sehen, wie der wohnt. Solln wir überraschend heute Abend bei ihm auftauchen? Und wir sollten uns auch auf der Beerdigung umschauen. Einen besseren Plan haben wir eh nicht."

Logo schaute missmutig aus dem Fenster.

„Na, das Wetter passt ja. Regen. Hätts nicht noch einen Tag schön bleiben können?"

„Von mir aus die ganze Woche. Solln wir noch was essen auf dem Weg?"

„Ja, wie wärs mit Best worscht in town?"

„Uh, aber nicht mehr so scharf."

„Schade, dein Gesicht war klasse."

„Ich bin halt nicht son Weichei, das nur Schärfegrad A probiert."

Logo war weise genug, nicht zu antworten. Sie ließen Sascha im Büro und fuhren Richtung Innenstadt. ‚Best worscht in town' war einer von mehreren, auf Currywurst unterschiedlicher Schärfegrade spezialisierten Imbissen, die es seit einigen Jahren in Frankfurt gab. Nur nach ausführlicher Beratung und Risikoaufklärung wurden Schärfegrade über B serviert, obwohl die Palette bis F ging. Aus Erfahrung klug, nahm auch Jenny diesmal A+ mit Pommes und als sie eine halbe Stunde später am Hauptfriedhof eintrafen, waren beide pappensatt.

Die Trauergemeinde war überraschend groß, obwohl kaum jemand betroffen aussah. Einzig die Hausdame, Frau Mörike, zerdrückte die eine oder andere Träne. Die restliche Gesellschaft bemühte sich, pietätvoll dreinzuschauen, ließ aber echte Trauer vermissen.

„Schien wirklich nicht sonderlich beliebt gewesen zu sein. Das sind wohl hauptsächlich Geschäftspartner, Mitarbeiter und Kunden. Wissen wir, ob er verheiratet war?"

„Ne, das hab ich überprüft. Nie verheiratet, keine Kinder."

"Könnte tatsächlich homosexuell gewesen sein. Das häuft sich jetzt aber. Possmann steht auf kleine Jungs, Müller und Grosse haben vielleicht was miteinander und unser letztes Opfer homosexuell."

„Kann Zufall sein, Jenny, und dass Müller und Grosse die Nacht zusammen verbracht haben, kann auch andere Ursachen haben. Und außerdem haben wir keine Beweise dafür."

„Ja", seufzte sie. „Ich angel nach Strohhalmen. Also hier fällt mir niemand auf, der sich verdächtig verhält, dir?"

„Nein, auch kein Freund oder so, der am Grab trauert und den ich gerne befragen würde. Lass uns abhauen. Der Fotograf nimmt alle auf. Wir setzen einen dran, der vergleicht, ob jemand auf allen Beerdigungen war."

„Abmarsch. Bin eh schon tropfnass." Als sie endlich im Präsidium eintrafen, war es nach sechzehn Uhr. Sascha telefonierte, legte jedoch auf, als sie ins Zimmer kamen.

„Hi, regnets etwa?"

„Ich werf dir gleich was an den Kopf. Meinst du, wir waren gemeinsam duschen?"

Logo versteckte sein Lachen hinter einem Husten.

„Is doch wahr, Logo."

„Tschuldigung", murmelte Sascha zerknirscht. „Ich hab gerade mit dem Psychologen gesprochen, Dr. Moment, wie heißt der ... Mendelssohn. Er hat Bescheid gesagt, dass er nicht viel rausfinden konnte. Der letzte Tatort wäre zwar erschreckend gewesen, man würde aber an vielem sehen, dass der Mörder methodisch und kontrolliert vorgehen würde. Wir sollten uns nicht viel Hoffnung machen, dass ihm ein gravierender Fehler unterläuft."

„Na, das muntert doch auf."

„Er hat die Tatorte auch räumlich analysiert, aber da sie sich auf Sagen beziehen, gibt das nicht viel her. Nur, dass der Mörder in Frankfurt oder in der näheren Umgebung wohnt, da ist er sicher."

„Super", seufzte Jenny, „nur fünfhunderttausend Verdächtige, wenn wir von einem Mann ausgehen. Hat er auch was Hilfreiches?"

„Nein, aber eine Warnung. Der Mörder würde mit uns spielen und es könnte jederzeit sein, dass er sich direkt gegen einen von uns, also den ermittelnden Beamten wendet."

„Da fühl ich mich doch gleich besser."

„Ich habs dir von Anfang an gesagt", schaltete sich Logo ein. „Der Typ ist gefährlich und verrückt. Wir sollten nicht mehr alleine losziehen."

„Machen wir doch nicht. Wann wollen wir heute Abend zu Possmann? Sprechstunde hat er bis achtzehn Uhr. Um neunzehn Uhr müsste er zu Hause sein, wenn er nicht woanders hinwill. Das ist halt unser Risiko. Ich würd trotzdem gerne unangemeldet bei ihm auftauchen. Sollen wir uns da treffen? Dann würd ich vorher kurz heimfahren und mir was Trockenes anziehen."

„Ja, gut, aber nicht alleine reingehen."

„Nee, versprochen. Also bis nachher. Bis morgen Sascha."

Durch den Berufsverkehr quälte sie sich nach Hause und parkte direkt vor der Tür auf dem letzten freien Parkplatz. Hinter ihr kroch im Schritttempo ein dunkler Kombi vorbei. Pech gehabt, dachte sie zufrieden und ging hinein. Eine heiße Dusche machte sie wieder fit und da sie noch etwas Zeit hatte, setzte sie sich auf die Couch und hörte ihre Anrufe ab. Der erste kam von einer ehemaligen Schulfreundin, die sie zu einem Klassentreffen einladen wollte, das allerdings erst in zwei Monaten stattfand. Die zweite Stimme löste ein Lächeln aus.

„Hallo mein Liebling. Wie schön war das, mit dir einzuschlafen. Kommst du heut Abend vorbei?"

Sie griff sofort nach dem Telefon. Ob er schon zu Hause war? Er war.

„Hi, ich bins, ich hab deinen Anruf abgehört."

Er lachte tief. „Und? Wie wird meine Anfrage beantwortet? Ich hoffe doch positiv?"

„Mmmmh, ich werde es in Erwägung ziehen." Sie lachte. „Nee, natürlich komme ich gerne. Ich muss nur dienstlich nochmal los. Sollte aber nicht allzu lange dauern."

„Dann komm doch hinterher zu mir, okay?"

„Fein, soll ich vielleicht was zu essen mitbringen?"

„Ich kann auch kochen, war extra auf dem Markt heute und hab Lammkoteletts gekauft und grüne Bohnen. Wie hört sich das an?"

„Himmlisch, bis nachher." Sie legte auf und lehnte sich seufzend zurück. Bei dem Gedanken an den Abend und die Nacht wurde ihr warm, nicht nur ums Herz, auch in anderen Körperbereichen. Hoffentlich war dieser Fall bald abgeschlossen, so dass sie ihre Beziehung nicht mehr würde verbergen müssen. Sie hatte noch eine ganze Menge ihres Jahresurlaubs, eigentlich fast alles. Vielleicht könnte sich Paul freinehmen und sie könnten ein paar Tage wegfahren. Inzwischen sah es ja wirklich so aus, als würde es etwas Festes werden, obwohl sie das noch vor kurzem kaum zu hoffen gewagt hatte.

Pünktlich um halb sieben traf sie vor Possmanns Haus in der Nähe des Carl von Weinberg Parks ein, wo Logos Peugeot schon parkte. Unterwegs hatte sie mehrmals in den Rückspiegel geschaut, weil sie das merkwürdige Gefühl hatte, verfolgt zu werden. Das lag bestimmt an dem Gespräch vorhin und der Warnung des Psychologen. Schon albern. Das alles begann immer mehr einem Fernsehkrimi zu ähneln.

Sie stieg aus und setzte sich zu Logo ins Auto.

„Hi Kollegin, scheint noch nicht da zu sein. Ich hab grad mal in seiner Praxis angerufen, da ist er schon weg. Also entweder taucht er bald auf oder er will noch woanders hin."

„Warten und hoffen, würde ich sagen."

Zehn Minuten saßen sie schweigend nebeneinander, als Scheinwerfer um die Ecke bogen und Possmanns BMW vorfuhr.

„Wir lassen ihn reingehen und klingeln dann."

Logo nickte und als im Haus mehrere Lichter angegangen waren, stiegen sie aus und gingen zur Eingangstür. Das Haus stand ein bisschen nach hinten versetzt und war mit seiner Efeuumrankten Front recht eindrucksvoll, wenn auch deutlich kleiner als die Luxusvillen von Müller und Grosse. Sie klingelten und wenige Augenblicke später wurde die Tür aufgerissen. Possmann starrte sie überrascht an, fing sich jedoch sofort.

„Frau Kommissarin? Es scheint Ihnen Spaß zu machen, mich an unerwarteten Orten und zu ungewöhnlichen Zeiten aufzusuchen."

„Guten Abend, Herr Dr. Possmann, dürfen wir reinkommen?"

Er zögerte den Bruchteil einer Sekunde, öffnete jedoch die Tür ganz und setzte dabei ein breites Lächeln auf.

„Natürlich, wie unhöflich von mir. Sollen wir ins Wohnzimmer gehen? Und das ist Herr…? Ich glaube, wir kennen uns noch nicht?"

„Oh, ich muss mich schon wieder entschuldigen. Das ist mein Kollege Herr Stein."

Logo nickte freundlich und der Doktor ging durch einen holzgetäfelten Flur in ein großes Wohnzimmer, dessen Panoramafenster den Blick auf einen parkähnlichen, eingewachsenen Garten boten.

„Setzen Sie sich doch, kann ich Ihnen etwas anbieten?"

Beide verneinten und als Possmann sich selbst ebenfalls gesetzt hatte, fing Jenny mit ernster Miene an.

„Herr Dr. Possmann, ich habe heute mit Ihrer Frau telefoniert."

Auf einen Schlag wurde der Psychologe totenblass.

„Mit…meiner…Frau?" stammelte er.

„Richtig gehört. Und sie hat mir interessante Dinge mitgeteilt, die zu Ihrer Scheidung geführt haben. Sie wissen offensichtlich, was ich meine."

Er fasste sich mit einem Finger in den Kragen seines Hemdes und lockerte es. Niedergeschlagen blickte er zu Boden.

„Natürlich. Aber glauben Sie mir, sie übertreibt maßlos. Schon immer."

„Dann sagen Sie uns, was die Wahrheit ist. Wir machen uns gerne selbst ein Bild, inwieweit Ihre Frau, pardon Ihre Exfrau, übertreibt oder nicht."

Der Psychologe schwitzte mittlerweile stark. „Was hat sie Ihnen denn genau erzählt?"

„Sie hat Sie mit einem kleinen Jungen erwischt", antwortete Jenny schonungslos.

Dr. Possmann fuhr auf. „Nein, das stimmt nicht. Der Junge war volljährig."

„Sie als Psychologe dürften am besten wissen, dass ein achtzehnjähriger kaum als Erwachsener zu betrachten und zu behandeln ist."

„Ja, das weiß ich", murmelte er leise.

„Und Sie haben ihn trotzdem…sexuell missbraucht?"

„Es kam zu keinem Verkehr im eigentlichen Sinne. Darauf lege ich großen Wert. Alles ganz legal! Der Junge ist zu nichts gezwungen worden."

„Tatsächlich? Warum hat er dann mitgemacht?"

Erstmals blickte Possmann sie direkt an. „Wegen Geld natürlich. Die meisten Jungen, die bei *Prometheus* auftauchen, tun für Geld alles. Und sogar gerne. Die freuen sich, wenn sie etwas verdienen können."

Jenny blickte Logo an. Das war sein Einsatz. Normalerweise übernahm er die Rolle des bösen Cops, was seinem Naturell ausgesprochen nahe kam, wie sie ihm oft im Spaß erklärte. Ob so eine Masche jedoch bei einem ausgebildeten Psychologen Erfolg hatte, war abzuwarten. Wobei der ausgebildete Psychologe momentan eher einem Häufchen Elend glich.

„Sie nutzen also diese bedauernswerten Jungen, die es eh schwer im Leben haben und denen Sie helfen sollen, wieder auf die richtige Bahn zurückzufinden, für ihre Zwecke aus?"

Possmann war bei jedem zweiten Wort zusammengezuckt. „Ich kann nichts dafür. Das ist eine Krankheit. Und die Jungs wollen das. Wenn einer nein sagt, lass ich ihn in Ruhe. Und ich achte streng darauf, dass sie achtzehn sind. Das ist nicht strafbar."

„Wers glaubt", brummte Logo.

„Fragen Sie sie doch. Aber bitte diskret. Wenn etwas rauskommt von meinen Neigungen, bin ich beruflich ruiniert."

Jenny schüttelte den Kopf. „Das dürfte eines Ihrer geringsten Probleme sein. Vielleicht hat Ihr Freund Wegener Ihre Neigungen entdeckt und wollte Sie verraten? Oder der Junge?"

Possmann schoss in die Höhe. „Wie kommen Sie darauf? Mit Kai hatte ich ein Techtelmechtel, will ich mal sagen, aber Wegener, natürlich wusste der davon, aber er hatte doch genug selbst zu verbergen. Und die anderen Opfer kenn ich gar nicht."

„Sind Sie sicher, dass Sie Delacourt nicht kennen? Er soll sich im Homosexuellen-Milieu bewegt haben."

„Nein, außerdem bin ich nicht homosexuell. Ich bin nur interessiert an, wie soll ich sagen, jungen, reinen Körpern."

„Also auch Mädchen?"

„Ja, aber da ist schwer ranzukommen. Die Jungs lerne ich über die Stiftung kennen. Und wie gesagt, alles freiwillig!"

Jenny schüttelte den Kopf. „Sie wissen bestimmt besser, was mit Ihnen los ist. Fest steht jedenfalls, dass Sie unverzüglich Ihre Position in der Stiftung aufgeben müssen. Sonst hat das rechtliche Konsequenzen."

Possmann blickte sie lange an und ließ dann den Kopf hänge. „Ich verstehe."

„Wenigstens etwas", schob Logo hinterher, „aber wir werden eine Auge auf Sie haben, Herr Doktor, verlassen Sie sich drauf!"

Das Wort Doktor betonte er. „Komm Jenny."

Sie standen auf und verließen das Zimmer, ohne dass der Psychologe sie begleitete. Erst am Auto blickten sie sich an.

„Was für ein krankes Schwein."

„Dafür warst du aber ganz schön zurückhaltend, Logo."

„Irgendwas stimmt mit dem nicht."

Jenny guckte ihn entgeistert an. „Er hat uns gerad erzählt, dass er Frau und Kind hat, aber lieber junge Mädchen und Jungs befummelt, und du stellst fest, dass mit ihm was nicht stimmt?"

„Das meine ich nicht. Alle, mit denen wir in diesem Fall zu tun haben, spielen Theater. Possmann auch. Als ob er etwas viel Schlimmeres zu verbergen hat und diese Fummelgeschichte vorschiebt."

„Kannst du ihn dir als Mörder vorstellen?"

„Schon. Intelligent ist er sicher, gestört auch, als Psychologe weiß er, wie man Menschen manipuliert, also hat er die besten Voraussetzungen. Aber einen Beweis brauchen wir."

„Vielleicht reicht das alles, um ihn beschatten zu lassen oder sein Telefon abzuhören. Ich red gleich morgen mit Biederkopf. Und mit der Sitte. So, jetzt will ich aber nach Hause."

„Julia ist heut mit Freundinnen unterwegs, magst du vielleicht noch was trinken gehen? Oder essen?"

„Tut mir leid, heut nicht, ich bin schon verplant."

„Da ist was im Busch, gell? Sag doch mal, gibt's da jemanden in deinem Leben?"

Jenny grinste ihn breit an. „Möchtest du wohl gerne wissen? Ich sag's dir aber nicht."

„Dann beschatte ich dich!"

„Wehe! Wobei, ich fühl mich sowieso verfolgt, wahrscheinlich bist du die ganze Zeit hinter mir her."

Logo wurde schlagartig ernst. „Verfolgt? Ist das jetzt Spaß?"

„Nein. Ich habe einige Male einen Kombi bemerkt, der langsam an mir vorbei oder hinter mir fuhr. Wahrscheinlich nur Zufall."

„Ich bring dich lieber nach Hause. Die Autonummer konntest du nicht sehen?"

„Leider nicht. Falls er nochmal auftaucht, versuch ich, sie zu erkennen. Aber mach jetzt nicht aus ner Mücke einen Elefanten. Vielleicht bilde ich es mir nur ein."

„Immerhin haben wirs mit einem Verrückten zu tun."

„Okay, damit du dich beruhigst. Ich werd heute Nacht nicht alleine sein. Du kannst also unbesorgt nach Hause fahren. Grins nicht so."

„Ich wusste es. Wer ist es?"

„Das geht dich nix an. Und jetzt muss ich mich auf den Weg machen. Und wehe du fährst mir hinterher."

„Würd ich nie wagen. Einen schönen Abend noch. Grinst du morgen früh wieder so breit?"

„Verschwinde." Lachend stieg sie ein und fuhr los, nicht ohne im Rückspiegel sorgfältig zu kontrollieren, ob Logo ihr nicht doch folgte. Das wäre eine böse Überraschung für ihn, wenn sie ihn zu Pauls Haus führen würde.

Paul. Sie konnte es kaum erwarten, ihn zu sehen. Trotzdem blieb sie vor seinem Haus einige Minuten im Auto sitzen, wartete ab und blickte sich um. Nichts geschah. Nach kurzer Zeit öffnete sich die Tür und Paul klopfte ans Fahrerfenster.

„Möchtest du dein Abendessen draußen serviert bekommen oder kommst du rein?"

Sie lächelte ihn an. „Ach, ich glaub, ich komm doch rein."

Er öffnete die Autotür und nahm ihre Tasche ab.

„Warum sitzt du hier draußen im Auto?"

„Ich hatte das Gefühl, verfolgt zu werden, da wollte ich noch einen Moment abwarten, ob hier ein Wagen auftaucht."

„Verfolgt?" Er blickte sich um. „Hat das was mit deinem Fall zu tun?"

„Keine Ahnung. Wahrscheinlich war es Zufall. Komm, lass uns nicht mehr darüber sprechen, ich bin froh, dass ich Feierabend habe."

Er nickte und legte den Arm um sie, während sie hinein gingen. Trotzdem verschloss er die Eingangstür sorgfältig und stellte die Alarmanlage an. Eine halbe Stunde später saßen sie in der Küche, aßen Lammkoteletts und Jenny hatte den mysteriösen Verfolger völlig vergessen.

Tag 12, Donnerstag

Am nächsten Morgen wurde sie jedoch unsanft an ihn erinnert. Als sie von Pauls Villa losfuhr, scherte einige Wagenlängen hinter ihr ein dunkler Kombi aus einer Parklücke. Jenny trat mit Wucht auf die Bremse und legte den Rückwärtsgang ein. Die Straße war hier sehr schmal, so dass der Kombi stehen bleiben musste, wenn er nicht auf sie auffahren wollte. Der Fahrer reagierte schnell, legte ebenfalls den Rückwärtsgang ein und fuhr mit quietschenden Reifen etwa zwanzig Meter zurück, wo er schwungvoll drehte und in eine Seitenstraße fuhr. Jenny schlug fluchend aufs Lenkrad. Wieder hatte sie das Kennzeichen nicht lesen können. Und dunkle Kombis gab's ja wie Sand am Meer. Allerdings fuhr keiner ihrer Verdächtigen einen. Sie schaltete wieder in den Vorwärtsgang und fuhr ins

Präsidium. Als sie die Tür hereinkam, blickte Logo ihr erwartungsvoll entgegen.

„Was ist mit dir? Du siehst aus, als hättest du heut Morgen schon was Verdorbenes gegessen."

„Nee, aber den Kombi wieder gesehen und leider ist er mir entwischt. Immerhin weiß ich jetzt, dass er mir folgt. Er ist nämlich abgehauen, als ich ihn stellen wollte."

„Also das gefällt mir gar nicht. Wir sollten nur noch zu zweit los und abends brauchst du Personenschutz."

„Dass ich nicht lache, nur weil der mir hinterherfährt? Vielleicht sollte ich gerade alleine los und du bleibst in der Nähe und guckst, wer mir folgt."

„Da hab ich eine bessere Idee. Wir fahren zusammen und Sascha guckt."

„Guten Morgen, was guck ich?"

„Erst mal auf die Uhr Sascha", grinste Jenny und sah zufrieden, dass er nicht sofort rot wurde. Aus dem Kleinen würde doch noch ein richtiger Polizist werden.

„Oh, ich hab eine Entschuldigung", meinte er dann auch selbstsicher, „ich war schon bei Dr. Mendelssohn und hab ihm die Fotos gebracht und meine Zusammenstellung erklärt. Der hatte gestern Abend nochmal angerufen und ich habs ihm angeboten. War doch in Ordnung, oder?"

„Prima. Was hat er denn dazu gesagt?"

„Er hatte jetzt nicht so viel Zeit, aber er meldet sich."

„Und ich meld mich jetzt bei Biederkopf", seufzte Jenny. „Mal sehen, inwieweit wir den Possmann überwachen lassen können."

„Na dann, viel Erfolg."

Wie erwartet war der Staatsanwalt nicht begeistert von dem Vorschlag, die Telefone des Psychologen abhören und ihn selbst überwachen zu lassen.

„Telefonüberwachung ist ausgeschlossen, Frau Becker, er ist immerhin Arzt. Ein Großteil seiner Gespräche fällt unter das Arztgeheimnis. Damit kämen wir in Teufels Küche. Kein Richter wird das unterschreiben, nur weil er auf Jungs steht. Wenn ich das richtig sehe, hat er sich nicht mal strafbar gemacht. Höchstens moralisch."

„Zumindest soweit wir bisher wissen, Herr Biederkopf. In dieser Hinsicht stehen wir noch am Anfang der Ermittlungen. Aber immerhin hat er sich an Schutzbefohlenen vergangen."

„Schwer nachweisbar, ob das gegen deren Einverständnis geschehen ist, zumal, wenn er die bezahlt hat. Und worauf soll ich die Überwachung begründen? Wie ich das verstehe, hat er wohl zugesagt, sich aus der Stiftung zurückzuziehen?"

„Hat er. Aber er ist momentan unser Hauptverdächtiger. Der homosexuelle Aspekt könnte ein Motiv darstellen, sein Freund Wegener könnte ihn erpresst haben und wer weiß, vielleicht hatte er auch was mit Delacourt."

„Vage, vage. Und recht weit hergeholte Vermutungen, Frau Kommissarin. Keine Grundlage für eine Observation. Offiziell zumindest nicht. Und schon gar nicht für eine Hausdurchsuchung. Das können Sie sich abschminken."

Jenny ließ den Kopf hängen. Genau das hatte sie befürchtet, dabei war er ihre einzige Spur.

„Kopf hoch, Frau Becker, ich würde Ihnen gerne helfen, aber Sie wissen, dass nicht ich das entscheide, sondern die Richter. Der Fall muss wasserdicht abgeschlossen werden. Inoffiziell können Sie ja gerne ein Auge auf ihn haben. Meine Güte, wenn das rauskommt, kann er seine Praxis zumachen."

Jenny nickte. „Allerdings und mit Golfspielen im Nobelclub ist dann auch Schluss."

Biederkopf grinste. „Wie gehen Sie jetzt weiter vor?"

Sie seufzte. „Gute alte Polizeikleinarbeit. Wir werden Frau Wegener nochmal vernehmen, um herauszubekommen, ob sie von Possmanns Doppelleben wusste. Dann werden wir weiter nach Verbindungen suchen, Alibis überprüfen und so weiter."

Biederkopf nickte. „Reichen die Leute, die ich Ihnen zugeteilt habe?"

„Auf jeden Fall, bei zu vielen wird's unübersichtlich. Danke übrigens, dass ich den Fall behalten durfte. Ich bin sicher, die vom BKA würden gerne übernehmen."

Er lachte. „Derartige Angebote liegen vor, aber ich denke, wir haben keinen Bedarf. Sie wissen, ich schätze Sie sehr."

„Na, dann nochmal danke", murmelte Jenny und trat verlegen den Rückzug an.

„Ach, Frau Becker?"

„Ja?"

„Vielleicht, also, wenn der Fall mal abgeschlossen ist, würden Sie vielleicht mal mit mir essen gehen?"

Jenny blickte ihn entgeistert an. Damit hätte sie zuallerletzt gerechnet. Das Schlimme war, hätte Biederkopf sie gefragt, bevor sie Paul kennengelernt hatte, wäre ihr seine Einladung willkommen gewesen. Aber so? Biederkopf deutete ihr verdutztes Schweigen richtig. Schnell sagte er.

„War nur so eine Idee. Ich finde es immer nett, wenn man die Menschen, mit denen man arbeitet, ein bisschen kennenlernt. Wenn Sie irgendwann mal Zeit und Lust haben, sagen Sie einfach Bescheid. Vielleicht möchten Ihre Kollegen auch mitkommen."

Jenny hatte sich wieder gefangen. „Aber ja, sehr gerne", lächelte sie. „Dann geh ich mal wieder an die Arbeit."

Puh, ein Glück hatte der wortgewandte Biederkopf es hinbekommen, die peinliche Situation zu entschärfen. Prinzipiell hätte sie gar nichts dagegen, mit ihm essen zu gehen, nur als potentielle Partnerin wollte sie nicht betrachtet werden. Nicht, nachdem sie Paul kennengelernt hatte. Sie grinste in sich hinein. War das nicht typisch für Verliebte, ihre Zeit in vor und nach dem Partner einzuteilen? Kopfschüttelnd kam sie zurück ins Zimmer.

„Keine Chance Jungs. War ja klar."

Logo nickte resigniert, Sascha guckte enttäuscht.

Kaum hatte sich Jenny gesetzt, klingelte das Telefon. Logo nahm den Hörer ab und Jenny hörte, während sie sich Kaffee nahm und in ihr Frühstücksbrötchen biss, mit: „Moin, ja, Rödelheim, an der Nidda? Ach was, ein Laptop, ja und was…ja...Manuela Wagner? Ja, das ist sie. Okay, könnt ihrs rüberschicken? Danke euch, bye."

Er legte auf und Jenny und Sascha starrten ihn fragend an.

„Das glaubt ihr nicht, gestern war an der Nidda so ein Reinigungstag. Die Anglervereine vor Ort organisieren das. Die haben am Ufer einen sorgfältig eingepackten Laptop gefunden und auf dem Rödelheimer Revier abgegeben. Die Kollegen haben ihn gestartet und sind auf den Namen Manuela Wagner gestoßen. Zum Glück hat einer geschaltet und sich an den Namen erinnert. Sie bringen ihn gleich vorbei, erst mal zur Spusi natürlich."

„Warum wirft den einer an die Nidda? Lang kann der da doch nicht liegen, den hätt doch schon längst jemand gefunden. Oder lag er versteckt im Gebüsch oder so?"

„War vom Weg aus nicht gut einsehbar, aber direkt versteckt war er nicht. Und wie gesagt, bewusst wasserdicht verpackt, als wollte einer, dass nichts drankommt."

Sascha schüttelte den Kopf. „Der Psychologe sagt ja, der Mörder würde mit uns spielen. Meint ihr, der hat den sozusagen für uns deponiert?"

Jenny dachte einen Moment nach.

„Unser Mörder hat sich bisher als äußerst intelligent und vorausschauend erwiesen. Ich kann mir nicht vorstellen, dass er wichtige Beweisstücke einfach wegwirft. Aber warum will er, dass wir das Ding finden? Wollen wir wetten, dass keine Spuren dran sind?"

Logo zuckte resigniert mit den Schultern. „Irgendwann macht auch er einen Fehler. Wer weiß, vielleicht wollt er den Laptop in der Nidda versenken und wurde gestört?"

„Dann hätte er ihn eher in den Main geworfen. Die Nidda ist nicht gerade breit und tief auch nicht. Außerdem sind dauernd Spaziergänger unterwegs. Und warum packt er ihn wasserdicht ein? Irgendwas bezweckt er damit, aber was?"

Sascha schaltete sich ein. „In Rödelheim ist Possmanns Büro, wo er arbeitet beziehungsweise gearbeitet hat, und auch Grosses Wohnung. Vielleicht will der Täter eine falsche Spur legen? Oder er will, dass wir das denken."

Jenny zuckte die Schultern.

„Warten wir ab, ob die Spusi was rausfindet. Mehr können wir momentan nicht machen. Und wenn die fertig sind, bin ich gespannt, was wir im Laptop finden. Vielleicht hat er uns einen Brief geschrieben?"

„Meinst du?"

„War Spaß, obwohl, man weiß ja nie. Was machen wir jetzt mit Possmann? Sascha find doch mal raus, ob er heut in der Praxis ist. Vielleicht sollten wir unsere Pressekontakte bemühen, die folgen ihm auf Schritt und Tritt, wenn seine Neigungen rauskommen."

„Aber woher sollen die das erfahren?"

„Es hat schon früher die eine oder andere undichte Stelle bei uns gegeben. Schließlich sind die Gehälter nicht gerade beeindruckend und die Presse zahlt gut. Aber es könnte auch sein, dass unser anonymer Mailer sie informiert."

Damit hatte sie Sascha offensichtlich zu denken gegeben. Stumm starrte er vor sich hin.

„Ich fahr jetzt nach Rödelheim. Logo, weißt du die genaue Stelle, wo der Laptop gefunden wurde?"

„Ja, ich komm mit. Ist am einfachsten und ich lass dich sowieso ungern alleine rumfahren."

Jenny seufzte zwar unwirsch, insgeheim war sie aber nicht unglücklich über Logos Begleitung. Mit dem Dienstwagen fuhren sie auf dem Alleenring stadtauswärts und nahmen die Ausfahrt Rödelheim.

„Halt da vorne an der Brücke an, da wo die Blumenkästen hängen."

„Hier steh ich schlecht. Wart, ich fahr da rüber auf den Parkplatz vom Schwimmbad."

Zu Fuß liefen sie zurück über die Brücke und kurz dahinter hinunter an die Nidda. Sehnsüchtig warf Jenny einen Blick zur Gaststätte Anglerheim, aus der es schon verlockend duftete, aber Logo führte sie zielstrebig einige hundert Meter den Uferweg entlang.

„Hier muss es irgendwo sein. Ah, da vorne ist die nächste Brücke, dann hat es hier unter dem Busch gelegen."

„Das ist ja mitten in der Stadt, da hinten sind Wohnhäuser und gleich da oben ist das Vereinsringhaus. Da ist jetzt ein Grieche drin. Soll man lecker essen können."

„Das alles spricht dafür, dass er wollte, dass man das Ding findet. Wenn du da oben durchläufst, kommst du ganz schnell zu dem Hochhaus, wo Grosse wohnt. Aber er ist nicht so dumm, Beweisstücke in seiner Nähe zu entsorgen."

„Glaub ich auch nicht. Ich frag mich wirklich, ob das Ganze nicht nur dazu dient, uns zu beschäftigen und abzulenken. Der sitzt irgendwo und lacht sich tot."

Jenny kraxelte das Ufer hinunter und schaute sich um. „Haben die hier alles abgesucht?"

Logo seufzte. „Ja, heut Morgen ganz früh, sobald feststand, dass der Laptop eine Rolle in einem Mordfall spielt. Am Wochenende wurde hier klar Schiff gemacht. Ist nicht viel liegen geblieben. Und alles, was da aufgelesen wurde, hat die FES schon abgeholt. Da kommen wir nicht mehr dran, das hab ich schon abgeklärt, während du bei Biederkopf warst. Wir haben wirklich Glück, dass keiner den Laptop mitgenommen hat."

„Wer hat hier saubergemacht? Ich hab das vorhin nicht verstanden."

„Das ist eine jährliche Aktion der ansitzenden Anglervereine. Die Treffen sich mit anderen Freiwilligen am Anglerheim, die Stadt stellt Säcke und dann werden die Ufer gereinigt, so weit möglich auch das Wasser."

„Tolle Sache eigentlich. Möchte nicht wissen, was die alles rausholen. Hoffentlich stören die Martin nicht."

„Martin?"

„Du kennst Martin nicht? Das ist ein Nutria, das vor ein paar Jahren an der Nidda eingezogen ist. Die Leute pilgern geradezu ans Wasser und füttern ihn im Winter mit Möhren und so. Steht dauernd in der Zeitung."

„Vielleicht sollten wir den als Zeugen vernehmen. Hat bestimmt was beobachtet."

„Jo, mach mal. Ich setz mich solange ins Anglerheim und trink was."

„Nix da, lass uns lieber zurückfahren. Vielleicht sind sie fertig mit dem Laptop. Hoffentlich finden wir was. Ein einziger konkreter Verdachtsmomente würde für eine Überwachung oder sogar eine Hausdurchsuchung reichen."

„Ich würd mir nicht zu viel davon versprechen. Wenn er das extra dort platziert hat, dann wird er auch dafür gesorgt haben, dass wir nichts finden, was wir nicht finden sollen."

„Es gibt noch eine andere Möglichkeit, vielleicht ist der Laptop gar nicht vom Mörder mitgenommen worden, sondern von jemand anderem. Wer weiß? Oder der Mörder hat ihn woanders entsorgt, jemand hat ihn gefunden und aus dem Müll gezogen. Und dann hat derjenige ihn hier aus irgendeinem Grund weggeworfen."

„Das wär aber ein großer Zufall, ausgerechnet hier in Rödelheim. Und so, dass man ihn gleich findet. Und noch dazu sorgfältig verpackt."

Jenny seufzte. „Macht alles keinen Sinn. Wir müssen um fünf Ecken denken. Jetzt haben wir mal ne Spur und wissen nicht, ob sie echt ist oder inszeniert."

„Komm, wir fahren zurück und warten ab, was in dem Ding noch gespeichert ist. Und Sascha schicken wir auf ne richtig nette Außenmission. Der Arme sitzt schon ewig an seiner Liste."

Sie lachte. „Ja, schade, dass die Dippemess vorbei ist. Ist dieser Ricky eigentlich befragt worden nach dem letzten Mord?"

„Ja klar, das haben die Kollegen gemacht. Ricky, die Mitbewohnerin der Wagner und auch Frau Wegener. Keiner von denen konnte sich erinnern, dass ihre Freunde oder Partner jemals in dem Restaurant vom Delacourt gewesen sind."

Als sie ins Präsidium zurückkamen, war es Zeit zum Mittagessen und nach einem kurzen Umweg, um Sascha abzuholen, setzten sie ihren Weg direkt in die Kantine fort. In stiller Übereinstimmung wählten alle drei Kohlrouladen und stellten fest, dass sie besser schmeckten als erwartet. Staunend sahen Logo und Jenny zu, wie Sascha eine zweite Portion und anschließend noch einen Pudding verputzte.

„Sag mal, wächst du wirklich noch? Wo isst du das alles hin?"

Sascha grinste nur und äugte interessiert zur Nachtischvitrine.

„Du wirst doch nicht? Komm Jenny, wir müssen ihn rausbringen, sonst isst er die Kantine leer."

Sascha seufzte tief, folgte ihnen jedoch mit einem letzten verlangenden Blick zur Essenausgabe.

Vor der Tür zu ihrem Büro trafen sie auf Dirk Podolzak, einen Kollegen der Spusi, der den verpackten Laptop unter dem Arm trug.

„Wir sind fertig damit."

„Das ging ja schnell", antwortete Jenny und winkte ihn ins Zimmer. „Magst einen Kaffee?"

„Ja, gerne", nickte Dirk und setzte sich.

„Leg mal los", meinte Logo neugierig. „Habt ihr denn was für uns?"

„Also", fing Dirk gewichtig an und trank erst mal einen Schluck Kaffee.

„Der Laptop war sehr gründlich verpackt in handelsübliche Folie und Klebeband. Wir konnten aber keinerlei Spuren feststellen. Keine Fingerabdrücke, keine Haare, Fasern oder sonst was. Die Umgebung gab auch nichts her, da sind tausende Leute drüber getrampelt."

Jenny seufzte. „Das dachten wir uns schon. Wär ja auch zu schön gewesen."

„Tja", sprach er gedehnt weiter. „Im Laptop wurde es allerdings interessant. Erst mal fanden wir…nichts."

„Nichts?", echote Logo. „Was meinst du mit nichts?"

„Nichts. Das einzige, das noch vorhanden war, war das Betriebssystem. Wenn da nicht auf dem Startbild Manuela Wagner gestanden hätte, wär nie einer drauf gekommen, dass er ihr gehörte. Denn alles andere ist weg. Kein Mail-Programm. Kein Office. Nix."

„Verdammter Mist", fluchte Jenny und stellte ihren Kaffeebecher so fest ab, dass Kaffee überschwappte.

„Aber...", setzte Sascha zu sprechen an.

„Genau!" fiel Dirk ihm ins Wort. „Aber wir haben Computerspezialisten. Das hat er sich so gedacht, der Täter, aber man kann Dateien, wieder rekonstruieren. Und das geht sogar, wenn die Programme gelöscht sind. Wir haben sie einfach neu installiert und die Dateien wieder hergestellt. Sogar die Email Ablage konnten wir lesbar machen.

„Super!" entfuhr es Jenny. „Und jetzt mach's nicht so spannend. Was habt ihr rausgefunden?"

„Naja, mit dem Fall an sich sind wir nicht so vertraut. Wir haben euch die Mails, die noch gespeichert waren, ausgedruckt und ebenfalls die Adressliste. In den Mails steht auf den ersten

Blick nichts Besonderes. Und einen Terminkalender scheint sie nicht geführt zu haben. Aber das müsst ihr euch genauer anschauen. Wir haben unseren Job gemacht."

„Und zwar gut", bestätigte Logo nickend. „Dank euch vielmals."

„Danke für den Kaffee. Macht's gut."

Noch bevor er den Raum verlassen hatte, schnappte sich Jenny den Stapel Blätter, schob Logo die Hälfte zu und Sascha den Laptop.

„Du kennst dich doch aus. Stöber mal bisschen. Vielleicht findest du was."

Sascha strahlte stolz und startete das Gerät.

In der nächsten Stunde las Jenny dutzende Mails von und an Manuela Wagner, die sich jedoch allesamt auf Uni-Angelegenheiten, Interneteinkäufe und Verabredungen zu studentischen Veranstaltungen bezogen. Bei einer Mail machte ihr Herz einen Satz, sie war von Paul Gascon und es ging um einen Termin, an dem Manuela ihm Modell stehen sollte. Ob er sie wohl auch einmal malen würde? Aber das gehörte nicht hier hin und überhaupt. Sie hatte schon Probleme, in den Spiegel zu schauen, weil sie täglich neue Falten entdeckte, und jetzt bildete sie sich ein, Modell stehen zu können. Sie musste aufpassen, dass sie auf dem Boden blieb, auch wenn sie auf Wolke sieben schwebte. O je, jetzt wurde sie auch noch poetisch. Was machte dieser Mann nur mit ihr? Energisch schüttelte sie den Kopf, was Logo zu einem Hochziehen der Augenbrauen veranlasste. „Nichts", murmelte sie. „Mir war nur gerade was eingefallen."

Er versenkte sich wieder in seine Blätter, doch auch darin fand sich letztlich nichts Relevantes. „Also ich hab gar nichts", seufzte er, „und du? Du hast doch die Adresslisten."

„Nur die Mitbewohnerin und die Eltern, Uni-Adressen und Herr Gascon natürlich. Ein paar Namen sagen mir nichts, die sollten wir überprüfen. Sascha, hast du was gefunden?"

„Sie hat auf Seiten gesurft, wo es richtig teure Luxussachen zu kaufen gibt. Aber vielleicht machen Frauen das immer?"

Er blickte sie fragend an.

„Manche vielleicht. Aber ihre Freundin hat gesagt, Manuela hätte damit geprahlt, bald zu Geld zu kommen. Vielleicht hat sie sich deshalb umgeschaut."

„Hier sind ein paar Fotos. Auf zweien sind Bilder von ihr abfotografiert, hier ist sie selbst im Spiegel, und das, was ist das?"

„Zeig mal her, Sascha."

Er reichte ihr den Laptop.

„Ich weiß, was das ist. Ihr Kuh-Schlüsselanhänger. Ihre Freundin sagte doch, Manuela hätte an ihm gehangen." Jenny schob den Laptop wieder Sascha zu.

„Warum fotografiert jemand seinen Schlüsselanhänger? Das soll ne Kuh sein? Die hat aber komische Hörner."

Sie zuckte mit den Schultern.

„Die Kamera wurde auch nicht gefunden, oder?"

Ihre Kollegen verneinten unisono.

Missmutig starrte Jenny in ihren Kaffeebecher.

„Ich muss hier mal raus. Ich glaub, ich fahr nochmal zur Wegener, die wollten wir ja sowieso befragen. Magst mit Sascha?"

Er guckte erstaunt und warf einen fragenden Seitenblick zu Logo.

„Geh nur, Kleiner, ich halt die Stellung. Und pass gut auf Jenny auf."

Sascha nickte und hielt sich gleich ein bisschen straffer, während Jenny Logo einen mörderischen Blick zuwarf. Der streckte ihr die Zunge raus, als Sascha ihm den Rücken zu drehte, und vertiefte sich wieder in seine Arbeit.

Ob sie sein Geschenk schon gefunden hatten? Bei dem Gedanken musste er unwillkürlich lächeln. Zu gerne würde er sehen, wie sie rätselten und letzten Endes nichts herausfanden.

Wie sehr sie ihn doch unterschätzten. Aber das ging fast allen Menschen so. Schon sein ganzes Leben lang.

Sie merkten gar nicht, wie er sie und ihre kleinen unwichtigen Wünsche und Gedanken manipulierte.

Ebenso wie die kleine Kommissarin und ihre Kollegen nicht merkten, wie nah er ihnen war, wie er jeden ihrer Schritte beobachtete.

Eigentlich stellten sie sich gar nicht so dumm an. Aber er hatte ihnen nun mal nichts geliefert, dass sie auf seine Spur bringen könnte.

Wie sollten sie auch seine perfekten Inszenierungen verstehen, inspiriert von einer Kunst, die sich ihnen sowieso nicht erschloss?

Bald würde er zum Höhepunkt seines Schaffens kommen. Und dann...wer wusste das schon.

Sascha war sichtlich stolz, mit Jenny gemeinsam zu einer Vernehmung zu fahren und Jenny machte es Spaß, den Enthusiasmus des jungen Kollegen zu sehen. Zu viel davon blieb im Laufe der Jahre auf der Strecke.

Sie brauchten nicht lange bis ins Westend und Frau Wegener öffnete ihnen sofort, nachdem sie geklingelt hatten.

Sascha, der sie noch nicht kannte, blickte sie anerkennend an, doch Jenny, die sie schon zuvor gesehen hatte, blieb der Mund offen stehen.

Aus der unscheinbaren verlebten Frau, die ihre besten Jahre deutlich überschritten zu haben schien, war eine femme fatale geworden. Die Haare modisch geschnitten, mit blonden Strähnen versehen, das Gesicht offensichtlich einer längeren Sitzung in einem Kosmetiksalon unterzogen worden und die Kleidung figurbetonend und wie aus einer der noblen Boutiquen in den Goethestraße stammend.

Frau Wegener war offensichtlich nicht begeistert, sie zu sehen, bat sie jedoch höflich ins Wohnzimmer und fragte, ob sie etwas trinken wollten.

Beide verneinten und Jenny eröffnete vorsichtig das Gespräch. „Frau Wegener, wie geht es Ihnen? Sie sehen wirklich sehr gut aus."

Die Angesprochene lachte verlegen und strich sich übers Haar. „Ja, nicht wahr? So tragisch der frühe Tod meines Mannes war, vielmehr ist", verbesserte sie sich hastig. „So etwas ist auch immer ein Neuanfang. Man darf sich nicht gehen lassen. Meine Freundin, Sie kennen sie ja, Frau Wilfert, hat mir diesbezüglich ins Gewissen geredet. Und mein Sohn auch."

„Er ist wieder im Ausland, stimmt das?"

„Ja... er arbeitet dort."

„Wir müssen Ihnen noch ein paar Fragen stellen. Irgendwie gab es bei unserem ersten Gespräch ein Missverständnis. Ich hatte verstanden, das Geld und die Firma gehörten ihrem Mann und Sie würden erben?"

Die Frau lachte gekünstelt. „Ach, Frau Kommissarin. Sie verstehen, der Schock, ich war ja völlig durcheinander. Da habe ich mich bestimmt missverständlich ausgedrückt. Nein, nein, das Geld stammt aus meiner Familie."

„Ja, das haben wir mittlerweile herausgefunden. Und Ihre Ehe? Die war nicht so gut, wie Sie mir erzählt haben."

„Wer sagt das?" Frau Wegener schoss empört von der Couch hoch.

„Setzen Sie sich wieder, das haben wir von ziemlich allen gehört, mit denen Sie oder Ihr Mann zu tun hatten."

Wütend starrte Frau Wegener sie an. „Bestimmt von diesem Possmann. Mein Mann war mehr mit dem zusammen als zu Hause. Das heißt aber doch nicht, dass unsere Ehe schlecht war."

Jenny entschloss sich, die Frau, die ja offensichtlich nicht sonderlich in Trauer war, nicht zu schonen. „Und dass Ihr Mann seit Jahren Affären hatte und in Bordellen und Clubs verkehrte hat ihre Ehe nicht belastet?"

Jetzt war es um Frau Wegeners Fassung vollends geschehen. „Was? Was behaupten Sie da. Das ist eine Unverschämtheit. Das will ich nicht hören. Mein Mann hätte sowas nie getan!"

„Tut mir leid, aber es gibt etliche Zeugen dafür."

Hinter Frau Wegeners Stirn arbeitete es. Offensichtlich wägte sie ab, wie sie auf diese Eröffnung reagieren sollte. Letztendlich entschied sie sich mit einem Seitenblick auf Sascha für die Variante arme bedauernswerte Witwe. Sie ließ sich in ein Eck des Sofas fallen und schlug die Hände vors Gesicht. Ein Schluchzen ertönte dahinter. Jenny verdrehte die Augen, Saschas Herz jedoch war sofort gerührt. Hilflos blickte er zu Jenny und hob fragend die Augenbrauen. Jenny machte eine beruhigende Handbewegung und schüttelte den Kopf. Mit fester Stimme sagte sie.

„Frau Wegener, geht's denn? Ich hätte noch ein paar Fragen."

Frau Wegener, deren Augen verdächtig trocken aussahen, blickte auf und merkte, dass weder Jenny noch Sascha sonderlich beeindruckt aussahen. Sie setzte sich aufrecht hin.

„Was wollen Sie denn noch?"

„Ist das richtig, dass Sie niemals in der Goldenen Gans essen waren und dem Wirt niemals begegnet sind?"

„Ja, aber das habe ich Ihrem Kollegen schon erklärt."

„Ich wollte es ganz gerne von Ihnen hören. Haben Sie einmal eines von den Frankfurt-Happenings besucht?"

Sie blickte verwundert auf. „Ja, wieso? Gerade vorgestern. Mit Frau Wilfert. Wir haben nachts die Sternenwarte besichtigt."

„Aber vor dem Tod ihres Mannes nie?"

„Nein, da kannte ich die noch gar nicht."

„Gut, etwas anderes, wie stehen Sie zu Dr. Possmann?"

Sie schürzte die Lippen. „Ein Bekannter, weiter nichts. Er war der beste Freund meines Mannes. Ich mochte ihn nie."

„Kannten Sie seine Frau?"

„Flüchtig. Von einer Grillfeier. Ich wollte mich mal mit ihr treffen, aber ihr Mann war nicht begeistert davon."

„Sie wissen also nicht, warum sie ihn verlassen hat?"

„Nein, mein Mann hat erzählt, sie hätte einen anderen kennengelernt."

„Das war gelogen. Frau Possmann hat ihren Mann verlassen, weil sie ihn mit einem Jungen bei, sagen wir mal, zärtlichen Handlungen erwischt hat."

Widerstreitende Gefühle prägten Frau Wegeners Gesicht. Schock, Unglauben, Erkenntnis und am Ende eine kaum verhüllte Art bitterer Genugtuung.

„Ich hab immer gewusst, dass mit dem was faul war", zischte sie.

„Wie kamen Sie darauf?"

„Immer diese Geheimniskrämerei. Immer waren sie alleine unterwegs und man durfte nicht erfahren, wohin. Ich wusste, dass er schlechten Einfluss auf meinen Mann hat! Da sehen Sie´s ja!"

„Aber Sie wussten nicht konkret von solchen Vorkommnissen?"

„Nein, natürlich nicht. Oh Gott, wenn ich nur daran denke. Er kam schon zu uns ins Haus, als mein Bubi noch klein war."

„Okay, vielen Dank. Mehr Fragen haben wir im Moment nicht."

Die Frau nickte hoheitlich und brachte sie an die Tür.

Als sie wieder im Auto saßen, stieß Sascha hörbar die Luft aus. „Mann, das war aber was. Erst dachte ich, die schreit uns an, dann ist sie zusammengebrochen. Aber schnell erholt hat sie sich."

Jenny grinste. „Ja, erstaunlich, oder? Theater spielen kann sie nicht besonders. Die trauert kein Stück um ihren Mann. Die ist froh, dass er weg ist."

„Ich dachte wirklich einen Moment, das wär echt. Ich hab mir schon überlegt, ob man einen Zeugen trösten darf. Aber dann hab ich gesehen, dass sie gar nicht richtig geheult hat. Glaubst du, sie wusste, was ihr Mann treibt?"

„Nicht genau, aber prinzipiell schon."

„Und warum hat sie sich das gefallen lassen, wo sie doch das Geld hat?"

„Um den Schein zu wahren. Nach außen hin und wahrscheinlich auch vor sich selbst. Hätte sie zugegeben, vom Doppelleben ihres Mannes zu wissen, hätte sie sich trennen müssen. Wahrscheinlich hatte sie aber keine Lust, eine geschiedene Frau zu sein."

„Oh Mann." Sascha schüttelte verständnislos den Kopf. „So zu leben."

„Ich könnts auch nicht. Aber jetzt geht sie ja richtig ab. Hättest sie vor ner Woche sehen sollen. Ungeschminkt, verhärmt. Und jetzt. Vielleicht sollte ich auch mal ins Kosmetikstudio." Sie warf einen prüfenden Blick in den Innenspiegel.

„Das brauchst du doch gar nicht!", sagte Sascha spontan.

Offensichtlich hatte er schon etwas bei seiner Freundin gelernt. Trotzdem war Jenny geschmeichelt.

„Danke, aber ein bisschen Aufpeppen ab und zu. Na, mal schauen, ob ich Zeit finde."

Apropos Zeit: Sie musste dringend einkaufen. Schon ewig hatte sie sich keine schicke Unterwäsche gekauft und ihre ging zur Neige. Da es so aussah, als würde sie nun häufiger Nächte in Paul Gascons Bett verbringen oder auch er in ihrem, sollte sie sich doch das eine oder andere nette Teil zulegen. Das lenkte vielleicht etwas von den Zeichen der Zeit ab, die hier und da zu sehen waren.

„Sascha", meinte sie kurzentschlossen, „ich seil mich heute früher ab. Wir haben in letzter Zeit so viele Überstunden geschoben. Ich setze dich auf der Dienststelle ab und geh noch ein paar Sachen erledigen. Sagst du Logo Bescheid? Ich lass das Handy an, falls irgendwas ist."

„Klar, kein Problem. Ist ja eh schon fast Feierabend. Ich hab heut Nacht Bereitschaft, da kann ich noch etwas an den Unterlagen arbeiten."

„Hoffentlich ist nichts los. Vielleicht kannst du am Bericht für Biederkopf schreiben. Morgen muss ich wieder zu ihm und er hat gerne alles schriftlich."

„Ja klar, mach ich. Mit dem PC geht das fix."

Jenny nickte versonnen und erinnerte sich an die Zeit, als alles noch auf der Schreibmaschine im Zweifingersuchsystem geschrieben wurde. Flüche hörte man seitdem deutlich weniger. Eine Viertelstunde später ließ sie Sascha vor dem Präsidium aussteigen und fuhr am Bahnhof vorbei nach Sachsenhausen. Auch diesmal hatte sie in der Nähe der Schweizer Straße Glück und fand einen Parkplatz in wenigen Minuten Laufentfernung. Zuerst gönnte sie sich einen Besuch im Solarium, was sie seit Jahren nicht gemacht hatte, dann betrat sie einige Meter weiter ein Dessous-Geschäft, nicht ohne sich vorher unauffällig umzuschauen, ob auch wirklich niemand Bekanntes in Sicht war. Ein bisschen peinlich war es ihr schon, in ihrem Alter hier Spitzenwäsche auszusuchen, aber in Baumwollenen musste sie auch mit Mitte vierzig nicht rumlaufen. Als sie mit ihrer Tüte den Laden verließ, war sie um Einiges an schwarzer und champagnerfarbener Unterwäsche reicher und um viele Euro ärmer. Je weniger Stoff verarbeitet war, desto teurer das Teil. Aber egal. Sie freute sich schon darauf, es Paul vorzuführen. Ohne natürlich zuzugeben, dass sie es für ihn gekauft hatte. Kurz runzelte sie die Stirn. Für den Abend hatten sie sich bisher gar nicht verabredet und angerufen hatte er heute auch noch nicht. Ihr erschien es irgendwie schon selbstverständlich, dass sie sich abends sehen würden, aber was, wenn es ihm nicht auch so ging? Verunsichert schaute sie die Tüte in ihrer Hand an. Naja, zumindest konnte sie ihre Einkäufe Wilma vorführen.

Doch als sie nach Hause kam, erwartete sie eine Nachricht auf dem Anrufbeantworter. Paul wäre, wenn sie nichts dagegen hätte, gegen acht bei ihr. Natürlich hatte sie nichts dagegen, aber ein Blick in den Kühlschrank schien angebracht.

Gähnende Leere herrschte nicht gerade, aber ein viergängiges Menü würde sie nicht zubereiten können. Sie hatte keine Lust, jetzt loszugehen, um einzukaufen. Einkaufen ging sie sowieso nicht gerne. Dann würden sie sich etwas beim Italiener bestellen. Oder sie würde ihn mit ihrer neuen Unterwäsche so ablenken, dass er gar keinen Hunger mehr hätte, zumindest nicht auf Italienisch.

So kam es dann auch. Sie bestellten zwar beim Italiener, aber über die Antipasti kamen sie nicht hinaus. Vage erinnerte sie sich am nächsten Morgen, dass sie nachts um eins in der Küche noch ein Stück Pizza gegessen hatten. Da hatte ein Teil ihrer teuren Einkäufe schon als zerknülltes Häufchen am Fuß des Bettes gelegen.

Tag 13, Freitag

Um acht Uhr traf sie halb ausgeschlafen im Kommissariat ein. Als sie Saschas ebenfalls müdes Gesicht sah, regte sich ihr schlechtes Gewissen.

„Moin Kleiner, wie war die Nacht? Willst du nach Hause fahren, dich hinlegen?"

„Nene, nicht nötig. Ich hab schon ein paar Stunden geschlafen. Muss nur erst wach werden."

Das kannte Jenny und schenkte kommentarlos Kaffee ein. Gegen halb neun kam Logo und sie überlegten gemeinsam, wie sie weiter vorgehen wollten.

„Ist dir wieder jemand gefolgt?" fragte Logo.

„Ich habe niemanden gesehen, hab aber auch nicht groß drauf geachtet."

Paul hin oder her. Sie musste unbedingt ihre Professionalität wieder finden.

„Jenny, Jenny, wenn du heute jemanden siehst, machen wirs wie abgesprochen. Ich fahr mit dir und Sascha hinterher."

Sascha, der noch nichts von dem Plan wusste, guckte erstaunt, sagte aber nichts.

„Naja, jetzt mach ich erst mal den Bericht für Biederkopf fertig. Der wird schon wie auf heißen Kohlen sitzen. Die Presse rennt ihm bestimmt die Tür ein und nicht nur die. Aber jetzt können wir wenigstens den Laptop vorweisen."

„Hier Jenny, ich hab den Bericht gestern Abend noch geschrieben. Ich hoffe, es ist richtig so."

„Du bist so ein Schatz. Ich guck mal drüber, aber ich bin sicher, er ist prima. Dir liegt das mehr als mir."

Sascha strahlte vor Stolz und Jenny meinte ihr Lob völlig ernst. Schreibkram war gar nicht ihr Ding. Wie erwartet war der Bericht perfekt und sie gingen zum Staatsanwalt, um ihm die neuesten Erkenntnisse zu berichten. Der kam ihnen zuvor.

„Endlich was Neues, Frau Becker. Da ich ja keine Überwachung für den Doktor durchsetzen konnte, hab ich inoffiziell in Auftrag gegeben, sein Haus unter Beobachtung zu halten. Und raten Sie mal, wer gestern spät abends zu Besuch war? Der Schauspieler Grosse."

„Was? Ich meine, natürlich kennen die sich über die Stiftung. Wieso sind wir nicht selbst drauf gekommen? Aber was hat das jetzt zu bedeuten?"

„Das, liebe Frau Becker, müssen Sie herausfinden", lächelte er sie an. „Und ich bin sicher, das werden Sie."

„Ist denn jetzt eine Hausdurchsuchung drin?" fragte sie hoffnungsvoll.

„Leider nicht. Nur, dass die beiden sich kennen und besuchen, ist kein Hinweis auf eine Straftat. Ich kann mir auch gar nicht vorstellen, in welcher Verbindung das zu den Morden stehen soll. Aber wir oder besser gesagt Sie werden das sicher heraus finden."

„Na, das hoffe ich auch. Die sind alle miteinander verstrickt. Am Ende waren sie's alle gemeinsam."

„Unwahrscheinlich, aber nichts ist unmöglich. Gab's da nicht einen alten Hitchcock, in dem jeder für einen anderen jemanden umbringt, so dass der eigentliche Mörder gar kein Motiv hatte?"

„Ja, der war gut, aber ich hoffe nicht, dass wirs hier mit sowas zu tun haben. Das möchte ich nicht nachweisen müssen."

Zurück in ihrem Büro klärte sie ihre Kollegen über die Neuigkeiten auf.

„Wir müssen uns beide vorknüpfen. Die werden begeistert sein", meinte Logo.

„Das klingt irgendwie schadenfroh."

„Naja, den Müller find ich ganz nett, aber Grosse kann ich überhaupt nicht leiden."

„Geht nicht nur dir so. Haben wir eigentlich die Frau von ihm erreicht?"

Sascha antwortete. „Die Kollegen, aber da ist nicht viel bei rausgekommen. Die haben ganz jung geheiratet und lang hats nicht gehalten. Das Mädel war geblendet von seiner Kohle und hat dann gemerkt, dass er selbst keine hat, nur seine Eltern. Sie ist nicht gut auf ihn zu sprechen, aber außer, dass sie ihn mittlerweile „ätzend" findet, kam nicht viel rüber."

„Und der Müller?"

„Die Frau soll einen anderen kennengelernt und sich verliebt haben. Eine Nachbarin meinte, Müller wäre nie zu Hause gewesen. Sie soll heute glücklich verheiratet sein und in Bayern oder Sachsen leben. Wir haben sie bisher nicht ausfindig gemacht. Zur Not hat Müller bestimmt ihre Adresse. Übrigens hat Grosses Frau nie ein Anzeichen bei ihrem Mann bemerkt, das auf Interesse am gleichen Geschlecht hindeuten könnte."

„Die Ehefrau merkt's oft zuletzt."

„Ach, und woher hast du diese überwältigende Weisheit?"

Sascha, der das Wortgefecht sichtlich genoss, blickte wie beim Tennis von einem zum andern.

„Das, das weiß man einfach."

Jenny grinste. „Du hast's doch nicht mal bis zur Ehe geschafft."

„Sowas muss man sich eben sehr gut überlegen. Soll ja auch klappen. Es könnte übrigens sein, dass es bald soweit ist."

„Nee, oder? Logo kommt unter die Haube? Dass ich das noch erleben darf. Wann ist es denn soweit?"

„Langsam, langsam. Ist noch nicht spruchreif. Ich will meine Freundin bald offiziell fragen. Bitte redet vorher nicht drüber."

„Na, dann halt dich mal ran. Sonst schnappt sie dir noch jemand weg. Und das wär schade. So gut gelaunt warst du Jahre nicht, wie in den letzten Monaten."

„Das hört bestimmt auf, wenn er verheiratet ist", grinste Sascha.

„Hört hört, gleich zwei Ehespezialisten. Na also, ich fahr zum Grosse, wer will mit?"

„Sascha, ich begleite Jenny. Hab ein ungutes Gefühl bei dem. Mein Verdächtiger Nummer eins und es würde mich nicht wundern, wenn er gewalttätig werden würde."

„Ich kann zwar selbst auf mich aufpassen, aber sicher ist sicher. Sascha magst du zu Possmann?"

„Alleine?"

„Nein, nimm einen Kollegen mit zur Sicherheit, aber die Befragung führst du alleine durch. Oder traust du dir das nicht zu?"

„Ja, also, ich meine, doch, klar, wenn ich darf. Danke."

„Du schaffst das. Hat mir sehr gefallen, deine Arbeit in letzter Zeit."

Drei, zwei eins, rot war er, der Kleine.

„Also, danke, das hört man gerne. Dann fahr ich gleich los." Und weg war er.

Logo lächelte. „Nett von dir. Ich glaub auch, dass er sowas jetzt alleine hinkriegt. Macht sich wirklich gut der Junge. Wer hätte das am Anfang gedacht?"

„Ach, manchmal liegt's nur am Selbstvertrauen. Zu viel ist natürlich auch nicht gut, aber er traut sich jetzt was zu und das muss belohnt werden. Komm! Ich bin gespannt, was Grosse uns heute auftischt. Ruf mal in seiner Wohnung in Rödelheim an. Wenn er dran geht, sagst du einfach verwählt."

Logo wählte und wartete. „Nimmt niemand ab. Dann sollten wir mal in Königstein vorbeischauen."

Eine dreiviertel Stunde später bogen sie in die Einfahrt der Grosseschen Villa ein. Diesmal standen gleich drei Wagen vor der Tür, von denen keiner weniger als ein Polizisten-Jahresgehalt kostete.

„Scheint, als wären die Eltern wieder da. Oder Besuch." Auf ihr Klingeln wurde die Tür von einem Dienstmädchen in schwarzem Kleid und weißer Schürze geöffnet.

„Sie wünschen?" Die beiden Beamten wiesen sich aus und baten, mit dem Sohn des Hauses sprechen zu dürfen.

„Herr Grosse schläft noch. Könnten Sie bitte später wiederkommen?"

Jenny schaute Logo ungläubig an. „Können wir nicht. Wecken Sie ihn unverzüglich, sonst werden wir das selbst tun."

Logo verbarg ein Grinsen. Natürlich hatten sie keinerlei Befugnis, das Haus ohne Einladung zu betreten, aber der Bluff funktionierte, das Dienstmädchen erblasste und öffnete die Tür. Bevor sie sie hereinbitten konnte, erschien hinter ihr jedoch ein älterer, distinguiert wirkender, grauhaariger Herr, der sie unwirsch anfuhr.

„Polizei? Was wollen Sie schon wieder. Haben Sie meinen Sohn nicht schon genug belästigt?"

„Es tut mir leid, aber wir ermitteln in mehreren Mordfällen und es ist unerlässlich, dass wir Ihrem Sohn noch einige Fragen stellen."

„Das sehe ich anders. Wenn Sie ihn vernehmen wollen, bestellen Sie ihn aufs Revier und Sie können sicher sein, dass wir dann mit Anwalt erscheinen."

Jenny schüttelte verständnislos den Kopf. „Bisher gilt Ihr Sohn nicht unbedingt als Verdächtiger. Liegt es nicht in Ihrem Interesse, dass er dazu beiträgt, weitere Morde zu verhindern?"

„Unsinn, ich kenne die Polizei. Sie wollen ihm etwas anhängen. Das war schon früher so. Ich widerhole mich ungern. Er wird nur noch im Beisein unseres Anwalts mit Ihnen sprechen. Und jetzt bitte ich Sie, zu gehen."

Jenny sah Logo an und zuckte mit den Schultern. „Gut, Herr Grosse, wir erwarten Ihren Sohn schnellstmöglich zur Befragung im Kommissariat. Schönen Tag noch."

Im Auto hieb Logo aufs Lenkrad und fluchte. "So ein arroganter….unglaublich, oder?"

„Jetzt weißt du, warum der junge Grosse so ein Widerling ist. Lass die ruhig antanzen. Bin gespannt, welchen Anwalt sie mitschleppen. Bestimmt so einen Promi-Typen. Und jetzt fahr los. Die sehen uns vom Haus aus."

„Willst du noch bei Müller vorbei?"

„Nee, obwohl ich schon gerne wüsste, ob er davon weiß, dass Grosse und Possmann miteinander mauscheln. Meine Güte, ist das alles verzwickt. Erst mal hier weg. Solln wir irgendwo unterwegs anhalten und was essen?"

„Ja. Wir wollten doch diese neue Creperie in Rödelheim ausprobieren? Ist ja kaum ein Umweg."

„Prima Idee. Hätte ich jetzt Lust. Die kochen jeden Tag eine Suppe in einem Riesentopf. Ich mag zwar normalerweise nicht so gerne Suppe, aber die soll gut sein. Eine Freundin von mir arbeitet in der Nähe und schwärmt immer davon."

Eine Viertelstunde später fuhren sie von der Autobahn ab und nach Rödelheim hinein. Direkt vor der Creperie fanden sie einen Parkplatz, was in etwa einem Sechser im Lotto gleichkam.

„Du Logo, ich glaub, da ist er wieder."

„Wer?", fragte er abwesend.

„Der Kombi, der mich verfolgt."

„Was? Wo?" Logos Aufmerksamkeit war vollends geweckt.

„Fährt schon eine Zeitlang hinter uns und jetzt ist er dahinten am Eck stehen geblieben. Pech, dass kein Parkplatz frei ist."

„Den schnapp ich mir."

„Nein! Wenn du jetzt hingehst, fährt er einfach weg. Kannst du die Nummer erkennen?"

„Von hier aus nicht. Geh du in den Laden und ich versuche, von hinten an ihn ran zu kommen."

„Vielleicht gibt's einen Hinterausgang, komm wir fragen mal."

Der Laden, in dem es bestechend nach Lauchkäsesuppe roch, hatte tatsächlich einen Hinterausgang und Logo verschwand durch ihn, während Jenny aus dem Schaufenster spähte. Es dauerte kaum fünf Minuten, als Logo auf der Straße erschien und einen jungen Mann im dunkelgrünen Parka am Oberarm hinter sich her schleifte. Jenny trat auf die Straße, doch er ging an ihr vorbei und meinte.

„Komm, wir setzen uns drinnen. Hier hat jemand einiges zu beichten."

Verwirrt folgte Jenny und sie setzten sich an einen Vierertisch, so weit wie möglich von der Essenstheke entfernt.

„Das, Jenny, ist mein lieber Freund Mario vom Frankfurter Echo. Er wird uns sicher gleich erklären, warum er dich verfolgt."

Jenny blicke den jungen Mann, dem sichtlich unbehaglich zu Mute war, fragend an.

„Ja, also", begann er und fuhr sich mit dem Finger unter den Kragen seines karierten Hemdes.

„Nun spucks schon aus", grollte Logo. „Du hast meiner Kollegin einen ganz schönen Schrecken eingejagt. Was meinst du, wie das ist, wenn man als Ermittelnder in einer Mordgeschichte verfolgt wird?"

„Oh, ja, tut mir echt leid. Ich mach doch auch nur meinen Job. Und ich dachte, bei so einer Mordermittlung, ich meine, der Presse wird doch nix erzählt. Ich dachte, ich würde am meisten erfahren, wenn ich mich an die Kommissarin hänge."

„Tolle Idee", knurrte Logo, während Jenny seufzte. „Abgesehen davon, dass ich Sie fast als Verdächtigen festgenommen hätte, sind Sie nicht auf die Idee gekommen, dass Sie so die Ermittlungen stören könnten? Was wollten Sie überhaupt herausfinden?"

„Zum Beispiel, mit wem Sie sprechen. Und wenn es einen neuen Mord gegeben hätte, hätt ichs vielleicht als erster mitbekommen."

„Ihnen ist klar, dass ich mich bei Ihrer Zeitung über Sie beschweren könnte?"

Er ließ den Kopf hängen. „Ja, die wissen nichts davon. Ich meine, ich bin einer der jüngsten und bekomme immer nur die langweiligsten Aufträge. Ich dachte, ich könnte endlich mal Erfolg haben, wenn ich vor den anderen an wichtige Informationen komme."

„Und? Haben Sie etwas Wichtiges erfahren?"

„Zumindest, dass die Leute von den Frankfurt-Happenings drin verstrickt sind. Und dieser Psychologe. Und der Dozent, der im Städel arbeitet."

Jenny bekam einen Schrecken. Hoffentlich plapperte er nicht vor Logo aus, dass er sie nachts zu Paul verfolgt hatte. Sie konnte nur hoffen, dass er nicht lange genug vor dem Haus gewartet hatte, um zu erkennen, dass sie dort übernachtet hatte.

„Also mehr oder weniger frei zugängliche Informationen. Mit ein bisschen Recherche kommt da jeder ran."

„Ja, für einen starken Artikel reicht es nicht."

„Das tut mir aber leid für dich", meinte Logo.

„Lass ihn Logo. Ist ja nichts passiert. Ich gehe davon aus, dass das jetzt ein Ende haben wird, Herr..?"

„Nennen Sie mich doch bitte Mario. Ich verspreche natürlich, damit aufzuhören. Aber ich habe vielleicht was Interessantes für Sie." Jenny wurde hellhörig. „Ich bin nämlich nicht der Einzige, der Ihnen nachfährt."

„Was?" fragten Logo und Jenny wie aus einem Mund.

„Ehrlich gesagt", erwiderte der junge Mann und entspannte sich sichtlich. „wundere ich mich, dass Sie das nicht gemerkt haben. Dieser Herr Grosse ist ein paar Mal in Ihrer Nähe aufgetaucht und hat Sie beobachtet. Zum Beispiel, als Sie abends bei Possmann waren."

„Das gibt's nicht. Wo war er und nebenbei, wo waren Sie?"

„Ich hab ein Stück weiter weg geparkt und mit dem Fernglas Grosse gesehen, wie er zu Fuß im Gebüsch verschwunden ist."

„Aber woher wusste er, dass wir uns da treffen, Logo?"

„Keine Ahnung, außer Sascha wusste das keiner."

Mario überraschte sie mit einem Lachen. „Entschuldigung, ich sollte nicht lachen in meiner Position, aber manchmal ist es lustig, wie die Polizei den Verbrechern in technischer Hinsicht hinterher hinkt. In jedem Internet Shop bekommt man doch heute einen Sender, den man ans Auto klebt, und schon weiß jeder genau, wo sie sich aufhalten."

Logo blickte ihn böse an aber Jenny legte die Hand auf seinen Arm. „Warum bin ich nicht selbst darauf gekommen? Gleich wenn wir zurück sind, lassen wir das Auto checken. Sie haben nicht zufällig auch einen Sender angebracht, Mario?"

„Nee, also wirklich nicht", empörte er sich. „Ich hab mich streng ans Gesetz gehalten. Das gibt sonst nur Ärger. Und erschrecken wollte ich Sie wirklich nicht."

Logo stand auf. „Ich muss mal wohin, bin gleich wieder da."

„Kaum war er weg, beugte sich Mario verschwörerisch zu Jenny.

„Dass Sie über Nacht bei Gascon waren, hab ich extra nicht erwähnt. Ich wusste ja nicht, ob Logo … aber immerhin ist der ja auch in den Fall verwickelt?"

Jenny war zwar erleichtert, blickte Mario aber misstrauisch an. „Ist ja meine Sache, wo ich schlafe, aber mir wäre es sehr lieb, wenn Sie es für sich behalten würden."

„Geht klar, aber eins sollten Sie noch wissen. Er ist Ihnen auch nachgegangen. Als Sie an der Nidda rumgelaufen sind, wo der Laptop gefunden wurde. Ich wusste erst nicht, was Sie da gemacht haben; aber vorhin wurde es in der Pressekonferenz bekannt gegeben, dass der Laptop vom ersten Opfer aufgetaucht ist."

„Und da haben Sie Paul Gascon gesehen?"

„Zufällig. Kam mir entgegen, als ich Ihnen nachging. Aber als ich weg bin, war er immer noch da und verschwand zwischen den Häusern."

„Okay, ich werde dem nachgehen. Vielen Dank."

„Gern geschehen. Vielleicht könnten wir mit, statt gegeneinander arbeiten? Wenn ich was mitbekomme, was auch immer, sag ich Ihnen Bescheid, okay? Da kommt Herr Stein wieder. Kann ich jetzt gehen?"

Abwesend nickte Jenny ihm zu und der junge Reporter verschwand so schnell er konnte.

Logo warf ihm noch einen ärgerlichen Blick nach, als er an den Tisch zurückkehrte.

„Der hatte es aber eilig. Hast du ihm die Leviten gelesen?"

„Ach was. Er hat nichts allzu Schlimmes gemacht."

„Na hör mal, dir nachzufahren. Und wir dachten, der Mörder wäre es."

„Ist ja gut. Ich glaube, er ist jetzt von solchen Aktionen geheilt. Komm, lass uns endlich was essen und dann zurückfahren.

Das kam nun etwas unerwartet, selbst für ihn. Dieser neugierige Journalist würde noch bereuen, sich in seine Angelegenheiten eingemischt zu haben. Seine Kommissarin zu beschatten. Und sich nun auch noch erwischen zu lassen.
Um den würde er sich zügig kümmern müssen.
Eigentlich war er im Plan nicht vorgesehen, aber Improvisation stellte eine Abwechslung und besondere Herausforderung dar.
Dabei arbeitete er schon am Timing für sein großes Finale.

Nachdem sie hastig und ohne großen Genuss eine Suppe gegessen hatten, fuhren sie zurück in die Innenstadt und direkt in die Werkstatt des Präsidiums.

„Könnt ihr den Wagen auf Sender untersuchen? Uns wurde ein Tipp gegeben, dass wir auf diese Weise überwacht werden."

„Klar", knurrte der beleibte Chef der Werkstatt und wischte sich die ölverschmierten Hände an seiner Hose ab.

Kurzerhand bückte er sich und fuhr von innen den Radkasten beider Hinterräder ab. Beim Zweiten richtete er sich grinsend auf und meinte.

„Hier, bitte schön. Kann ich noch was für euch tun?"

Logo blieb der Mund offen stehen.

„So einfach ist das?"

„Ja, guckt ihr keine Krimis? Aber Spaß beiseite. Fahr ihn über die Grube, dann guck ich ihn mir noch von unten an. Nicht, dass noch irgendwas ist. Aber ruhig immer mal die

Radkästen abfühlen, oft haben die ja nicht viel Zeit, was anzubringen und da ist es am einfachsten. Die greifen nur grad da rein."

Da Logo immer noch völlig verblüfft da stand, stieg Jenny kurzerhand ein und fuhr den Dienstwagen in die Halle auf die Grube. Der Mechaniker kletterte schnaufend hinein und leuchtete den Boden des Wagens mit einer Lampe aus.

„Nix zu sehen", tönte es gedämpft von unten.

„Gut", meinte Jenny, „den Sender bringen wir am besten zur Spusi. Die sollen auch am Auto Fingerabdrücke nehmen."

„Ich würd mir nicht zu viel davon versprechen, also von dem Sender. Der wird sehr heiß und Fingerabdrücke halten sich schlecht. Aber vielleicht finden sich ja welche am Wagen. Lasst ihn einfach hier stehen, dann können die gleich drunter."

Jenny nickte, bedankte sich und zog Logo am Arm Richtung Hauptgebäude.

„Was ist mit dir? Du guckst wie ein Kalb wenns donnert." Er räusperte sich.

„Ich find das megapeinlich. Wir bringen ihm den Wagen und hätten einfach mal rein greifen müssen. Ich bin gar nicht auf die Idee gekommen."

„Ist doch egal jetzt", brummte Jenny, die andere Sachen im Kopf hatte. „Wir hätten ihn so oder so in die Werkstatt bringen müssen wegen der Fingerabdrücke."

„Trotzdem", antwortete Logo und guckte kein Stück glücklicher.

„Ich erzähls keinem, versprochen."

„Das Geläster möchte ich auch nicht hören. Dabei könnt ich wetten, dass die meisten auch nichts anders gemacht hätten."

„Eben, also vergiss es. Wir müssen uns um wichtigere Sachen kümmern."

Zu Fuß liefen sie quer durch das weitläufige Gebäude zu ihrem Büro.

„Hi Sascha, hat Grosse angerufen?"

„Nee, hier nicht, wieso? Habt ihr ihn nicht angetroffen?"

„Der Vater hat uns nicht rein gelassen. Hat mit dem Anwalt gedroht, darauf hab ich ihn ins Präsidium bestellt."

„Also hier hat keiner angerufen."

„Lass mich das erledigen", schaltete sich Logo ein, „bin genau in der richtigen Stimmung. Die lass ich hier antanzen und zwar am besten gleich. Gib mir das Telefon."

Sascha guckte kurz Jenny an und reichte Logo kommentarlos den Hörer. Gebannt lauschten beide dem einseitigen Wortwechsel, der damit endete, dass Logo unsanft den Hörer auf knallte.

„Na bitte! In einer Stunde sind sie hier, samt Anwalt."

Jenny applaudierte. „Und du bist nicht mal ausfallend geworden."

„Haha. Gibt's eigentlich Kaffee?"

Unter dem Vorwand, in der Spusi wegen der Wanze nachzufragen, ging Jenny hinunter in den Hof und versuchte, Paul anzurufen. Diesmal würde sie sich nicht verrückt machen, sondern ihn einfach fragen, was er in Rödelheim gemacht hat. Bestimmt gab es eine einfache Erklärung. Schließlich war Rödelheim nicht weit von der Universität weg. Vielleicht hatte er einfach seine Mittagspause dort verbracht. Der Journalist hatte ja nicht direkt beobachtet, dass Paul ihnen gefolgt war, sondern ihn nur in der Nähe gesehen.

Sie erreichte ihn weder auf dem Handy, noch im Städel. Vielleicht hatte er heute Vorlesung. Gut, dann würden sie sich erst mal Grosse vornehmen und es dann nochmal versuchen.

Bereits zehn Minuten vor der vereinbarten Zeit trafen Vater und Sohn Grosse mit ihrem Anwalt ein und wurden von Logo ins Verhörzimmer geführt. Wie erwartet, handelte es sich bei dem Anwalt um einen hochdotierten Juristen aus Königstein, dessen Stundenlohn sicher dreistellig war.

Kaum hatte Jenny die Anwesenden einander vorgestellt, legte er auch schon los.

„Es ist mir unverständlich, dass Sie meinen Mandanten grundlos und fortwährend belästigen. Und jetzt auch noch vorladen wie einen Verdächtigen. Ich habe ihm geraten, zunächst keinerlei Aussagen zu machen. Fragen richten Sie also bitte an mich."

Logo lehnte sich in seinem Stuhl entspannt zurück, Jenny musste ein Grinsen unterdrücken. Gerade wenn ihr Kollege sich so entspannt zeigte, konnte er kurz darauf richtig fies werden.

„Nun, Herr, äh, Grim wars glaube ich? Der einzige Grund, warum wir Ihren Mandanten einbestellt haben, ist, dass er sich geweigert hat, zu Hause mit uns zu sprechen. Und wir belästigen ihn auch sicher nicht grundlos, sondern weil wir in einer Mordserie ermitteln, mit der Ihr Mandant auf unterschiedliche Weise in Verbindung steht."

„Die Verbindung ist weitläufig. Und Sie haben ihn bereits mehrmals befragt. Wenn sich nichts Neues in dem Fall ergeben hat, betrachte ich Ihren Besuch als willkürliche Schikane."

Logo kniff die Augen zusammen. „Nun, zu meinem Leidwesen hat sich aber etwas Neues ergeben. Herr Grosse wurde beobachtet, wie er spät, um genau zu sein sehr spät nachts einem anderen Beteiligten, der zum engen Kreis der Verdächtigen gehört, einen Besuch abstattete. Wir wüssten gerne, um was es bei diesem spätabendlichen Besuch ging."

Der Anwalt bemühte sich, eine undurchdringliche Miene aufzusetzen, warf jedoch Grosse Senior einen fragenden Blick zu, der seinen Sohn offen anstarrte. „Davon hast du mir nichts gesagt."

„Herr Grosse…", intervenierte der Anwalt sofort mit einer beschwichtigenden Handbewegung und zu Logo gewandt.

„Um wen handelt es sich überhaupt?"

„Dr. Possmann, der mit einem der Mordopfer befreundet war und in der Stiftung als Psychologe tätig ist, die unter anderem Mitarbeiter für die Frankfurt-Happenings vermittelt."

Während der Anwalt und Grosse Senior Logo verwirrt anschauten, behielt Jenny Grosse Junior im Auge. Dieser lümmelte sich unbeteiligt auf seinem Stuhl und blickte zur Decke. Auch bei Logos Eröffnung, dass sein Besuch bei Possmann bekannt war, hatte er keinerlei Gemütsregung gezeigt. Entweder war er wirklich eiskalt oder ein noch besserer Schauspieler, als sie vermutet hatten.

Sein Vater meldete sich wieder zu Wort. „Was wolltest du mitten in der Nacht bei dem?"

„Herr Grosse", der Anwalt wurde jetzt energisch. „Wir hatten uns doch geeinigt, keinerlei Aussagen zu machen."

Ärgerlich schaute der Vater zur Seite, doch der Sohn gähnte nur. „Ach was solls", sagte plötzlich Grosse Junior. „Auf meinem Mist ist das nicht gewachsen, dass ich nichts sage und wir hier mit einem Anwalt antanzen. Wär alles nicht nötig gewesen. Ich hab nämlich nichts zu verbergen. Natürlich kenn ich Possmann. Über diese Stiftung bin ich vermittelt worden. War damals meine Reha. Warum soll ich ihn nicht besuchen?

Ich bins gewohnt, spät auf zu sein. Nur Spießer wie ihr findet das ungewöhnlich."

Sein Vater stand wütend auf und der Anwalt fing an, hektisch mit den Händen zu wedeln. „So geht das nicht. Wenn Sie mich konsultieren, dann müssen Sie sich bitte schon an die Absprachen halten. Also", wandte er sich wieder an Logo. „Reicht Ihnen diese Auskunft? Können wir dann gehen?"

„Warum haben Sie uns nicht früher erzählt, dass Sie mit Herrn Possmann in enger Beziehung stehen?"

„Hat mich keiner gefragt."

„Herr Kommissar, ich muss jetzt wirklich darauf bestehen, dass diese Befragung beendet ist. Es sei denn, Sie verdächtigen meinen Mandaten und dann wüsste ich gerne, worauf sich diese Verdächtigung stützt."

„Nein, nein", antwortete Logo lässig. „Momentan verdächtigen wir Herrn Grosse keineswegs. Eines würde ich jedoch gerne noch fragen."

„Nun gut", schnarrte der Anwalt mit einem Seitenblick zu Grosse Senior, der aufgestanden war und im Raum herumlief.

„Hat Dr. Possmann zu irgendeiner Zeit versucht, Sie zu sexuellen Handlungen zu verleiten?"

Drei Augenpaare wandten sich ihm zu, zwei geschockt und eines ohne jede Überraschung.

„Hat er nicht. Und wenn, ich steh nicht auf Männer."

„Haben Sie mitbekommen, dass er sich anderen Jugendlichen genähert hat?"

„Hab ich nicht." Logo beobachtete Grosse genauestens.

„Gut, das war dann alles. Sie haben nicht vor, in nächster Zeit die Stadt zu verlassen?"

„Hört sich ja an wie im Kino, nee, weiter als bis Königstein werd ich nicht fahren. Können wir jetzt los? Ich hab heut noch Termine."

Logo nickte und Jenny fragte. „Ist heut Abend ein Event?"

„Nein, Geschäftsessen. Und bevor Sie mir wieder hinterher spionieren müssen. Possmann ist auch dabei."

„Possmann? Sie haben mit ihm ein Geschäftsessen? Dürfen wir wissen, worum es geht?"

„Klar, is kein Geheimnis. Vielmehr eigentlich schon. Müller ist auch dabei. Wir besuchen eins von diesen Krimi-Menüs, weil Müller überlegt, ob wir was Ähnliches aufziehen sollen."

„Krimi-Menüs? Und wo ist das?"

„Auf einem der Passagierschiffe, die am Römer liegen. Googeln Sie´s halt."

„Vielen Dank. Sie können jetzt gehen."

Mit einem letzten Nicken schlenderte Grosse hinaus, sein Vater mit wütendem Gesicht direkt hinterher, während sein Anwalt kopfschüttelnd seine Unterlagen zusammenräumte.

Als alle den Raum verlassen hatten, blickten sich Jenny und Logo an.

„Der Typ ist eiskalt. Ich glaub ihm kein Wort. Und sein Vater und der Anwalt auch nicht."

Jenny nickte. „Du hast von Anfang an gemeint, er sei ein guter Schauspieler. Er hat mit keiner Wimper gezuckt, als du von Possmann gesprochen hast. Was hältst du davon, dass sich unser Dreiergespann heut Abend trifft? Bei so einem Krimi-Menü wollt ich immer schon mal mitmachen."

„Heut Abend ist schlecht. Erstens sind die schon Monate vorher ausverkauft und selbst wenn wir uns dienstlich Zutritt verschaffen, sehen sie uns sofort. Was soll das bringen."

„Nix. Ich wär trotzdem gerne mal Mäuschen."

„Morgen nehmen wir uns Müller vor. Er steckt bestimmt mit drin. Würde mich wundern, wenn er nicht wüsste, was Grosse und Possmann miteinander zu schaffen haben. Und Müller ist bestimmt leichter zu knacken, als dieser eiskalte Sonnyboy."

„Recht haste. Und jetzt mach ich noch den Schreibkram. Hast du Bereitschaft?"

„Ja, ausgerechnet", brummte Logo. „Julia hat Karten für eine Premiere und ist sauer, dass ich nicht mit kann."

Jenny sagte nichts dazu, sondern entschuldigte sich und ging noch einmal hinunter in den Hof. Diesmal ging Paul beim ersten Klingeln an sein Handy.

„Jenny", freute er sich. „Ich wollte dich gerade anrufen. Was gibts?"

„Äh, ich wollte dich was fragen."

„Ja? Ich höre deiner Stimme an, dass irgendwas nicht in Ordnung ist."

„Gestern war ich in Rödelheim, wo dieser Laptop gefunden wurde."

„Ja, ich weiß, wir wären uns fast begegnet."

„Begegnet?"

„Ja, hab ich das nicht erzählt? Ich fahre mittags ab und zu die paar Stationen mit der U-Bahn und esse eine Kleinigkeit im Anglerheim. Wir müssen fast um die gleiche Zeit da gewesen sein."

„Nein, hast du nicht erzählt. Aber damit erübrigt sich meine Frage auch schon." Sie war erleichtert. „Aber noch was. Mit den Krimi-Menüs hast du nicht zufällig auch was zu tun? Als Berater oder so?"

„Nee, wie kommst du darauf. Nicht mein Metier. Hat nichts mit Geschichte zu tun."

„Ach, das fiel mir gerade so ein. Uns hat eben jemand erzählt, dass das heut Abend stattfindet. Auf einem Schiff."

„Also, ich würde dich sehr gerne sehen, aber heute Abend geht es nicht. Ich hab einem Modell versprochen, ihr Bild bis zu einer Familienfeier fertig zu malen und sie kann nur heute Abend. Ich hoffe, du bist nicht böse."

Jenny fühlte Enttäuschung und einen kleinen Stich Eifersucht. Sie ermahnte sich sofort und antwortete.

„Natürlich nicht, dann sehen wir uns vielleicht morgen?"

„Auf jeden Fall. Ich vermisse dich jetzt schon."

Er hauchte einen Kuss ins Telefon den Jenny erwiderte, nachdem sie sich kurz nach etwaigen Zuschauern umgeschaut hatte. Einigermaßen beruhigt ging sie hinein. Als sie ins Büro kam, hatte sie eine Idee.

„Du, Logo, meine Verabredung für heut Abend hat sich gerade in Luft aufgelöst. Soll ich deinen Bereitschaftsdienst übernehmen? Dann kannst du mit Julia zu der Premiere?"

„Das wär ja toll, würdest du das tun? Ich übernehme auch deinen nächsten Dienst."

„Klar, gar kein Problem. Hau ruhig schon ab. Wo ist eigentlich Sascha?"

„Rüber zur Spusi, den hat das mit den Sendern interessiert. Fingerabdrücke haben sie keine gefunden. Wen wundert's? So sorgfältig, wie der bisher war."

„Dann bist du also sicher, dass unser Täter die angebracht hat?"

„Wer sonst?"

„Vielleicht doch dein Reporterfreund? Oder ein anderer?"

„Nee, glaub ich nicht. Ich würde das unserem Täter zutrauen, so geschickt, wie der bisher vorgegangen ist."

„Naja, heut Nacht bin ich ja hier. Da kann er mir zumindest nicht folgen."

Bis dreiundzwanzig Uhr war es still und sie erledigte den ungeliebten Schreibkram und unterhielt sich zwischendurch mit den Kollegen vom KDD. Um kurz nach elf kam der Anruf vom ersten Revier. Missmutig meldete sich Jenny.

„Rink hier, Frau Kollegin, ich hab hier einen äußerst interessanten Mord für sie."

„Was?", entfuhr es Jenny.

„Ja, viel los zurzeit. Können Sie gleich herkommen? Die Leiche wurde auf einem Passagierschiff gefunden, das am Eisernen Steg vor Anker liegt. Ein Riesenaufruhr. Da ist eine Veranstaltung, mindestens zweihundert Leute auf dem Boot."

„Sagen Sie nicht, das Krimi-Menü."

„Ja, woher wissen Sie das? Am besten bringen Sie ein paar Kollegen mit. Wir haben versucht, alles abzusperren und niemanden von Bord zu lassen, aber lange geht das nicht."

„Hören Sie, lassen Sie die Leute gehen, nachdem Sie alle Personalien festgestellt haben. Halten Sie aber bitte drei Gäste fest, die da meines Wissens teilnehmen. Ein Herr Frank Müller, ein Herr Michael Grosse und ein Herr Dr. Possmann. Ich komme so schnell ich kann."

Während sie sich mit einer Hand anzog, wählte sie mit der anderen Logos Nummer und hoffte, dass sie ihn trotz Premiere erreichen würde. Zum Glück meldete er sich umgehend.

„Wir haben eine neue Leiche. Du glaubst nicht, wo."

Während sie schon die Tür hinauslief, klärte sie ihn über die Umstände auf und bat ihn Sascha anzurufen. Sie selbst trommelte einige der von Biederkopf zur Verfügung gestellten Kollegen zusammen und fuhr Richtung Innenstadt. Am Eisernen Steg sah sie von weitem Menschen in Grüppchen herumstehen und Polizisten, die mit Band den Zugang zur Friedrich Schiller, dem Passagierschiff, auf dem das Dinner stattgefunden hatte, abgesperrt hatten.

Ihr Kollege Rink empfing sie am Eingang und führte sie durch den Gastraum eine Treppe hinunter.

"Das Dinner selbst fand oben statt. Zwischen Hauptspeise und Nachtisch sollten die Gäste hier herunter kommen. Der Raum stellt eine Galerie dar und sie sollten hier einen toten Maler finden. Als dieser hier herunter kam, um sich in Position zu bringen, lag da aber schon einer. Ein Journalist, seinen Ausweis hatte er einstecken."

„Oh bitte, sagen Sie nicht, dass es sich um Mario handelt."

„Doch, woher wissen Sie das?"

„Ich hab ihn heute kennengelernt und er spielt in unserem Fall indirekt eine Rolle. Ebenso wie die drei Herren, die ich Ihnen genannt habe. Konnten Sie sie ausfindig machen?"

„Ja, sitzen oben. Einer ist mächtig sauer."

„Da brauch ich nicht lange überlegen, um wen es sich handelt."

Rink nickte verständnisvoll. „Also der Journalist wurde erstochen. Genauso, wie das geplante Opfer sterben sollte. Von hinten. Ich glaub nicht, dass er sich gewehrt hat. Der hat das gar nicht mitbekommen. Die Spurensicherung ist auch vor Kurzem eingetroffen."

„Ist der Gerichtsmediziner auch schon da?"

„Nee, auf den warten wir noch."

Jenny seufzte, als sie Logo zusammen mit Sascha die Treppe hinunter kommen sah.

„Hi, ihr beiden. Logo, der Tote ist dein Reporter von heute Mittag."

„Mario? Das kann kein Zufall sein."

„Nee, bestimmt nicht. Wo ist er denn?" fragte sie zu Rink gewandt.

„Da hinten, den Gang durch, kommen sie mit."

Sie liefen durch einen schmalen Durchgang und betraten einen langgestreckten Raum, an dessen Längswänden signierte Gemälde hingen. Am Kopfende des Raumes stand ein Pult, wie es für eine Versteigerung benutzt wurde, und in der Mitte des Raumes waren Bänke aufgereiht. Auf einer von ihnen saß die Leiche, um die die Spurensicherung gerade herum wuselte und Proben nahm. Betroffen blieben die drei stehen und betrachteten die Szene, als sie hinter sich die wie üblich schimpfende Stimme des Profs hörten.

„Wenn ihr mich mal nicht beim Abendessen stört, dann bestimmt bei meiner Lieblingssendung. Und immer auf dem Wasser. Ich hasse Wasser. Und Leichen hasse ich auch."

Jenny war diesmal nicht zum Lachen zumute. Sie ließ die Kollegen ihre Arbeit machen und ging nach oben, um die ihr zugeteilten Beamten in ihre Aufgaben einzuweisen.

„Ihr zwei befragt Grosse, Müller und Possmann, okay? Die anderen gehen die Gästeliste nach auffälligen Personen durch und befragen das Personal. Ich guck mich um und versuche herauszufinden, wie er an Bord kam. Die Karten waren wohl lange im Voraus ausverkauft. Also muss er irgendwie hier reingekommen sein. Oder hat er das etwa von langer Hand geplant? Der Reporter ist doch erst heute auf der Bildfläche aufgetaucht. Was hat er eigentlich hier gemacht? Hat er einen von unseren drei Verdächtigen beschattet? Oder hat ihn einer hierhergelockt? Und konnte der Täter so schnell reagieren und das hier inszenieren? Kaum vorstellbar. Und mit Sagen hat das auch nix zu tun. Wenns unser Täter ist, warum weicht er deutlich von seiner üblichen Vorgehensweise ab? Fragen über Fragen. Na dann legt mal los."

Sie selbst ließ sich von einem Kollegen zum Veranstalter des Abends bringen.

„Auf keinen Fall kann noch jemand das Schiff betreten, nachdem die Veranstaltung begonnen hat", erklärte er ihr. „Wir legen unmittelbar, nachdem der letzte Gast an Bord gekommen ist, ab. Das war gegen zwanzig Uhr. Um einundzwanzig Uhr legen wir noch einmal kurz an, um die Polizei, also natürlich die Schauspieler, die die Polizei spielen, an Bord zu holen, aber da kann sich sicher niemand einschmuggeln."

„Und die Schauspieler? Ist das ein festes Team oder arbeiten Sie mit Aushilfen? War heute vielleicht jemand anderes als sonst hier?"

„Nein, ein festes Team, mit dem ich seit Jahren arbeite. Alles in Vollzeit angestellte Schauspieler. Heute war nichts anders."

„Gut, ah, Sie sind der Kapitän?" fragte sie, als sich ein grauhaariger untersetzter Mann in Uniform näherte.

„Bin ich", antwortete er mit leichtem russischem Akzent.

„Dann an Sie gleich die selbe Frage. Arbeiten Sie mit festem Personal oder war heute vielleicht eine Aushilfe an Bord?"

„Wir haben festes Personal und soviel ich weiß, waren alle heute da."

„Aber irgendwie müssen Opfer und Mörder an Bord gekommen sein. Irgendeine Idee?"

„Also, der Journalist ist offiziell hier gewesen", schaltete sich der Veranstalter ein.

„Wie bitte? Sagten Sie nicht eben, es wäre niemand außergewöhnliches hier gewesen?"

„Sie haben mich doch nur nach Mitarbeitern gefragt. Dieser Journalist wollte eine Reportage über die Krimi-Menüs schreiben. Da haben wir natürlich nicht nein gesagt."

„Und wann ist er eingetroffen?"

„Er ist mit den Polizisten an Bord gekommen. Dann hat er sich unter die Leute gemischt. Ich hab ihn nicht mehr gesehen, in dieser Phase ist am meisten los. Und bevor ich ihn suchen konnte, ging schon das Geschrei los."

„Um nochmal auf Sie zurückzukommen, Herr Kapitän. Der Mörder muss, falls er kein Gast war, auch irgendwie an Bord gekommen sein. Halten Sie das für möglich?"

Der Kapitän schüttelte den Kopf. „Natürlich, das ist ein großes Boot. Während wir angelegt hatten, konnte jemand heimlich an Bord klettern. Vom Wasser aus geht das auch, wenn einer mit dem Boot längsseits geht. Wenn er Glück hat, sieht ihn keiner von Bord aus. Im Dunkeln ist das sogar gut möglich."

Jenny seufzte. In letzter Zeit schien das zur Gewohnheit zu werden. „Gut, dann können wir also nicht ausschließen, dass er irgendwie an Bord geschlichen ist. Hier in der Menschenmenge wäre er nicht unbedingt aufgefallen. Und hier unten, wo der Mord geschah, befand sich niemand?"

„Nein, um diese Zeit nicht. Vor dem Abendessen wurde hier sozusagen die Vorgeschichte aufgeführt, während des Essens ist hier unten aber keiner, da sitzen die Gäste am Tisch und die Schauspieler gehen zwischen ihnen herum oder setzen sich dazu, um sich befragen zu lassen. Erst wenn das Essen dem Ende entgegen geht, kommt die zukünftige Leiche, ein junger Mann, hier herunter und positioniert sich. Dabei hat er den Schrecken seines Lebens bekommen, weil hier schon jemand lag."

„Kann ich mir vorstellen. Waren danach noch mehr Leute hier unten?"

„Nein, wir haben sofort alles abgesperrt. Die Gäste meinten natürlich, das würde zur Aufführung gehören." Er schüttelte den Kopf. „Ich bin nicht sicher, ob das unsere Aufführungen ruinieren wird oder besonders gute Werbung abgibt."

„Nun", meinte Jenny und konnte einen leicht zynischen Klang nicht verhindern, „dem echten Opfer dürfte das egal sein."

Der Veranstalter räusperte sich, während der Kapitän ungeduldig von einem zum anderen blickte. „Kann ich wieder an meine Arbeit?"

„Ja, natürlich, gehen Sie nur."

Der Veranstalter trat derweil von einem Fuß auf den anderen. „Das eben war nicht so gemeint, wie es sich angehört hat. Natürlich ist das alles furchtbar."

„Schon gut", fiel Jenny ihm ins Wort. „Gibt es eine Liste der Besucher?"

„Oh ja, die gibt es", antwortete er erleichtert, dass er helfen konnte, „die Leute müssen zusammen sitzen, wenn sie sich kennen, also brauchen wir bei der Anmeldung die Namen. Ich lasse sie Ihnen sofort zukommen."

„Und eine Liste aller Mitarbeiter auch bitte. Ach", hielt sie einen vorbeilaufenden Beamten am Ärmel fest „lassen Sie sich doch bitte noch eine Liste der Bootsbesatzung inklusive Bedienungen, Köche und so weiter geben."

„Wird gemacht", nickte er und setzte seinen Weg fort. Jenny entließ den Veranstalter, der sich erleichtert entfernte, und sah, als sie sich umdrehte, Sascha auf sich zukommen.

„Es gibt Probleme Jenny. Grosse macht natürlich einen Riesenaufstand und will sofort gehen oder seinen Anwalt sehen. Die anderen beiden sind auch nicht begeistert von der Befragung, behaupten aber, den ganzen Abend zusammen gewesen zu sein."

„Aha, nicht mal auf der Toilette waren sie allein?"

„Naja, schon, aber nur kurz. Da war nicht genug Zeit für einen Mord. Zumal die Toiletten am anderen Ende des Bootes sind."

„Ich hab diesen Fall so satt. Schick sie nach Hause und frag jeden, den du hier erwischst, ob er was beobachtet hat."

„Mach ich, aber die waren alle konzentriert auf die Mörderjagd, also ich meine, das Spiel. Die haben bestimmt nix mitbekommen."

„Ich denke, dabei geht's genau darum, alles zu beobachten und den Mörder zu finden?"

„Ja schon, aber als der Mord passiert sein muss, war gerade Essenszeit. Die Gäste sprechen an den Tischen mit den Schauspielern und können die Treppe gar nicht sehen. Ah, da kommt Herr Professor …"

„Er ist kein Professor, wir nennen ihn nur so."

„Ach so. Ich dachte."

Der Prof war missmutig wie immer die Treppe hinauf gestampft und kam mit großen Schritten auf sie zu.

„Simpler Mord. Einfach erstochen. Kein Messer zu finden, Tatzeit vor einer Stunde etwa. Ich bin weg. Weiteres morgen."

„Schönen Abend, Prof." murmelte Jenny und hörte nur noch ein Brummen, was sich in etwa wie „Abend? Mitten in der Nacht, aber ist ja jedem hier egal, dass ich nicht mehr der Jüngste bin", anhörte.

Sascha blickte ihm hinterher.

„Mach dir nichts draus. Der ist immer so, das gehört zu seinem Image."

Er guckte sie zweifelnd an und machte sich auf den Weg zu weiteren Befragungen. Einen Moment später stürmte Grosse an ihr vorbei, die Treppe hinunter und warf ihr einen wütenden Blick zu. Kurz darauf kamen Possmann und Müller in Begleitung von Logo, der bei ihr stehen blieb. Müller nickte ihr freundlich zu, während Possmann zu Boden blickte.

Als sie außer Hörweite waren, stieß Logo hörbar die Luft aus. „Unglaublich. Die drei sind offenbar ganz plötzlich die besten Freunde. Sie waren sich absolut einig, dass keiner von ihnen lange genug vom Tisch weg war, um den Mord zu begehen. Sie haben dann zwar eingeräumt, dass jeder außer Possmann mal zur Toilette war, aber nur so kurz, dass sie eigentlich im Laufen gepinkelt haben müssen. Tschuldigung."

Jenny grinste, obwohl ihr nicht danach zumute war. „Sehr anschaulich. Irgendwie find ich das sowieso nicht einleuchtend, dass die zusammen hier waren. Nur um eine neue Show zu planen? Ob Possmann den beiden noch gar nicht gesagt hat, dass er seinen Sitz in der Stiftung niederlegen musste? Obwohl ihnen das bestimmt egal wäre. Aber was sollte er noch hier bei dem Gespräch?"

„Aus denen etwas rausbekommen ist wie Würmer aus der Nase ziehen. Grosse hat gar nix gesagt, sondern nur lamentiert und Müller, naja, scheint nett zu sein, aber aalglatt. Dem kommt kein unüberlegtes Wort über die Lippen."

„Mensch Logo", sagte Jenny nachdenklich, „irgendwie sind wir schuld dran, dass Mario da unten liegt."

„Ich fühl mich auch mies. Aber es war sein Job und er hätte uns mitteilen können, dass er heut Abend hierherkommt. Ob er das heut Mittag schon wusste?"

„Sascha, find doch mal raus, ob sein Handy gefunden wurde und versuch bitte, ob in der Redaktion jemand zu erreichen ist. Falls ihn jemand herbestellt hat, muss er ja irgendwie mit ihm in Kontakt getreten sein."

Sascha nickte und trollte sich.

„Falls wir nix finden, müssen morgen Taucher ran und um das Boot herum suchen. Auch, obs Spuren gibt, dass ein anderes Boot angelegt hat oder so."

Logo nickte. „Das wird erst bei Tageslicht gehen, aber ich sag schon mal Bescheid."

„Sind die Leute alle nach Hause?"

„Ja, nur die Besatzung und das Krimi-Menü-Team sind noch da."

„Die schicken wir auch nach Hause. Morgen müssen wir uns alle vornehmen und ihnen Fotos zeigen. Vielleicht ist ja irgendjemandem was aufgefallen."

„Die waren doch alle mit der Tätersuche beschäftigt."

„Naja, aber vielleicht haben sie dabei wirklich auf alles geachtet. Ich hab vor Jahren mal bei sowas mitgemacht. Da weißt du zuerst nicht einmal, wer zu den Schauspielern gehört und wer zu den Gästen."

„Klar, wir müssen jeden befragen. Ich sorg schon mal dafür, dass die Fotos von allen Verdächtigen vervielfältigt werden. Was ne Arbeit."

„Wir haben genug Verstärkung. Und von Biederkopf die Zusage, noch mehr Leute zu bekommen, wenn wir sie brauchen. Die sollen die Zeugen unter sich aufteilen und wir setzen uns jetzt noch hin und erstellen einen Fragenkatalog. Lass uns zurückfahren und alle Infos zusammentragen."

Logo nickte und schnappte sich sein Telefon, um die Kollegen von der Wasserschutzpolizei über den morgigen Einsatz zu informieren. Dann trommelten sie ihr Team zusammen und fuhren nach einer abschließenden kurzen Besprechung zurück aufs Präsidium.

Die Nacht war angefüllt mit Schreibarbeiten und beide bekamen nur ein paar Stunden Schlaf im Bereitschaftsraum, während sie Sascha für einige Stunden nach Hause schickten. Spät nachts bekam Jenny eine Gute Nacht SMS von Paul und beneidete ihn um seinen Feierabend.

Tag 14, Freitag

Am Morgen blieben sie im Büro und werteten die Befragungen aus, die noch die ganze Nacht von den Kollegen zusammengetragen worden waren.

Frustriert raufte Jenny sich die Haare. „Keiner hat was gesehen und das Personal war im Stress. Sind schon irgendwelche Berichte von der Spusi oder vom Prof da?"

„Nee", meinte Logo trocken. „Aber da brauchst du auch nicht drauf warten. Der Prof hat ganz klar erklärt, er fängt erst heute Morgen mit der Obduktion an." Und zu Sascha gewandt, der hoffnungsvoll aufgeblickt hatte: „Dich brauchen wir hier, tut mir leid."

Er drehte sich wieder zu Jenny.

„Wird auch noch dauern, bis die Spusi alle Spuren ausgewertet hat. Die waren heut Nacht noch in Marios Wohnung und gleich heut früh an seinem Arbeitsplatz. Und durch den Tatort ist die ganze Gesellschaft getrampelt. Da werden tausende Spuren zu finden sein, nur nicht von unserem Täter, so vorsichtig wie der immer ist."

„Naja", gab Jenny zu bedenken, „aber diesmal musste er wohl improvisieren und konnte nicht lange und akribisch planen. Ach, ruf mal in der Redaktion an, wir müssen unbedingt rausfinden, wie er Kontakt zu Mario hergestellt hat."

Logo griff nach dem Hörer und fragte sich durch, bis er zum Chefredakteur und von dort wieder zur Telefonistin verbunden wurde.

„Mann", brummte er, als er auflegte. „Trauern scheinen die nicht gerade. Die wollten Infos aus mir raus quetschen. Also, es ist tatsächlich ein Anruf bei Mario eingegangen, genauer gesagt zwei. Beim ersten war er nicht in der Redaktion. Sein Kollege sagte, nach dem zweiten wäre er ganz aufgeregt gewesen, hätte ihm aber nicht sagen wollen, was los ist. Um achtzehn Uhr ist er weg. Der Anruf kam, wer hätte das gedacht, ohne Nummernkennung."

„War ja klar", knurrte Jenny. „Dann brauchen wir gar keine Hoffnung auf sein Handy setzen. Aber vielleicht hat er einen Organizer? Die Kollegen haben alles sichergestellt?"

„Haben sie, aber ich könnte wetten, das gibt nichts her."

„Mann Logo, sei nicht so pessimistisch! Zieht einen richtig runter. Irgendwann macht er auch einen Fehler. Und immerhin war er diesmal gezwungen, schnell zu handeln. Das hat ihm bestimmt nicht geschmeckt."

„Dafür hat ers aber gut hinbekommen."

„Hier", sagte Sascha plötzlich. „Die Kollegen haben heut Nacht noch die Umgegend abgesucht. Das Auto von Mario steht im Parkhaus am Dom. Sie habens abholen lassen."

Kurz darauf klingelte das Telefon.

„Geh du ran, bitte", meinte Jenny an Logo gewandt und lief zur Anrichte auf der die Kaffeemaschine stand.

Das Gespräch war kurz. „Das war die Wasserschutz. Die haben Spuren am Schiff gefunden, als hätte ein deutlich kleineres Boot angelegt. Aber, das könnte auch vor längerer Zeit gewesen sein. Die Spuren sind nicht eindeutig. Kann auch beim Schleusen oder Anlegen passiert sein. Bringt jetzt nicht direkt viel. Die hören sich gerade um, ob gestern jemand ein kleines Boot gesehen hat, das am Schiff angelegt hat. Das hat der Oliver, den ich am Telefon hatte, schon organisiert."

„Gut, eine Sache weniger um die wir uns kümmern müssen."

„Sascha, was schreibst du da eigentlich?"

„Ich habe die Aussagen durchgeguckt und jetzt bin ich gerade dabei, die Informationen für den Psychologen zusammenzuschreiben. Das ist doch in Ordnung, oder?"

„Ja sicher. Je eher, desto besser. Wobei er zu dem Mord wohl nichts beitragen kann. Der diente eher zur Vertuschung. Der Täter hat Wind davon bekommen, dass Mario mit uns geredet hat. Aber wie? Beobachtet er uns? So, ich geh zum Biederkopf, bevor er hier aufläuft und erzähle ihm alles. Bis der Bericht fertig ist, dauerts ja noch."

„Aber wir haben noch keine Ergebnisse."

„Egal, ich könnte wetten, die Presse steht bei ihm schon auf der Matte, seit er das Haus verlassen hat oder spätestens seit er hier eingetroffen ist. Bei den vielen Gästen gestern Abend wollen bestimmt einige etwas verdienen, indem sie einen Tipp weitergegeben haben. Vielleicht war ja sogar ein Pressefuzzi an Bord."

„Nein. Wir haben von allen Anwesenden die Personalien."

„Irgendwer wird die schon informiert haben. Also ich geh mal kurz."

Lustlos lief sie los und traf den Staatsanwalt in seinem Büro an, wo in einer Tour das Telefon klingelte.

„Wie kommen die an meine Durchwahl? Die Zentrale soll die doch abwimmeln."

„Stellen Sie doch auf Umleitung."

„Was glauben sie, warum ich grad die Gebrauchsanleitung in der Hand habe? Und, was war das gestern und wie passt es in unsere Mordserie?"

Jenny informierte ihn kurz, aber vollständig über alles, was sie wussten und versprach, sich sofort zu melden, wenn weitere Ergebnisse vorlägen.

Biederkopf schüttelte den Kopf. „Bald werden die Leute Angst haben, zu solchen Veranstaltungen zu gehen. Ich könnte wetten, sobald Müller verdachtsmäßig aus dem Schneider ist, verlangt er Verdienstausfall vom Staat."

„Soll er doch den Mörder verklagen. Wenn ers nicht selbst ist. Wobei, Müller kommt für mich am wenigsten in Frage."

„Warten wir die Ergebnisse ab und beten wir, dass nicht bald ein neuer Mord geschieht. Dieser hier war wohl ursprünglich nicht geplant."

„Nein, wir können nur hoffen, dass ihn dieser Zwischenfall von weiteren Morden abhält, aber ich glaubs irgendwie nicht."

„Ich auch nicht", schüttelte Biederkopf den Kopf. „Nicht, so kaltblütig wie der vorgeht."

Mit einem Nicken verabschiedete sich Jenny und lief durch die langen Gänge zurück in Richtung ihres Büros. Als ihr Handy klingelte, fischte sie es im Gehen aus der Hosentasche.

„Paul!"

„Hallo, mein Liebes. Ich wollte dich einfach sprechen. Es ist so lange her, seit dem letzten Mal. Sehn wir uns denn heut Abend?"

„Wenn ich es irgendwie einrichten kann. Aber wir haben einen neuen Mord und hier geht alles drunter und drüber. Es könnte also spät werden."

„Noch einen Mord? Kann ich irgendetwas für dich tun?"

„Das ist lieb von dir, aber da gibt's nichts. Ich versuch heut Abend rechtzeitig Schluss zu machen, dann kannst du mich ein bisschen verwöhnen."

„Es wird mir ein Vergnügen sein, ich freu mich schon." Mit einem Lächeln hängte Jenny auf und fühlte sich gleich besser. Es war doch etwas anderes, wenn man wusste, es wartete jemand auf einen, mit dem man seine Gedanken teilen konnte, als in eine Wohnung zurückzukommen, in der nur eine wenig redselige Vogelspinne zur Unterhaltung beitrug.

In ihrem Büro fand sie zu ihrer Überraschung den Bericht der Pathologie, den Logo schon studierte.

„Keine Spuren, wie immer. Getötet vor Ort mit einem Nullachtfuffzehn Messer, kriegt man in jedem Laden. Mario scheint völlig überrascht gewesen zu sein. Hat sich nicht gewehrt. Der Todeszeitpunkt liegt ziemlich genau am Anfang des Abendessens."

Das war ja wohl eine Meisterleistung. Wer konnte schon innerhalb von ein paar Stunden einen Mord so hübsch präsentieren? Und ohne, dass der geringste Verdacht auf ihn fiel. Wie gut, dass er die Kommissarin und ihre Kollegen nach wie vor im Auge behielt.

Es hatte ihm gar nicht gefallen, dass dieser Journalist die beiden beobachtete und sich dann noch erwischen ließ.

Aber das hatte ja nun ein Ende.

Wie einfach es war, dem Jungen einen Tipp zu geben und ihn an Bord zu locken.

Mit Kunst hatte das Ganze wenig zu tun, aber man durfte durchaus einmal improvisieren.

Das machte den echten Künstler aus.

Der vorläufige Bericht der Spurensicherung traf nachmittags ein. Wie sie schon befürchtet hatten, war er nicht sehr ergiebig. Weder auf dem Handy noch im PC des Ermordeten fand sich ein Hinweis, mit wem der junge Mann sich abends treffen wollte, beziehungsweise wer ihn auf das Boot gelockt hatte. Auch sonst erfuhren sie nichts, was ihnen bei den weiteren Ermittlungen helfen konnte.

Die Stimmung im Team war auf dem Nullpunkt. Jenny hatte vor lauter Details, die sie in Einklang zu bringen versuchte, Kopfschmerzen. Logo brütete schlecht gelaunt über den Anwesenheitslisten. Selbst Sascha ließ seine sonstige Heiterkeit vermissen.

Jenny schlug frustriert auf den Tisch. "Wir drehen uns im Kreis. Da kein neuer Verdächtiger auf der Bildfläche aufgetaucht ist, müssen wir uns die drei, die wir haben, nochmal vorknöpfen."

„Also Grosse, vielmehr sein Anwalt, hat schon verlauten lassen, dass sie zu keiner weiteren Vernehmung bereit sind. Wir müssten ihn verhaften oder per richterlicher Verfügung vorladen."

Jenny knirschte mit den Zähnen. „Warum hab ich das erwartet? Die Frage ist nur, macht ihn das verdächtig oder nicht?"

„Ich glaub, das ist Wichtigtuerei. Vor allem von seinem Vater, denn der steckt ja dahinter. Und nicht zu vergessen, er kennt den Polizeipräsidenten, falls er dir das noch nicht mitgeteilt hat."

„Nur ungefähr fünfmal. Na und, ich kenn ihn auch. Zumindest gesehen hab ich ihn mal, von weitem."

Sascha grinste. „Ich nur im Fernsehen."

„So kommen wir nicht weiter. Sollen wir Müller und Possmann vorladen und in die Mangel nehmen?"

„Schaden kann's nicht, aber lass uns bis morgen warten. Die sitzen bestimmt auf heißen Kohlen momentan und morgen sind sie entweder weichgekocht oder wiegen sich in Sicherheit. Dann holen wir sie ab und bearbeiten sie."

„Gut", Jenny nickte. „Ich seh den Wald vor lauter Bäumen nicht mehr. Ich fahr jetzt heim und versuch mal abzuschalten. Meinst du, du packst den Nachtdienst? Du hast ja heut Nacht auch nicht viel geschlafen."

„Wenn heut Nacht nicht viel los ist, ist das kein Problem. Dann hau ich mich frühzeitig hin. Du weißt, ich kann jederzeit und überall schlafen. Ich will ja nicht hoffen, dass schon wieder ein Mord passiert."

„Oh bitte, nicht beschreien!"

„Ich hab heute Abend nichts vor, ich könnte noch ein paar Stunden bleiben", schlug Sascha vor, „dann kannst du dich auf jeden Fall hinlegen."

„Das wär ne Idee. Ich hau mich jetzt aufs Ohr, wenn du mich so gegen zehn weckst? Geht das, dass du so lange hier bleibst?"

„Klar, auf mich wartet heut niemand."

„Bist du Strohwitwer? Wo ist denn deine Freundin?"

Er seufzte. „Ach, die ist immer noch sauer, weil ich neulich abends solange weg war. Und wenn ich Nachtdienst habe, meckert sie auch und will genau wissen, wo ich wann war und was ich gemacht habe."

„Vielleicht macht sie sich Sorgen?"

„Ja aber nicht um mich, sondern dass ich was anstellen könnte. Die ist sowas von eifersüchtig. Dabei wusste sie, als wir uns kennengelernt haben, dass ich Polizist bin und entsprechend oft nicht zu Hause."

„Ach weißt du", meinte Jenny, „wenn jemand so unsicher ist, ist das egal wie oft du weg bist. So jemand fühlt sich immer von irgendwas bedroht. Und wenn man mal ehrlich ist: Zum Fremdgehen gibt's immer Gelegenheiten. Dazu muss man keinen Nachtdienst schieben."

„Sag ich ihr auch. Und grad im Dienst geht ja wohl nichts. Was stellt die sich denn vor, was ich hier mache?"

„Ich kann dir da keinen Rat geben. Ich fahr jetzt und bin morgen ganz früh hier, hoffentlich mit klarem Kopf. Tschau ihr beiden. Ich drück uns allen die Daumen für eine ruhige Nacht."

Sie fuhr nach Hause, um sich frischzumachen und umzuziehen und rief dann Paul an, der sich freute, dass sie so früh Feierabend hatte. Eine halbe Stunde später kam er vorbei und brachte etwas zu essen mit. Da er merkte, wie erschöpft sie war, zog er sie auf die Couch, massierte ihr die verspannten Schultern und hielt sie im Arm, während sie unwichtige Sachen im Fernsehen schauten und die Dinge austauschten, die sich Liebende so zuflüstern.

Tag 15, Samstag

Die Nacht war zu ihrer aller Erleichterung ruhig und Jenny traf um halb acht auf einen einigermaßen ausgeschlafenen Logo.

„Moin, mein Lieber. So eine Nacht ohne Mord tut richtig gut, oder?"

Er nickte zustimmend. „Von mir aus könnte es nur Nächte ohne Morde geben, aber diese Hoffnung wird uns bestimmt bald genommen, fürchte ich."

Jenny seufzte. „Ich hab schon richtig Angst, was er als Nächstes abzieht. Wenn wir bloß unsere drei Kandidaten überwachen lassen könnten."

„Selbst die Presse wird jetzt vorsichtig sein, wo es einen von ihnen erwischt hat. Eben hat ein Kollege von Mario angerufen und gefragt, ob wir was Neues haben. Ich kann's ihm nicht mal verdenken, er klang eher besorgt als neugierig. Mario war ziemlich beliebt."

„Familie hatte er nicht, hast du gesagt?"

„Zum Glück nicht und von seiner Freundin hatte er sich vor einiger Zeit getrennt."

„Was solln wir nun anstellen, solln wir Müller zuerst vorladen?"

„Ja, Possmann sind wir schon auf die Pelle gerückt. Probiern wirs erst bei unserem Theaterchef. Ich schick ihm eine Streife vorbei und die sollen sich ja nicht so unauffällig verhalten."

Jenny grinste. „Du kannst ganz schön fies sein. Verhörst du ihn?"

„Machen wir das zusammen? Als Team sind wir doch unschlagbar. Und Sascha kann zugucken, der muss das lernen. Da kommt er ja."

„Morgen, was muss ich lernen?"

„Pünktlich kommen. Spaß beiseite, Verhörtechniken. Jenny und ich nehmen uns nachher Müller vor. Du kannst zugucken hinter der Scheibe."

„Ja fein. Bestellen wir den telefonisch her?"

„Nein, wir schicken ihm stilvoll ein blausilbernes Taxi."

Logo telefonierte und eine Stunde später wurde Müller von zwei uniformierten Beamten ins Präsidium eskortiert. Auf Logos Anweisung brachten sie ihn in ein karg eingerichtetes Verhörzimmer und ließen ihn dort einige Zeit warten. Als Jenny und Logo endlich das Zimmer betraten, rutschte Müller unruhig auf dem harten Holzstuhl herum und wischte sich immer wieder die Stirn.

Da die beiden Beamten ihn zunächst nur stumm ansahen, plapperte er aufgeregt los. „Endlich. Ihre Beamten haben mir nicht gesagt, worum es hier geht. Sie haben mich abgeholt wie einen Verbrecher. Was wollen Sie denn schon wieder von mir? Meine Nachbarn haben alle gesehen, dass mich ein Streifenwagen abgeholt hat. Meinen Sie, das wäre gut für meinen Ruf?"

„Herr Müller", sagte Jenny samtweich und setzte sich rittlings auf einen Stuhl, der ihm gegenüber stand. „Wenn wir Sie des Mordes an vier verschiedenen Opfern überführt haben, brauchen Sie sich um ihren Ruf bei den Nachbarn gar keine Sorgen mehr zu machen."

„Von was reden Sie? Wieso bin ich verdächtig? Ich weiß nichts über die Morde. Ich will einen Anwalt."

„Aber sicher, Herr Müller. Bis jetzt sind Sie noch nicht offiziell beschuldigt. Ich muss Sie aber dennoch über ihre Rechte aufklären."

Währenddessen wurde Müller immer blasser. Von seinem sonstigen fröhlichen Gehabe war nichts mehr übrig und sie hatten noch nicht mal mit dem Verhör begonnen.

„Haben Sie ihre Rechte verstanden und möchten Sie jetzt einen Anwalt anrufen? Sie können solange hier auf ihn warten."

Müller sah sich in dem kahlen Zimmer um. „Also, ich wüsste jetzt im Moment keinen. Vielleicht sagen Sie mir erst mal, was Sie von mir wissen wollen. Ich bin unschuldig und habe nichts zu verbergen. Warum starrt Ihr Kollege mich eigentlich so an?"

„Schön, dass Sie nichts zu verbergen haben", schnurrte Jenny und ignorierte Mülles Frage. „Dann sagen Sie uns bestimmt, was Sie mit Grosse und Possmann zu besprechen hatten und warum Grosse nachts bei Possmann auftaucht."

„Nachts? Davon weiß ich nichts. Wir haben uns getroffen, um über eine neue Geschäftsidee zu sprechen."

„Bullshit", brüllte Logo plötzlich und hieb mit der flachen Hand vor Müller auf den Tisch. Müller machte einen Satz und starrte Logo, der sich über den Tisch zu ihm beugte, entgeistert an.

„Bullshit", wiederholte der etwas leiser. „Sie haben alle Dreck am Stecken. Ein Kinderschänder, ein Vergewaltiger und Sie. Über welche Art Geschäfte wollten Sie wohl sprechen. Drogenhandel?"

Müller japste nach Luft. Offenbar fehlten ihm die Worte. Jenny schaltete sich ein und meinte besänftigend. „Jetzt mal langsam, Logo, vielleicht gibt es eine Erklärung. Herr Müller, Sie müssen doch zugeben, dass es etwas verdächtig erscheint, wenn ausgerechnet Sie drei, die zentrale Rollen in dieser Mordserie inne haben, eine Besprechung abhalten."

„Aber, ich wusste doch gar nicht, dass Possmann. Und Grosse, was hat der denn mit den Morden zu tun? Er hat gesagt …"

„Was hat er gesagt?"

„Nichts", murmelte Müller und blickte zu Boden. Logo schaltete sich wieder ein. Er brachte sein Gesicht ganz nahe vor Müllers und raunte.

„Ihr Freund Grosse sagt eine ganze Menge, auch über Sie."

Panik breitete sich über Müllers Gesicht aus. Er schwitzte immer stärker und wischte sich die Stirn mit dem Ärmel.

„Was", stieß er hervor, „was hat er über mich gesagt?"

„Das wissen Sie sicher."

Jenny hielt den Atem an. Ob der Bluff funktionierte? Eigentlich hielt sie Müller für zu intelligent, doch momentan schien er ziemlich in Panik zu sein. Irgendetwas hatte er also zu verbergen.

„Herr Müller, sagen Sie uns die Wahrheit. Nur so können Sie glimpflich aus der Sache rauskommen. Glauben Sie wirklich, Grosse würde Sie schützen?"

Es schien, als würde die Luft aus Müller herausgelassen. Es sackte auf seinem Stuhl zusammen und Logo ließ vorerst von ihm ab. Dann fing Müller mit rauer Stimme an.

„Also, das Ganze war doch Grosses Idee. Sie müssen wissen, ich habe ein geheimes Laster, das ist die Kunst."

Logo und Jenny tauschten verständnislose Blicke. „Ich verfüge zwar über ein geerbtes Vermögen, aber ich habe das meiste für Kunst ausgegeben. Schwarzmarktkunst. Um es deutlich zu sagen: Ich bin fast pleite. Grosse kenn ich, wie Sie wissen, schon seit Jahren. Als ich ihm erzählt habe, wie es um mich und die Frankfurt-Happenings steht, kam er mit einer Idee. Einer Idee, auf die ich mich nie hätte einlassen sollen."

Jenny und Logo richteten sich gespannt auf.

„Grosse war als junger Mann von Possmann betatscht worden. Er war aber schon achtzehn und hat sich nicht viel draus gemacht. So wie er zu Sexualität steht, kam's ihm vielleicht ganz normal vor. Aber dann ist er auf die Idee gekommen, man könnte Kapital draus schlagen. Grosse scheint zwar ordentlich Geld zu haben, aber sein Alter hat eben den Daumen drauf. Als erstes hat Michael sich den jungen Kiesewetter vorgeknöpft und tatsächlich, den hat Possmann auch betatscht, für Geld. Dann haben wir uns Possmann selbst vorgeknöpft. Wir konnten ihm zwar nichts Strafbares nachweisen, aber natürlich wäre es eine Katastrophe für ihn, wenn seine Neigungen bekannt geworden wären."

Müller verstummte. Nach einem Blick zu Logo fragte Jenny vorsichtig.

„Sie haben ihn erpresst?"

„Ja, wir haben ihn ausgequetscht wie eine Zitrone. Der Typ hat Geld wie Heu. Aber nachdem die Polizei rausgefunden hat, wie er tickt, dachte er, wir hätten nichts mehr gegen ihn in der Hand."

„Hatten Sie ja auch nicht, oder?"

„Oh doch. Grosse hatte noch was in petto. Das habe ich auch erst kurz vor dem Krimi-Menü erfahren. Er liebt ja große Auftritte. Also: Er hat Possmann mit einem Mädchen erwischt, einem sehr jungen Mädchen. Die war definitiv keine achtzehn."

„Und das hat er Ihnen beiden beim Krimi-Event mitgeteilt?"

„Ja, und gesonnt hat er sich in seiner Überraschung. Ich dachte, Possmann kriegt einen Anfall. Er konnte gar nix sagen, sondern ist raus gerannt."

„Raus gerannt? Dann waren Sie doch eine Zeit getrennt an dem Abend?"

Müller blickte verlegen zu Boden. „Ja, während des Essens. Ich bin Possmann gefolgt, hab ihn aber nicht gefunden.

Als ich an den Tisch zurückkam, war auch Michael weg. Beide kamen getrennt nach ein paar Minuten zurück."

„Also hätten alle drei den Mord verüben können", sprach Logo vor sich hin.

Müller zuckte zusammen. „Haben wir aber nicht. Ich zumindest nicht. Warum sollte ich auch?"

Jenny und Logo blickten sich wieder an. Ja, warum? Das war es, was ihnen die ganze Zeit fehlte.

„Herr Müller, ich nehme Sie jetzt vorläufig fest wegen Erpressung."

Sie rief die Kollegen, die Müller wegbrachten, und kehrte mit Logo und Sascha, der das ganze Verhör mit angehört hatte, in ihr Büro zurück.

Logo schenkte Jenny Kaffee ein und Sascha holte sich eine Cola aus dem Kühlschrank. Jenny saß am Schreibtisch und spielte mit einem Bleistift.

„Was machen wir daraus? Das erklärt Einiges, aber nichts in Bezug auf die gesamte Mordserie."

„Ich überleg auch grade, wie das alles zusammenhängen könnte, aber es kommt nichts dabei raus."

„Wird Grosse jetzt auch verhaftet?", wollte Sascha wissen.

„Sicher, Logo hat die Kollegen schon losgeschickt. Dann kann er samt seinem Anwalt aufkreuzen, aber der wird ihm auch nicht viel helfen. Magst du ihn dir vorknöpfen, Logo? Ich kann ihn nicht mehr sehen."

Logo grinste. „Ja klar. Viel ist da sowieso nicht zu machen. Wir konfrontieren ihn mit Müllers Aussage, dann wird er schon auspacken."

„Naja so sicher bin ich da nicht. Er bestreitet bestimmt erst mal alles. Wir müssen Possmann dazu bringen, die Sache zu bestätigen. Nicht, dass Grosse Müller noch ans Leder will.

Also lass Possmann auch herkommen. Er ist bestimmt froh, dass alles rauskommt, auch wenn er sich wegen der Minderjährigen verantworten muss."

„Aber wer von denen ist unser Mörder? Oder etwa keiner? Dann müssten wir von vorne anfangen."

„Ich glaub, das hängt alles zusammen, ich weiß nur noch nicht wie. Sascha spuckt dein Diagramm nichts aus?"

„Nicht wirklich", antwortete er verlegen. „Nur, dass alles miteinander verstrickt ist."

„Ich telefonier mit unserem Psychologen und erzähle ihm das Neuste. Vielleich fällt ihm noch was ein."

Jenny griff nach dem Hörer und wählte die Durchwahlnummer von Mendelssohn, der sofort abnahm. Kurz erzählte sie ihm von Müllers Aussage.

„Haben Sie eine Idee? Wir tappen im Dunkeln."

„Diese Erpressung wirft natürlich ganz neue Fragen auf, damit muss ich mich erst auseinandersetzen. Der Mord auf dem Boot ist aber typisch für unseren Täter."

„Der Mord auf dem Boot? Aber der passt doch gar nicht in die Serie?"

„Aber absolut. Überlegen Sie mal, in welch kurzer Zeit er die Tat geplant und durchgeführt hat. Das Ganze ohne gesehen zu werden und ohne irgendwelche Spuren zu hinterlassen. Das stimmt doch?"

„Allerdings. Leider."

„Sehen Sie, nur wenige Täter agieren so beherrscht und geplant. Ihr Täter muss über einen ausgesprochen hohen IQ verfügen. Er hat immer die Kontrolle und geht doch Risiken ein. All das spricht für einen Mann, aber das wussten wir ja schon, weil für einige der Taten die körperliche Kraft einer Frau nicht ausreichen dürfte."

„Haben Sie sich eigentlich über das Motiv Gedanken gemacht? Und ob es auf einen der Verdächtigen passen würde?"

„Leider nein, ich kann nur wiederholen, dass er sehr intelligent und phantasievoll sein muss. Schlüpft problemlos in jede Rolle. Somit kann er sich hinter jedem Ihrer Verdächtigen verstecken. Er könnte jeden verkörpern: einen gutmütigen Trottel, einen aggressiven Rüpel oder einen sensiblen Weichling."

Jenny seufzte tief. „Gut, dann wissen wir zumindest, dass wir niemanden ausschließen können. Das ist doch auch schon was. Er könnte also einen Erpresser spielen aber auch den Erpressten?"

„Ja, wenn es seiner Sache dienlich ist, könnte er sowohl ein verängstigtes Erpresseropfer spielen als auch einen skrupellosen Erpresser, auch einen reuigen geständigen Täter."

Jenny wünschte ihm noch einen schönen Tag und legte auf. Verzweifelt blickte sie ihre Kollegen an. „Wir sind genau so weit wie vor ein paar Tagen. Ich glaub langsam, die Sache ist doch eine Nummer zu groß für uns."

„Nix da, das stimmt nicht. Glaubst du, das BKA wäre weiter? Nee, der Täter ist raffiniert. Wir machen schon alles richtig."

Jenny lächelte Logo dankbar an. Trotzdem fühlte sie sich unsicher und deprimiert. Unauffällig kramte sie ihr Handy heraus und schickte Paul eine SMS. Die Antwort kam umgehend und ließ sie wieder lächeln, wenn auch etwas wehmütig.

Kurz darauf klingelte das Telefon. Biederkopf meldete sich. „Hallo Frau Kommissarin, was gibt's Neues? Die Presse lauert mir auf Schritt und Tritt auf."

Jenny informierte ihn kurz über den aktuellen Stand und die vorläufige Festnahme Müllers.

„Den werden wir aber spätestens heut Nachmittag wieder auf freien Fuß setzen müssen oder befürchten Sie Verdunkelungsgefahr?"

„Nein, ich habe eher befürchtet, dass Grosse ihn unter Druck setzt. Aber die Kollegen sind schon auf dem Weg, ihn abzuholen. Diesmal wird er sich nicht rausreden können, da ändern auch sein Anwalt und sein alter Herr nichts."

Biederkopf lachte leise. „Nun gut, dann kann ich der Presse zumindest ein paar Happen hinwerfen, auch wenn ich nicht weiß, wie das mit der Mordserie zusammenhängen soll."

„Ja", meinte Jenny unglücklich, „da sind wir uns auch noch nicht sicher."

„Kopf hoch, Frau Becker, so ein verzwickter Fall ist nicht leicht zu lösen. Bleiben Sie dran! Auch der gerissenste Täter macht Fehler. Schönen Tag noch!"

Jenny starrte einen Moment den Hörer an. Der wurde ja immer netter, der Biederkopf. Ja wirklich, wenn sie nicht schon vergeben wäre. Grinsend schüttelte sie den Kopf. Dabei freute sie sich schon auf Paul. Bald würde sie ihn wieder mal zu sich bitten. Schließlich musste er unbedingt Wilma kennenlernen. Sie war gespannt auf sein Gesicht.

„Warum grinst du nur so? Ist dir eingefallen, wer der Mörder ist?"

Sie schüttelte den Kopf. „Nee, Logo, leider nicht."

Sascha, der kurz rausgegangen war, kam ins Zimmer geplatzt.

„Wisst ihr, was heut Abend im Kriminalmuseum ist?"

Seine Kollegen guckten ihn entgeistert an.

„Raus mit der Sprache!"

„Eine Führung von den Frankfurt-Happenings."

Logo grinste Jenny an. „Aber nur, wenn wir Müller und Grosse rechtzeitig raus lassen."

„Na, hast ja gehört, was Biederkopf sagt. Spätestens nachmittags sind sie draußen. Und wie ich unser Rechtssystem kenne, dauert es ewig, bis sie vor Gericht kommen und ne Ministrafe wird auch nur dabei rauskommen."

„Dann müsste die Führung ja stattfinden", überlegte Sascha. „Die werden den Laden doch nicht dicht machen?"

Jetzt musste Jenny doch lachen. Die Aufregung ihres jungen Kollegen war direkt ansteckend.

„Nein, keine Angst. Warum sollten die den Laden zu machen? Willst du hingehen zu der Führung?"

„Ja klar. Ich war noch nie in dem Museum. Da will ich rein, seit ich hier arbeite, aber irgendwie hat es sich nie ergeben."

„Na, dann wirds aber Zeit. Bestimmt ne tolle Inszenierung. Da ist es abends schön gruselig."

Logo grinste jetzt auch. „Ich ruf an, dass sie die beiden bald raus lassen. Nicht, dass das unserm Sascha noch entgeht."

"Macht euch nur über mich lustig. Da ist man kulturell interessiert…"

„Lass dich nicht aufziehen. Außerdem brauchen wir ein bisschen Spaß hier. Ist alles viel zu trübsinnig in letzter Zeit."

„Jo, das stimmt."

Am Abend fuhr Jenny zu Paul und wartete auf ihn. Da er heute lange arbeiten musste, hatte er ihr den Schlüssel unter einem Fußabtreter neben der Haustür versteckt.

Sie stellte einem Zwiebelkuchen, den sie unterwegs fürs Abendessen gekauft hatte, in den Kühlschrank und machte es sich auf der Couch bequem. Gegen einundzwanzig Uhr kam Paul nach Hause, sie aßen gemütlich und tranken einen Wein dazu. Dann liebten sie sich ausgiebig auf der Couch und Paul trug sie grade die Treppe hinaus ins Schlafzimmer, als ihr Handy klingelte.

„Nein", sagten beide wie aus einem Mund, doch dann blickte sie ihn entschuldigend an.

„Tut mir leid", flüsterte sie, „ich muss rangehn. Geht leider nicht anders."

„Weiß ich doch", murmelte er zurück und setzte Jenny ab.

Sie wühlte in ihrer Tasche und hoffte halb, dass es aufhören würde zu klingeln. Schließlich fand sie das Handy, drückte auf Annahme und blaffte ein JA in den Hörer."

„Jenny, das glaubst du nicht."

„Sascha?" fragte sie und guckte entgeistert das Handy an, bevor sie es wieder ans Ohr hielt.

„Sowas hab ich noch nicht erlebt. Ein ganz anderer Kopf. Du hättest die Leute sehen sollen."

„Sascha!"

„Ja?"

„Würdest du dich bitte mal beruhigen und von Anfang an erzählen?"

Sie drehte die Augen zum Himmel und blinzelte zu Paul.

„Ja, entschuldige. Also ich fang von vorne an. Ich bin hier im Kriminalmuseum."

Stimmt ja, jetzt fiel es Jenny wieder ein.

„Aber hier liegt ein Kopf, ein toter Kopf."

„Ein toter Kopf?"

„Ja, also der Kopf einer Leiche. Ein alter, also wie soll ich sagen, der muss schon länger tot sein. Sieht zumindest so aus. Und er lag in der Vitrine, wo der Schädel der Nitribitt lag."

„Was? Also versteh ich das jetzt richtig? In der Nitribitt Vitrine lieg ein Schädel von einer nicht mehr frischen Leiche?"

Ein erleichtertes Seufzen ertönte. „Genau, das wollt ich sagen."

„Okay, ich komm sofort." Sie schaltete das Handy aus und blickte Paul bedauernd an.

„Du hast's ja gehört. Tut mir leid."

„Was ist denn passiert?"

„Sascha hat bei einer Führung durchs Kriminalmuseum mitgemacht und scheint einen Schädel von einer Leiche gefunden zu haben."

„Also, ich vermute, einen, der da nicht hingehört?"

„Genau. Mehr weiß ich auch nicht."

„Meine Güte. Soll ich dich fahren?"

„Danke, ist lieb von dir", rief sie, während sie sich schon anzog. „Aber es kann sein, dass ich länger bleiben muss. Vielleicht sogar die ganze Nacht. Ich ruf dich an. Also morgen früh meine ich. Später schläfst du ja wahrscheinlich."

„Wenn du mich brauchst, kannst du jederzeit anrufen, das weiß du."

Sie freute sich und küsste ihn. Kurz darauf rannte sie aus dem Haus. In Rekordzeit war sie am Präsidium.

Vor dem Präsidium traf sie auf ein Großaufgebot von Presseleuten. Sogar ein Übertragungswagen vom Fernsehen war da. Sie fluchte leise vor sich hin. Wie hatten die bloß so schnell Wind davon bekommen?

Möglichst unauffällig fuhr sie ums Präsidium herum und bog auf den Parkplatz ein. Sie parkte nahe am Seiteneingang, vor dem etliche Beamte mit Zivilisten in kleinen Grüppchen zusammenstanden. Logo kam durch die Menge auf sie zu.

„Was ist denn hier los?"

„Ich bin auch erst angekommen. Hat Sascha dich angerufen?"

„Ja, aber ich hab nur die Hälfte verstanden."

„Ich hab schon mit den Beamten gesprochen, die zuerst vor Ort waren, nachdem der Notruf kam. Aber Sascha würde dir das bestimmt lieber selbst erzählen."

„Dafür haben wir momentan keine Zeit, also leg los."

„Also diese Führung fand wohl ganz normal statt. Müller sollte sie leiten, Grosse war heut Abend nicht eingeplant. Als sie zu der Vitrine kamen, wo früher der Schädel der Nitribitt ausgestellt war."

„Moment, ist der nicht mehr da?"

„Nee, der ist vor ein paar Jahren freigegeben worden und wurde in ihrem Grab beigesetzt. Das ist übrigens in Düsseldorf."

„Aha."

„So, zwei Besucherinnen sind wohl vorangelaufen und haben in die Vitrine, die da noch steht, geschaut und statt des Schädels beziehungsweise des leeren Kissens, das da normalerweise liegt, einen halbverwesten Schädel liegen sehen. Die eine fing sofort an zu schreien, während die andere die Authentizität der Ausstellung gelobt hat. Der Sascha wusste natürlich, dass er da nicht hingehört, hat sofort die Leute rausbringen und das Museum absperren lassen. Die Spurensicherung ist schon drin. Der Prof ist unterwegs und diesmal scheint's ihm endgültig die Sprache verschlagen zu haben."

„Können wir denn rein?"

„Die Spusi hätt gerne noch einen Moment alleine, der Raum ist zwar ziemlich groß, aber die haben gebeten, dass keiner reinkommt außer dem Prof."

Geschniegelt wie immer und in Ton in Ton abgestimmter Kleidung kam der Prof gerade über den Hof gestürmt, blieb vor Jenny kurz stehen, starrte sie gequält an und lief mit einem tiefen Stöhnen weiter. Jenny blickte Logo entgeistert an.

„Was war das denn bitte?"

„Ich glaub, jetzt haben wir ihn geschafft. Es hat ihm die Sprache verschlagen."

„Wieso überhaupt wir? Wir können doch nix dafür. Soll er sich beim Mörder beschweren."

Während sie warteten, versuchten sie, sich einen genaueren Überblick zu verschaffen. Dass der Tatort im Präsidium war, stellte sich als großer Vorteil heraus. Alle nötigen Beamten waren vor Ort und die Befragungen der Teilnehmer an der Führung waren in vollem Gange. Die Gesichter der Besucher spiegelten alles, von Schock über Neugier bis Sensationslust.

„Mal sehen, wer von denen die Story an die Presse verkauft. Weit müssen sie nicht gehen, die lauern ja direkt vor dem Eingang."

„Kannst du ihnen nicht verdenken. Das ist ja wirklich ein Ding. Den Schädel von der Nitribitt ersetzen."

„Na, eigentlich ja nicht den Schädel. Der ist schon länger nicht mehr da. Aber die Vitrine haben sie stehen lassen. Der Platz war immer noch eine Attraktion."

„Das mein ich doch. Wieso denkt eigentlich jeder, dass das unser Mörder ist? Bisher wissen wir noch gar nicht, ob überhaupt jemand ermordet wurde? Der Schädel könnte ja von sonst wo stammen."

„Aber ausgerechnet an sonem Ort? Die Nitribitt gehört schließlich zur Frankfurter Stadtgeschichte, wenn auch zur Neueren. In den Sechzigern war das, oder?"

„Ja, die ist als Edelprostituierte in ihrem Mercedes durch Frankfurt gedüst. Nicht lange, wurde ja schon als ganz junge Frau ermordet. Der Fall ist bis heute ungeklärt."

„Schau, der Prof kommt schon wieder raus. Ob er jetzt mit uns spricht?"

„Hoffentlich nicht", murmelte Logo und erntete dafür einen Rippenstoß von Jenny.

Der Prof schaute sich suchend um und kam auf sie zu.

„Frauenkopf", schnarrte er, „paar Jahre mindestens alt. War bestimmt vergraben. Blond. Weiteres morgen."

Mit dieser ausführlichen Auskunft ließ er sie stehen und marschierte über den Parkplatz davon.

„Aha", meinte Jenny und starrte ihm hinterher. „Na dann komm, schauen wir uns den mal an."

Um 4 Uhr schickte Jenny Paul eine SMS, damit er nicht auf sie wartete und fuhr für ein paar Stunden nach Hause, um zu schlafen.

So, das Finale konnte man nur als vollen Erfolg bezeichnen.

Endlich wurde den sterblichen Überresten seiner Frau, vielmehr Exfrau, so viel Aufmerksamkeit geschenkt, wie ihnen zustand.

Darauf hatten sie, und vor allem er, lange genug warten müssen.

Schwer hatte es ihm auf der Seele gelegen, dass sie damals so wenig kunstvoll hinscheiden musste, und lange hatte er überlegt, wie er dieses Versäumnis aufholen sollte.

Erst die Muse in Form der unglaublichen Schönheit von Manuela Wagner hatte ihn inspiriert.

Und die anderen Kunstobjekte hatten sich sozusagen selbst zur Verfügung gestellt.

Naja, es war ja auch eine Ehre, an einer solchen Inszenierung teilzunehmen.

Doch jetzt war der Vorhang gefallen und der Künstler musste für einen perfekten Abgang von der Bühne sorgen.

Er würde der Polizei viel Arbeit ersparen, die Auflösung des Falles auf dem Silbertablett präsentieren und dann würde er gehen, für immer.

Tag 16, Sonntag

Ganz früh am nächsten Morgen trafen sich Jenny, Logo und Sascha in ihrem Büro und besprachen die Ergebnisse der Nacht. Wie schon angekündigt, lag noch kein Pathologiebericht vor und auch von der Spusi war noch nichts gekommen.

„Hatte einer der Befragten eine Idee, wann der Schädel dahin gebracht worden ist?" wandte sich Jenny an Sascha. „Ich meine, wann hat zum letzten Mal einer bewusst in die Vitrine geguckt?"

„Also, Klöbnitz, der Beamte, der sich normalerweise um das Museum kümmert, meinte, die letzten Besucher wären vor drei Tagen dagewesen. Danach wäre sauber gemacht worden, vorgestern Morgen genauer gesagt, und den Putzleuten ist zumindest nichts aufgefallen. Er selbst hat an dem Tag gegen zehn Uhr noch einen Kontrollrundgang gemacht, hat aber auch nichts Ungewöhnliches bemerkt."

„Also muss der Kopf zwischen vorgestern Morgen um zehn und gestern Abend um neunzehn Uhr hingelegt worden sein. Oder kann das während der Führung passiert sein?"

„Schwer vorstellbar, dass einer mit einem verwesten Kopf in der Tasche teilnimmt und darauf baut, dass er lang genug alleine ist, um den auszutauschen."

„Aber das Museum ist doch abgeschlossen, wie kommt da jemand rein? Wer hat alles einen Schlüssel?"

„Nur der Klöbnitz und einer ist in der Zentrale eingeschlossen. Der soll angeblich nicht benutzt worden sein. Klöbnitz hat heut Nacht gleich geschaut, ob er noch da ist. Nachschlüssel kann man davon nicht machen."

„Und die Putzleute? Find mal raus, wer da dabei war, Sascha. Die müssen wir überprüfen und gegebenenfalls vernehmen."

„Schon unterwegs."

Jenny rief derweil Mendelssohn an, der jedoch noch nicht in der Uni war.

„So, Logo, müssen wir den Müller nochmal ausquetschen? Der war heut Nacht nicht hier, oder?"

„Ne, das ist ne komische Sache. Der ist gestern Abend nicht aufgetaucht. Hat angerufen und gemeint, er käme aus gesundheitlichen Gründen nicht. Die Führung sollte Klöbnitz machen mit ein paar Einlagen von Müllers Leuten. Hat wohl auch so funktioniert. Ein paar Sachen, die Müller durchführen sollte, haben sie einfach weggelassen. Aber ich denke, die Leute hatten gestern Abend genug Spannung."

„Das kannst du laut sagen. Die werden den Frankfurt-Happenings jetzt vollends die Tür einrennen."

„Naja, das Geld brauchen Müller und Grosse auch, wenn sie demnächst wegen Erpressung sitzen oder zumindest bezahlen dürfen. Sascha, ging ja schnell."

„Ja, die Kollegen haben sich schon gedacht, dass wir das wissen wollen und eine Liste mit den Putzleuten gemacht.

Klöbnitz sagt, sie waren etwa eine Stunde alleine drin. Da die massig Putzzeug dabei haben, wäre es auch ein Leichtes gewesen, den Kopf rein zu schmuggeln. Nur ob das einer hinbekommen hätte, ohne dass die anderen Putzleute was merken, weiß ich nicht."

„Das werden wir rausfinden. Alle vorladen für nachher. Denen will ich hier auf den Zahn fühlen. Vielleicht sind die heut sowieso hier zum Arbeiten. Sonntags werden auch einige Bereiche gereinigt. Von welcher Putzfirma kommen sie eigentlich?"

„Blitzsauber, dämlicher Name."

„Hoffentlich lässt sich der Prof nicht so viel Zeit und steht heut mal früher auf. Dass die Spusi was findet, glaub ich sowieso nicht. Nicht, wenns unser Täter war. Obwohl, wenn er den Kopf nicht selbst deponiert hat, sondern jemand anderer? Ich kann nur hoffen, dass der Kopf was hergibt und dass wir überhaupt herausfinden, von wem er stammt. Führt uns vielleicht zum Täter."

Jennys Telefon klingelte und mit einem kurzen hallo nahm sie ab.

„Herr Mendelssohn. Ja, ich war das. Es gibt etwas Neues. Nein, keinen Mord, zumindest nicht direkt."

Sie schilderte ihm die Vorkommnisse der Nacht und ließ ihm einen Moment Zeit, darüber nachzudenken.

„Der Kopf könnte der Schlüssel sein", sagte er schließlich. „Ja, ich glaube durchaus, dass es sich um Ihren Serienmörder handelt. Erinnern Sie sich, dass ich bisher annahm, sein Morden habe einen Grund und er steuere auf eine Art Finale zu? Nun, das könnte es sein. Sie müssen herausfinden, von wem der Kopf stammt, dann haben Sie vielleicht auch den Mörder oder sein Motiv. Er bahrt ihn sozusagen auf, stellt ihn in den

Mittelpunkt, ehrt ihn also. Es könnte sein, dass ihm die Person, zu der der Kopf gehört, sehr wichtig war oder besser ist. Auch wenn er denjenigen oder vielmehr diejenige getötet hat."

„Gut Herr Mendelssohn, ich hab auch das Gefühl, dass das unser Täter war. Ich hoffe nur, dass wir ihn finden und er nicht, falls das wirklich seine letzte Tat war, in der Versenkung verschwindet."

„Na, ich wünsche weiterhin viel Erfolg."

Während Jenny telefonierte, klingelte es auf der anderen Leitung und Logo machte ihr Zeichen, dass er gerade Staatsanwalt Biederkopf auf den neuesten Stand brachte. Sie seufzte. Das würde den Staatsanwalt nicht freuen. Ein grausiger Fund, ausgerechnet im Keller des Polizeipräsidiums. Die Presse würde platzen vor Berichten. Wahrscheinlich waren heut Nacht alle Druckmaschinen angehalten worden, damit die Story noch in die heutigen Sonntagsausgaben kam.

Sascha räusperte sich. „Ich hab die Putzleute. Die sind tatsächlich heute hier. Putzen jeden Tag und jedes zweite Wochenende. Eine ältere Dame, Frau Annelie Frohnmeier, eine junge Türkin Eishe Öztürk und ein junger Serbe namens Vladimir Czerniczki. Soll ich sie einzeln bestellen oder zusammen?"

„Warte, … lieber einzeln. Die ältere Dame scheint mir am wenigsten verdächtig, verweste Köpfe durch die Gegend zu schleppen. Bring erst den jungen Mann ins Vernehmungszimmer."

Sascha nickte und zog los. Logo hatte mittlerweile das Gespräch mit Biederkopf beendet und guckte Jenny fragend an. „Was war mit den Putzleuten?"

„Arbeiten heute, Sascha bringt gleich den ersten, einen jungen Mann."

„Gut, soll ich ihn mir vornehmen?"

„Ja. Ich wart noch eine Weile und geh dann probehalber dem Prof auf die Nerven. Was hat Biederkopf gesagt?"

„Glücklich war er nicht gerade. Aber er meinte, besser ein alter Kopf als ein frischer Mord. Er versucht, uns die Presse vom Leib zu halten."

„Nett von ihm."

„Ja, mit dem haben wir echt Glück. Wenn der nicht hinter uns stände."

„Ein anderer hätte uns den Fall vielleicht schon weggenommen."

Sascha steckte den Kopf durch die Tür. „Herr Czemiczki wartet jetzt im Vernehmungszimmer."

Logo nickte und nahm noch einen letzten Schluck Kaffee.

„Dann wollen wir mal sehen, ob der Herr Czemiz äh, wie heißt der? Naja, ob er was weiß. Deutsch spricht er?"

„Scheint so, obwohl er erst nicht so richtig wollte. Aber ich glaub er spricht ganz gut."

Logo grinste verstehend. „Dann bis gleich."

Jenny versuchte, im Gerichtsmedizinischen Institut anzurufen, erreichte aber nur einen Anrufbeantworter. Dann konnte sie ebenso gut bei der Vernehmung zuhören. Die Putzleute waren sicher nicht tatverdächtig, aber vielleicht hatte der Täter sie benutzt, um seine grausige Trophäe zu deponieren.

Als sie in den Verhörraum kam, hatte Logo gerade die Formalitäten abgeschlossen. Ihm gegenüber saß ein schlanker, etwa einen Meter neunzig großer, junger Mann in den Zwanzigern mit slawischen Zügen. Sie nickte ihm zu und setzte sich schweigend in die Zimmerecke auf einen Stuhl.

„So, Herr", Logo blickte auf das Blatt vor sich. „Czemiczki. Sie haben sicher gehört, was heute Nacht im Kriminalmuseum los war?"

„Ja gehört, Leichenkopf gefunden. Aber ich nix wissen."

„Sie haben dort geputzt", Logo blickte wieder auf das Blatt, als müsse er das Datum erst nachschauen, „vorgestern. Ist Ihnen nichts Ungewöhnliches aufgefallen?"

„Nein, nix." Der junge Mann rutschte unruhig auf dem Holzstuhl herum und blickte überallhin, nur nicht auf Logo.

„Wie lange putzen Sie hier im Präsidium?"

„Äh, weiß nicht, ein Jahr glaub ich."

„Ah, und wie lange arbeiten Sie schon bei der Firma Blitzsauber?"

„Äh, zwei Jahr?"

„Ich weiß es nicht, Herr äh, ja, deswegen frage ich Sie."

„Jaja, zwei Jahr."

„Und was haben Sie vorher gemacht?"

„Vorher? Weiß nich. Was tut zur Sache? Ist lange her."

„Nun, zur Sache tut, dass ich es gerne wissen, würde. Also?"

„Was soll, ich verdächtig? Dann nur reden mit Anwalt."

Er wurde immer aufgeregter, sein Blick huschte hierhin und dorthin und er wischte sich fortwährend die schweißnassen Finger an der Hose ab. Bingo, dachte Jenny. Er hatte was zu verbergen. Nur ob es mit dem Fall zusammenhing, mussten sie noch herausfinden. Logos Ton veränderte sich.

„Noch, Herr Czemiczki, vernehmen wir Sie als Zeugen. Das kann sich aber schnell ändern, wenn Sie sich weiter weigern, mir Auskunft zu geben. Falls Ihnen das nicht klar ist, es geht hier um Mord."

„Mord? Okay, okay", der junge Mann wedelte mit den Händen. „Ich gemacht, wie sagt man, Blödsinn, schlechte Sachen, Gang und so, aber jetzt nicht mehr, jetzt sauber."

Logo warf Jenny einen irritierten Blick zu. Normalerweise wurden Angestellte, die Zutritt zum Präsidium bekamen, sorgfältig geprüft. Vorbestraften wurde zum Beispiel nicht gestattet, hier zu arbeiten. Auch die Putzfirmen mussten für ihre Angestellten einwandfreie polizeiliche Führungszeugnisse vorlegen.

„Sind Sie vorbestraft? Als Jugendlicher vielleicht?"

„Nein, nie verurteilt, zweimal angeklagt, Körperverletzung und Diebstahl, aber nie verurteilt."

In dem Maße, wie er bereit war, Auskunft zu geben, verbesserten sich wundersamer Weise seine Deutschkenntnisse.

Jenny lehnte sich vor. Sie hatte einen schrecklichen Verdacht. „Hatten Sie irgendwann mit der Stiftung *Prometheus* zu tun?"

Der junge Mann erblasste. „Woher Sie wissen?"

Logo klatschte mit der Hand auf den Tisch. „Das tut nichts zur Sache. Und wir stellen hier die Fragen, okay? Also, wie war das, hat die Stiftung Ihnen den Job besorgt?"

„Nee, war Zufall, weil Bruder von meine Frau hat auch gearbeitet bei Blitzsauer. Aber vorher, ich war bei Stiftung. Die mir geholfen, saubere Papiere zu bekommen. Bei Blitzsauber weiß keiner, dass ich war in Gang und so. Wenn Sie sagen, dann Job weg. Ist gute Job, gute Arbeitszeiten, gut bezahlt. Wenn ich verliere, meine Frau bringt mich um. Will nicht, dass ich wieder mache krumme Dinger."

Logo überlegte einen Moment. Dann beugte er sich über den Tisch, bis er dem Jungen direkt in die Augen sah. „Wer hat Ihnen gesagt, Sie sollen den Kopf im Museum deponieren. Jemand der mit der Stiftung zu tun hat?"

Der Serbe sprang auf. „Ich? Kopf? Habe nix zu tun mit Kopf. Nicht getan in Vitrine."

„Woher wissen Sie, dass er in der Vitrine lag? Und setzen Sie sich wieder hin, sofort."

Er ließ sich langsam wieder auf seinen Stuhl sinken.

Logo bluffte. „Ihre Putzkollegen haben bestätigt, dass Sie die Möglichkeit hatten, den Kopf hineinzubringen und zu deponieren. Außer Ihnen kann es keiner gewesen sein."

„Nein, ich nicht gewesen. Die lügen."

„Wir werden das schon feststellen. Wenn Sie es waren, haben Sie DNA hinterlassen."

„Nein, das kann nicht sein. Alles gut verpackt." Panisch blickte der junge Mann sich um und Jenny überlegte kurz, ob sie den Wachmann von draußen rein rufen sollte.

Logo grinste sardonisch. „Verpackt? Aha!"

Es war, als würde die Luft aus dem Befragten herausgelassen. In dem Moment, als ihm klar wurde, dass er sich verraten hatte, sackte er in sich zusammen und seine Schultern begannen zu zucken.

„Kann nix dafür", schluchzte er. „Musste tun. Sonst Frau töten. Er gedroht, hier sagen Sachen über meine Vergangenheit. Ich trotzdem nicht wollen. Hab gesagt, Job verlier ich auch, wenn dabei erwischt. Dann hat gedroht mit Frau. Hat gesagt, hab ich schon sechs umgebracht, macht siebte auch nix."

„Wer hat Ihnen das gesagt?"

„Weiß nicht, Mann, nie gesehen, hatte Hut tief in Gesicht."

„Und wann und wo war das?"

„Glaub Montag. Abend als ich komm von Arbeit, laufe immer zu Fuß zu Bahn. Steht an Straßenrand Eschersheimer, spricht mich an. Dachte erst, was will der?"

„Können Sie ihn beschreiben?"

„War groß, richtig groß, hatte Mantel und Hut, glaub dunkle Haar, aber nicht sicher, hat Stimme verstellt."

„Und er hat Ihnen den Auftrag gegeben? Und wann hat er Ihnen den Kopf gebracht?"

"Vor drei Tage, hat gefragt, wie ich zur Arbeit komme, ich sage U-Bahn über Hauptwache. Da Schließfächer mit Codezahl, gibt mir Zahl und Nummer Schließfach, da war Kopf drin. In Tüte. Hab ihn in Rucksack und später in meine Putzeimer versteckt. Als Kollega andere Zimmer geputzt haben, ich schnell Kopf in Vitrine."

Das alles stieß er mit Unterbrechungen und unter fortwährendem Schluchzen hervor. Fast tat er Jenny leid. Logo warf ihr einen fragenden Blick zu und sie schüttelte den Kopf. Mehr konnte er ihnen im Moment nicht sagen. Dann würden sie ihn jetzt erst mal weiterschicken, um seine Aussage schriftlich aufzunehmen und ihn erkennungsdienstlich erfassen zu lassen. Sie streckte den Kopf aus der Tür und rief den Wachmann herbei, dem sie Instruktionen gab.

„Komm, wir gehen ins Büro zurück."

Logo nickte und raffte seine Papiere zusammen. Im Büro erzählten sie Sascha alles.

„Endlich was Handfestes", schloss Logo. "Vielleicht hat ihn auf der Eschersheimer jemand gesehen oder an der Hauptwache bei den Schließfächern."

„Sag mal, der Czemiczki ist doch selbst mindestens eins fünfundachtzig, eher mehr, wenn er den Unbekannten als groß bezeichnet, dann muss der mindestens eins neunzig sein. Da kommt nur Müller in Frage. Hat den eigentlich jemand angerufen? Und was war mit seiner Exfrau, konntet ihr die ausfindig machen?"

Sascha blätterte in der Akte.

„Die haben wir bis jetzt nicht gefunden. Nach der Scheidung soll sie nach Mallorca sein, so ist der aktuelle Stand, aber da ist sie nicht gemeldet. Und warte mal, blond war sie auch."

Logo wirkte nachdenklich. „Gestern Abend hat sich Müller krank gemeldet, aber vorhin ist er nicht ans Telefon."

„Vielleicht ist er beim Arzt", meine Jenny „Ich finde, er macht sich grade sehr verdächtig."

In diesem Moment klingelte das Telefon. Der Prof war dran und begann ohne Umschweife.

„Auch wenn ihr es offensichtlich nicht für nötig haltet, mir ganze Leichen zur Verfügung zu stellen, konnte ich dank meiner überragenden Kompetenz Einiges rausfinden."

Jenny grinste und stellte auf Mithören.

„Es handelt sich um den Kopf einer etwa fünfundzwanzigjährigen Frau, die seit circa fünf Jahren tot sein dürfte, plus minus ein Jahr. Sie war die meiste Zeit im Erdreich vergraben und zwar in einer Art Gartenerde. Zum Glück war sie gut verpackt, sonst wär nicht mehr als der Schädel übrig. Sonstige Spuren waren nicht an ihr, aber sie war geschminkt."

„Geschminkt?"

„Spreche ich undeutlich? Geschminkt, Lippenstift und Kajal, Wimpern waren keine mehr da, ach ja und Rouge. Mehr gibt sie nicht her. Seht zu, dass ihr sie identifiziert, sonst liegt das Ding hier noch ewig. Sobald die Analyse fertig ist, meld ich mich."

Ohne Abschiedswort legte er auf und Jenny ließ den Hörer sinken. „Wer schminkt denn einen alten, halb verwesten Kopf? Da kann einem ja schlecht werden."

„Müllers Frau ist seit fünf Jahren weg!" meinte Logo.

„Müller hätte ich am wenigsten verdächtigt. Ruf ihn sofort an, Logo."

Er ließ es lange klingeln, während Jenny ihn gebannt anschaute. „Geht keiner ran."

„Der wird doch nicht abgehauen sein?"

„Wir fahren hin."

„Oh, kann ich mitkommen?"

„Ja, Sascha, kannst du. Wir nehmen den Dienstwagen."

Sie überprüften ihre Waffen. Jenny steckte ihre wie immer hinten in den Gürtel, während Logo und Sascha sie cowboymäßig in einem Holster an der Hüfte trugen.

Entgegen der Richtung der Berufspendler, die Richtung Frankfurt fuhren, erreichten sie Müllers Villa in Königstein in knapp zwanzig Minuten. Das Tor zur Einfahrt war geschlossen und auf ihr Klingeln reagierte niemand.

„Mist, würd zu gerne rüber klettern. Man kann nicht mal bis zum Haus schauen."

„Vielleicht von der anderen Seite?"

Der Wagen einer Großgärtnerei fuhr vor und der Fahrer kurbelte das Fenster hinunter, da er nicht bis zum Tor vorfahren konnte. Logo reagierte schnell und zückte seinen Ausweis:

„Kripo Frankfurt, wollen Sie zu Herrn Müller?"

„Äh, ja, guten Morgen, was nicht in Ordnung?"

„Herr Müller öffnet nicht. Sind Sie mit ihm verabredet?"

„Wir haben nur abgesprochen, dass wir im Laufe des Tages unser Gerät wieder abholen wollen."

„Um was für ein Gerät handelt es sich?"

„Herr Müller hat sich vor etwa drei Tagen einen Minibagger geliehen. Wollte irgendwas im Garten ausbaggern. Nen Pool vielleicht, keine Ahnung. Den sollen wir heute abholen, da wollte er fertig sein. Aber wenn er nicht da ist, kommen wir später nochmal."

Jenny und Logo blickten sich an.

„Wäre das Beste. Herr Müller scheint nicht da zu sein."

Der Gärtnereiangestellte nickte und setzte zurück, um wegzufahren. Logo hatte schon das Handy in der Hand und sprach schnell hinein. Sascha blickte etwas verwirrt von einem zum anderen.

„Was ist denn nun los?"

„Na, findest du das nicht verdächtig, dass Müller, der momentan sicher anderes im Kopf haben müsste, in seinem Garten rumgräbt? Vielleicht hat er was gesucht? Zum Beispiel …..einen Kopf?"

„Mann, klar, und was machen wir jetzt?"

„Logo telefoniert gerade mit Biederkopf. Wenn die Indizien jetzt reichen, und das hoffe ich doch, kümmert er sich um einen Durchsuchungsbefehl und schickt uns ein paar Leute, damit wir da reingehen."

„Oh Mann, der Müller! Das hätt ich nicht für möglich gehalten."

„Ich auch nicht, aber der Mendelssohn hat von Anfang an gemeint, dass der Täter sich gut verstellen kann und dass wir jeden verdächtigen müssen. Anscheinend hatte er recht."

Logo klappte das Handy zu.

„Er ruft gleich zurück, aber er meint auch, der Richter wird zustimmen und schickt das Kommando los. Wir sollen solange aufpassen, dass hier keiner rauskommt. Solln wir uns ein Stück zurückziehen?"

„Wenn, dann hat er uns sowieso schon gesehen. Aber wir sollten uns die Schutzwesten anziehen."

Logo kramte sie aus dem Kofferraum und gab jedem eine. Obwohl die Sache ernst war, konnte er sich ein Grinsen kaum verkneifen, als er sah wie ehrfürchtig Sascha seine entgegennahm. Hoffentlich war der Kleine vorsichtig. Da konnte man in der Ausbildung noch so viel üben, die echte Bewährung kam im Ernstfall. Logos Handy klingelte und er meldete sich.

„Ja, prima, okay. Wir warten. Durchsuchungsbefehl und SEK sind unterwegs. Denk mal, zwanzig Minuten werden die brauchen."

Sie setzten sich ins Auto, das so geparkt war, dass niemand das Tor passieren konnte. Alles blieb jedoch ruhig.

„Irgendwie scheint er nicht zu Hause zu sein. Vielleicht ist er abgehauen."

„Biederkopf hat schon die Fahndung nach ihm rausgegeben und auch einen Kollegen zu Grosse geschickt, falls er mit drin hängt."

Mit seiner Schätzung hatte Logo gut gelegen, nach etwa zwanzig Minuten trafen zwei Mannschaftswagen des SEK ein und parkten hinter ihnen. Zehn Beamte in Schutzwesten und kompletter Ausrüstung sprangen hinaus und nahmen Aufstellung. Jenny, Logo und Sascha gesellten sich zu ihnen und informierten sie über die Gegebenheiten.

„Wir haben keine Ahnung, ob Müller da drin ist oder ob noch andere Personen da sind. Wenn Müller unser Täter ist, und so sieht es momentan aus, ist er äußerst gefährlich. Ich weiß nicht, ob man von den anderen Seiten ans Grundstück herankommt."

„Ich habe eine Karte dabei", meinte der Einsatzleiter und breitete sie auf der Motorhaube aus.

„Hier links und rechts grenzen andere bebaute Grundstücke an dieses hier. Von dort könnten wir vielleicht Zutritt erhalten."

Er wies je zwei Beamte an, zu den beiden Häusern zu gehen.

„Hinten ist eine Straße, da schick ich auch zwei Männer hin, vielleicht kommen wir über die Mauer." Zwei seiner Leute fuhren mit dem Wagen los.

Wieder warteten sie. Die Spannung stieg. Nur der Einsatzleiter schien die Ruhe selbst. Zuerst meldeten sich über Funk die Beamten, die zu den Nachbarhäusern geschickt worden waren. Die geschockten Besitzer waren zu Hause und wurden nach drinnen geschickt, mit der Auflage, das Haus keinesfalls zu verlassen. Die Grundstücke waren jeweils durch niedrige Mauern abgetrennt, die leicht zu überwinden waren.

Während der Funkverkehr noch lief, traf Staatsanwalt Biederkopf ein und parkte hinter ihnen.

„Ich wollte mir das nicht entgehen lassen, wenigstens von weitem."

Kurz darauf meldeten sich die zwei Beamten von der Rückseite des Grundstücks. Hier gab es eine höhere Mauer, doch mit der mitgebrachten Teleskopleiter stellte sie kein Problem für die Einsatzkräfte dar.

„Von uns aus kann's los gehen."

„Gut", nickte Jenny, „dann auf geht's!"

„Bitte bleiben Sie hinter uns, das ist unser Job."

„Klar", stimmte sie zu und blickte Sascha und Logo mahnend an. Logo blickte unschuldig zurück, während Sascha aufgeregt von einem Bein auf das andere trat.

Der Einsatzleiter gab das Kommando, dann ging alles ganz schnell. Mit Leitern überstiegen die Männer das Tor und rannten geduckt los. Jenny und ihre Kollegen warteten einen Moment und kletterten dann langsamer hinterher. Sie liefen die Auffahrt hinauf und auf das Haus zu, wo sie mittlerweile das Klirren von Glas hörten, aber zu Jennys Erleichterung keine Schüsse oder sonstige Kampfgeräusche.

Als sie den Platz vor dem Haus erreichten, stand die Tür weit offen und drinnen hörten sie die Stimmen der Männer, die sich durch Rufen verständigten. Auch aus dem Garten und der Garage waren Rufe zu vernehmen.

Bevor sie sich entschieden hatten, ob sie das Haus betreten oder draußen warten sollten, steckte der Einsatzleiter den Kopf aus einem Fenster im ersten Stock.

„Das Haus ist gesichert, ihr könnt reinkommen. Euer Müller ist auch hier, wenn er das ist."

„Wie bitte?", rief Jenny und sie rannten los. Im Haus wies ein Beamter die Treppe hinauf ins Wohnzimmer. Sie kamen herein und blieben wie angewurzelt stehen.

Müller saß in einem weißen Ledersessel, der mit Blut vollgespritzt war. Blut, das aus seinem Hinterkopf ausgetreten war, nachdem er sich mit einer Pistole durch den Mund in den Kopf geschossen hatte.

Jenny atmete tief. Müller hatte seinen Tod inszeniert. Genau so, wie er auch die Morde, die er begangen hatte, inszeniert hatte.

Sie brauchte einen Moment, um sich einen Überblick zu verschaffen. Der Tote blickte auf eine Art selbstgebauten Altar: ein Sideboard, das mit einer Decke aus schwarzem Samt verhüllt war. Hier standen, ordentlich aufgereiht, Fotos von all seinen Opfern, in der Mitte, im Zentrum von allem, eine gruselige Großaufnahme des Schädels.

Dazwischen lagen diverse kleine und große Gegenstände. Einige von ihnen erkannte Jenny als die vermissten Besitztümer der Ermordeten.

Vor Müller lag, auf einem kleinen Beistelltischchen, ein maschinenbeschriebenes Blatt. Vorsichtig trat Jenny näher und spähte, ohne etwas zu berühren, darauf. Sie konnte nur wenige Wörter entziffern, doch schien es sich um einen Abschiedsbrief zu handeln. Sie hoffte, dass er Einiges erklären würde.

Langsam zeigte sich erste Erleichterung. Sie konnten zwar nun keinen Täter verurteilen, aber wenigstens hörte das Morden auf und die Mordserie blieb nicht ungeklärt. Hinter ihnen hatte Biederkopf das Zimmer betreten, sich kurz umgeschaut und gleich die Spusi angerufen.

„So, bitte alle raus hier. Die Spusi kommt gleich und die Gerichtsmedizin natürlich auch."

Sie nickten und verließen das Zimmer.

Es war vorbei. Der Brief auf Müllers Schoß hatte alles erklärt, zumindest fast alles.

Bereits vor fünf Jahren hatte er seine Frau umgebracht, weil sie ihn verlassen wollte. Den Körper hatte er im Wald verscharrt, den Kopf gut verpackt im Garten vergraben. Ob er damals schon beabsichtigt hatte, ihn später wieder zu verwenden, würde wohl nie aufgeklärt werden.

Fünf Jahre lebte er, ohne irgendwie auffällig zu werden, bis er bei einer Abendführung Manuela Wagner begegnete. Er war überwältigt von ihrer Schönheit, doch sie wies ihn ab, obwohl er sie mit einer Einladung in ein Nobelrestaurant lockte. Er erwürgte sie mit ihrem Schal und schaffte sie mit einem klappbaren Bollerwagen in den Wald. Der junge Kiesewetter hatte beobachtet, wie Müller sich um Manuela bemüht hatte und musste deshalb sterben. Müller lud ihn zu einem Essen ein und mischte ihm etwas in den Wein. Mit seinem Motorboot, das in der Garage seiner Villa auf einem Trailer geparkt war, fuhr er frühmorgens unter die Brücke, warf ein Seil über eine Strebe und erhängte den betäubten Jungen.

Dass Wegener ihm bei dem Happening begegnete, war reiner Zufall. In ihm erkannte er den Mann, der damals mit seiner Ehefrau angebandelt hatte. Deswegen lockte er ihn in den Turm und erschoss ihn.

Dann schien sein Wahnsinn überhand zu nehmen und Müller fing an, seine Opfer wahlloser auszusuchen. Delacourt hatte ihn beleidigt, indem er ihm minderwertigen Wein für teuren verkauft hatte, deshalb musste er sterben.

Der Journalist stellte ihn vor eine große Herausforderung. Müller war Jenny und Logo an diesem Morgen gefolgt und hatte ihr Zusammentreffen mit dem Journalisten beobachtet. Mit dem Versprechen, ihm Insiderinformationen zu verschaffen, lockte Müller ihn abends auf das Schiff und erstach ihn, während er angeblich auf der Toilette war.

Wie er es fertig gebracht hatte, den Kopf zu platzieren, hatten sie bereits von dem Putzmann erfahren.

All dies hatte Müller als Kunst angesehen und sein letztes großes Kunstwerk war sein eigener Tod, getreu der Devise, dass Kunst erst nach dem Tod des Künstlers richtig gewürdigt wurde.

Gleich am Tag nach Müllers Tod gab Biederkopf eine Pressekonferenz, bei der er die Lösung der Mordserie präsentierte und die Polizei und die Staatsanwaltschaft sich selbst beweihräucherte. Man musste ihm lassen, dass er die Arbeit von Jenny, Logo und Sascha besonders hervorhob. Tagelang waren die Zeitungen voll mit Artikeln über den Kunstmörder, dann ersetzten neuere Nachrichten nach und nach die alten und Ruhe kehrte ein.

Die Ergebnisse der eingeleiteten Laboruntersuchungen trafen ebenfalls nach und nach ein. Die DNA des Kopfes konnte nie jemandem zugeordnet werden, aber das fiel nach dem Geständnis von Müller nicht mehr ins Gewicht.

Die meisten Dinge, die aus dem Besitz der Opfer verschwunden waren, fanden sich bei Müller, der sie offenbar im Garten vergraben hatte. Nur wenige Kleinigkeiten, der handgearbeitete Kuh-Schlüsselanhänger von Manuela Wagner zum Beispiel oder der I-Pod von Wegener blieben verschwunden. Jenny hatte ein ausgesprochen unangenehmes Gespräch mit Logo hinter sich, in dem sie ihm ihre Beziehung zu Paul beichtete. Logos Reaktion reichte von schockierter Entrüstung über verständnisloses Kopfschütteln bis hin zu resigniertem Akzeptieren.

Sascha hatte das Ganze mit mehr Verständnis aufgenommen. Ihr Verhältnis war noch nicht so eng, dass er sich wie Logo persönlich hintergangen fühlte.

Mittlerweile waren sie alle Vier zusammen im Lokal von Saschas Vater essen gewesen. Zuerst war der Abend etwas gezwungen verlaufen, nach einigen Gläsern lockerte sich jedoch die Stimmung und die Polizisten erzählten abwechselnd lustige Anekdoten aus ihrem Beruf, während Paul witzige Geschichten erzählte, die er mit Studenten erlebt hatte.

Ruhe war eingekehrt, der Sommer neigte sich dem Ende zu und Jenny und Paul hatten sich beide langen Urlaub genommen und waren nach Kanada in seine Hütte am See geflogen.

Sie verbrachten ihre Tage mit endlosen Spaziergängen in der einsamen wilden Landschaft, mit romantischen Abenden am Kamin und langen heißen Nächten.

Jenny stand eines Abends am Kamin und versuchte Pauls Daunenjacke so aufzuhängen, dass sie trocknete. Wie die Kinder hatten sie sich nachmittags im Schnee gebalgt und die ganze Vorderseite der Jacke war klatschnass. Vielleicht mussten sie ein paar Tage auf Balgereien draußen verzichten, denn der Wetterbericht, den sie mit ihrem Weltenempfänger empfangen konnten, hatte schlechtes Wetter vorausgesagt. Paul war draußen und hackte noch mehr Holz für den Kamin.

Sie wollte die Taschen seiner Jacke ausstülpen, damit sie schneller austrockneten, als sie sich den Finger an einer spitzen Ecke piekte. Neugierig untersuchte sie die Tasche genauer und fand ein Loch in der Naht. Der spitze Gegenstand schien zwischen die gesteppten Schichten der Jacke gerutscht zu sein.

Mühsam schob sie ihn Stück für Stück Richtung Loch und friemelte ihn hervor. Als sie auf das starrte, was sie in der Hand hielt, schien die Welt still zu stehen. Es handelte sich um einen Schlüsselanhänger in Form einer Kuh, einer handgearbeiteten Kuh mit gedrechselten Hörnern....

Weitere Krimis von Andrea Habeney

*Odysseus, Alexander, Bärli:
Was bedeuten die merkwürdigen
Namen im Adressbuch des Mord-
opfers Wilma? Wieso bestreitet
Wilmas angeblicher Verlobter,
dass die Hochzeit unmittelbar
bevorsteht? Und auf welche Weise
ist die dubiose Partnervermittlung
»Amore« in den Fall verwickelt?*

250 S., Paperback,
ISBN 978-3-944527-01-7, 9,95 €

*Frankfurt steht Kopf! Leichenteile
in Kelteräpfeln. Blut im Oberräder
Gewächshaus. Original Grüne
Soße in Gefahr. Und Kommissarin
Jenny Becker im USA-Urlaub, der
alles andere als erholsam ist und
ganz anders verläuft als geplant.*

278 S., Paperback,
ISBN 978-3-944527-02-4, 9,95 €